制度改革与公共管理创新

ZHIDU GAIGE YU GONGGONG GUANLI CHUANGXIN

郑德涛　林应武　主编

中山大学出版社
SUN YAT-SEN UNIVERSITY PRESS

·广州·

版权所有　翻印必究

图书在版编目（CIP）数据

制度改革与公共管理创新/郑德涛，林应武主编.—广州：中山大学出版社，2016.7

ISBN 978-7-306-05754-9

Ⅰ.①制…　Ⅱ.①郑…②林…　Ⅲ.①公共管理—文集　Ⅳ.①D035-53

中国版本图书馆 CIP 数据核字（2016）第 162857 号

出版人：徐　劲
策划编辑：赵　婷
责任编辑：赵　婷
封面设计：林绵华
责任校对：林彩云
责任技编：黄少伟
出版发行：中山大学出版社
电　　话：编辑部 020-84111996，84113349，84111997，84110779
　　　　　发行部 020-84111998，84111981，84111160
地　　址：广州市新港西路 135 号
邮　　编：510275　传　真：020-84036565
网　　址：http://www.zsup.com.cn　E-mail：zdcbs@mail.sysu.edu.cn
印 刷 者：广州中大印刷有限公司
规　　格：787mm×1092mm　1/16　18.25 印张　348 千字
版次印次：2016 年 7 月第 1 版　2016 年 7 月第 1 次印刷
定　　价：45.00 元

如发现本书因印装质量影响阅读，请与出版社发行部联系调换

编　委　会

主　　编：郑德涛　林应武
副 主 编：陈康团　李善民
编　　委：郑德涛　林应武　陈康团　李善民
　　　　　谭　俊　肖　滨　李　华　何艳玲
　　　　　应国良
执行编辑：李　华　应国良

第三期广东省公务员公共管理新加坡公共政策研究班开班合影

学员们在新加坡公共服务学院的合影

学员们在新加坡公共服务学院上课

学员们听取新加坡政府官员介绍

学员们到新加坡社区议员接待处考察

学员们与新加坡公共服务学院老师的合影

目　录

第一部分　社会管理与社会建设

新加坡社会管理经验及其对中国社会管理的启示……… 彭　纯（ 1 ）
新加坡社会管理经验及其启示……………………………… 张启健（ 8 ）
新加坡社会文明建设经验的启示…………………………… 林卫强（21）
新加坡社会管理的基本理念及实践………………………… 周　东（29）
借鉴新加坡经验，加强我国社会公共管理的思考………… 陈钦耀（37）
从排斥到吸纳：社会组织参与社会管理的思考
　　——来自广东的探索及其经验………………………… 文小勇（48）
新加坡和谐警民关系的做法及启示………………………… 方洪声（57）
新加坡慈善监管制度对我国的启示………………………… 陈钟鹏（66）
新加坡精英教育的思考……………………………………… 任　洁（74）
浅谈新加坡经验对我国推进社会建设的若干启示………… 张　恒（81）
新加坡家庭为根价值观及其启示…………………………… 何　赋（89）

第二部分　社会保障与公共政策

新加坡组屋制度对解决我国住房难题的启示……………… 刘金成（95）
从新加坡组屋谈广东省住房保障体系的建设……………… 郑　杰（103）
新加坡医疗卫生保障制度对广东省公共卫生服务均等化的
　　启示…………………………………………………… 吴景赠（114）
新加坡医疗保障制度之经验借鉴
　　——谈我国职工医保个人账户的改善方向………… 李　颂（128）
从新加坡社会保障制度看其公共政策的价值取向………… 余晓娟（136）
浅析新加坡中央公积金制度对广东社会保险体系建设的
　　启示…………………………………………………… 陈鲁彬（146）
社会保障类个人账户综合管理模式的探讨
　　——基于新加坡中央公积金制度的经验借鉴……… 曾　瑾（156）
新加坡经验对保障社保基金安全及规范运作的启示……… 林山鹰（167）

第三部分 有效政府与廉政机制

新加坡廉政建设特点及其对我国的启示……………………陈焕生(173)
新加坡公共管理创新视角下廉政建设的思考和启示…………曾小仕(181)
新加坡人力发展的经验和借鉴………………………………彭 力(189)
浅析新加坡政府公共管理的独特理念及其启示………………梁洪荣(200)
有效政府：新加坡模式的启示…………………………………王丽华(211)
浅析新加坡电子政务对广东省交通信息化建设的启示………林健芳(219)
新加坡建设国际一流电子政务的实践对广东省的启示………任红伟(235)
新加坡公共财政管理经验及其对广东省的启示………………何国斌(242)
海洋经济发展需要系统考虑外部效应作用
　　——试析广东与新加坡海洋产业的做法和经验…………梁雄伟(255)
新加坡综合度假胜地建设的民主决策及其启示研究…………符永寿(267)
坚持科学巡视　服务科学发展
　　——试论巡视工作如何服务和促进科学发展观的贯彻
　　落实………………………………………………………黄玉强(275)

后记……………………………………………………………………(282)

第一部分 社会管理与社会建设

新加坡社会管理经验及其对中国社会管理的启示

彭 纯

新中国成立以来,党和国家始终高度重视社会管理,为形成和发展适应我国国情的社会管理制度进行了长期探索和实践,取得了重大成绩,积累了宝贵经验。但当前我国既处于发展的重要战略机遇期,又处于社会矛盾凸显期,社会管理领域还存在不少问题。应对社会管理挑战,党和政府既需要不断在实践中进行社会管理的创新性探索,又需要不断吸收和借鉴世界先进社会管理经验与智力成果。与我国同处亚洲的新加坡经过几十年的创新和探索,形成了独具特色的社会管理体制,被认为是东亚乃至世界范围内社会管理的典范,其在社会管理上的成功经验值得我们吸收和借鉴。

一、新加坡建国前后面对的社会管理问题

(一) 社会多元

新加坡是一个城市岛国,据2010年统计数据,其国土面积712.4平方千米,人口508万。英国殖民统治结束后,多元种族与多元宗教、语言、文化交织在一起,形成新加坡多元复杂的社会构成。据统计,新加坡的华族约占总人口的74.2%,马来族约占13.3%,印度族约占9.1%,其他族群约占3.4%。新加坡人口中,约33%信奉佛教,11%信奉道教,15%信奉伊斯兰教,18%信奉基督教,5%信奉印度教,1%信奉其他宗教,无宗教信仰的人口约占总人口的17%。在语言方面,23%的新加坡人使用英文,59%使用中文及汉语方言,15%使用马来文,3%使用泰米尔文。在这种多元社会中,其成员有独特的、平行的、非互补性的一系列价值观、规范和文化象征,极易产生团体内认

同和团体外排斥的现象，影响社会管理和团结。

（二）邻里疏离

现代化引起的初级群体内部关系的疏离，在快速现代化的城市国家新加坡表现得尤为突出。人们因为劳动分工引起的社会流动、职业竞争导致的生活快节奏和高压力、加剧的社会流动引起的人口高度异质性，都是新加坡邻里关系疏离的重要原因。而新加坡独具特色的快速城市化，更是社区邻里关系变得日益疏离的重要推手。随着市镇建设的发展，被迫离开传统住宅搬到新市镇的居民失去了传统社会那种活跃而亲密的邻里关系。究其原因：一是不分种族，只依申请顺序，就将来自不同地区的不同种族分配到高楼住宅里，致使居民间缺乏连带意识；二是高楼住宅属于"闭锁式"结构，虽有助于对私生活的保护，却使居民之间很少有机会接触；三是核心家庭或共同管理倾向的增强，使居民跟地域的结合关系淡薄下来。

（三）家庭分解

传统家庭赖以维系的土地保障随着新加坡现代化的推进很快弱化并最终丧失，家庭保障功能也随之不断弱化；100多年的殖民历史让新加坡国民受到了西方文明潜移默化的影响，追求独立自主的个人主义价值观极大地冲击着崇尚集体主义的儒家思想。尤其是新加坡的年轻一代，他们不再留恋联合家庭，经济上一旦独立，就从联合家庭中分立出来组建核心家庭；同时，个人自由主义思想的泛滥和夫妻经济依附关系的日益弱化，使得核心家庭的团结也受到了极大冲击，面临分化重组的风险。

二、新加坡在社会管理上的应对策略

面对一个多元复杂的移民社会，新加坡政府在社会管理上通过创新独具特色的社会管理体制，努力促进社会团结。

（一）着力促进家庭团结

家庭是社会的基本单位，家庭团结是社会团结的重要基石，也是社会团结的重要组成部分和表征。家庭团结必然促进整个社会的团结。因此，新加坡政府高度重视家庭团结，并以家庭团结强化社会管理。

1. 以文化重建弘扬传统家庭文化

传统文化与伦理价值是家庭团结的重要纽带。新加坡通过教育部起草了全面的道德教育和社会训诫计划；在小学和中学分别开设"生存教育课"和"公民课"，旨在灌输节俭、孝悌的传统道德价值观；特别在中学的三、四年级开设七门宗教选修课程，旨在通过文化重建弘扬传统家庭文化。

2. 以住房设计和分配制度强化家庭伦理责任

新加坡在公共住宅的建设与分配上注重东方的氏族传统和家庭伦理责任。一是对租赁、购买组屋作出限制性规定，如年轻单身男女不得购买组屋；二是鼓励与父母同住，为此放宽与父母同住家庭的收入限制，三代同堂可优先解决住房问题；三是通过住房设计为照顾老人的家庭提供便利，特意设计了三间一套和一间一套相连的新组屋；四是对愿意与独居老人同住的单身男女在租赁或购房时给予优先照顾。

同时，新加坡还通过税收政策促进家庭团结，强化传统纽带。例如，在税收政策中规定，奉养年老父母以及身心不健全兄弟姐妹的公民可以享受税务优待。

（二）着力促进邻里团结

1. 创造基层社区组织网络

新加坡相继成立了公民咨询委员会、民众联络所管理委员会、居民委员会和社区发展理事会等社区组织。政府不仅承担了社区组织建设的初始成本，而且在组织运作上也给予资金扶持，并从各个种族中选出德高望重的人组成运营委员会和市民评议会，加强社区管理、促进邻里关系。

社区组织不仅加强了政府与基层民众的纵向联系，协助政府加强社会管理，而且也大大促进了社区邻里之间的横向联系。例如，社区发展理事会致力于服务社区以及加强社区的凝聚力；居民委员会则注重加强邻居之间的团结，培养共同的居民意识和连带感。

2. 创造邻里互动空间

为了尽可能减少高楼住宅形成的空间障碍造成邻里疏离的负面影响，新加坡政府通过制度规定和空间设计，为邻里互动创造更多的互动空间。

新加坡的住宅分为住宅区、邻里中心和新市镇三级，每一级都对活动空间有硬性规定。600～1000户组成一个住宅区，区内有舍友居民集会场所、儿童游戏和运动设施；3000～7000户组成一个邻里中心，邻里中心设有商店、市场、摊贩中心、政府经营的医务所和托儿所；3万～5万户构成一个新市镇，新市镇设施比较齐全，拥有商业中心区、百货公司、超级市场、银行、图书馆、电影院、室内外运动场、游泳池、专科学校和医院等。具体到每一栋楼，都以睦邻相望和互助精神等东方观念为指导思想，设计了邻里互动的场所：每栋楼的第一层都不安排住户，而是建成四面通风的室厅，为楼中居民休息、娱乐、集会、接待亲友的场所，甚至用于举行婚礼，便于大家前来祝贺；每栋楼隔两到三层设有一个平台，供老人户外谈天、观赏周围景观。

3. 创造邻里互动机会

邻里互动机会的减少会影响城市社区团结。因此，新加坡政府努力创造邻里之间的互动机会，除了组建协助邻里互动的社区组织，开辟邻里互动的公共空间，更多的是鼓励社区组织开展丰富多彩的活动，通过吸引社区居民参与活动来促进邻里团结。

新加坡组织社区活动的机构主要有社区中心、运营委员会、居民委员会、社区发展理事会，以及民众联络所和青年俱乐部。社区中心开展篮球、排球、乒乓球、拳术、举重等娱乐和体育活动，组织裁缝、插花和手工艺制作等较受欢迎的项目，以及举办音乐及其他文化活动。居民委员会的活动繁多，如郊游、社区聚会、运动会、嗜好学会，以及教育活动座谈会、展览会、作习会等。

此外，新加坡政府还通过增加社区公共利益促进邻里互动。例如，建屋局小区管理所在每个小区都栽种一些果树，由居民自己管理，收获时共同分享，以增进感情，并适当组织一些小区义务劳动，来增加邻里之间的交往机会。

（三）着力促进族群团结

针对多元复杂的族群结构这一情况，新加坡政府积极从社会管理对策上下功夫以促进族群融合。

1. 重建集体意识

虽然华人占新加坡人口的 3/4 左右，但新加坡既不采取亲华人的种族政策，也不迁就土著人口，而是采用文化整合和结构整合的方法，以形成"新加坡人"为目标，以创立共同的价值观和国民意识为载体，打破种族界限，实现种族认同。

同时，新加坡政府有意识地改变其他国家现代化进程中严重西化的倾向，注意从西方的价值观逐步回到亚洲的古老传统上来，并且以此为契机，进行了全国性的新道德与新文化建设。对于东方文化本身，他们也采取了一种批判分析的态度，从反思中选择了儒家伦理作为国民道德教育的基本内容，重建"国家至上，社会为先；家庭为根，社会为本；社会关怀，尊重个人；协商共识，避免冲突；种族宽容，宗教和谐"的共同价值观。

2. 消除族群隔阂

（1）实行族群平等的教育政策。新加坡建国之初就确立了一整套多元民族国家的合理教育政策，使国内各民族和谐共处，并以团结不分彼此的精神，为国家的巩固与繁荣效力。新加坡实行新的语文政策，公民除了学习各自的母语，还学习民族间的共同语言——英文，并保留马来文为国语。这种以少数民族语言为国语的决定，粗看起来似乎很不合理，仔细观察则是一个明智的决定：将马来文定为国语，促使其他民族必须学习马来文，同时，其他民族为了发展需要仍会学习中文，这样大大促进了各民族在语言上的融合。在学校教育方面，新加坡政府努力消除民族间的分歧，坚持将自治时期开始实行的不同源流的学校合并于一所学校管理的制度，并加以扩大。这一制度不仅施行于中等学校，也施行于小学。不同民族的学生，在同一学校上课，虽然教学用语不同，但天天见面，共同参加课外的文艺、体育活动，自然会在潜移默化之中缩短民族之间的距离，淡化民族间的界限。

（2）实行族群杂居的住房政策。新加坡政府在分配住房时，坚持"先申请先分配"、公开抽签和按种族比例分配的原则，这就打乱了过去按种族和传统社团聚居的局面，使不同种族、不同社团和不同区域的居民在新的住宅区进行重新组合，从而出现了不同种族、语言和宗教背景的杂居社区。这种制度安排大大缩短了族群之间的空间距离，增加了不同族群之间的交往机会，不仅有利于消除族群之间的隔阂，也有利于防止族群矛盾和冲突。

在成立社区组织时，按照社区人口的构成比率选任，尽量依据华人76%、马来人10%、印度血统8%、欧亚混血等2%的比率选任，努力促进种族调和；并从各个种族中选出德高望重的人，由他们组成运营委员会和市民评议会，以加强居民与政府的"一体感"，促进种族和谐和社会团结。

三、新加坡社会管理经验对中国社会管理的启示

我国社会管理领域存在的问题，是我国经济社会发展水平和阶段性特征的集中反映，也是世界各国在现代化、工业化快速发展过程中面临的共同挑战。我们可以借鉴新加坡在社会管理上的经验，并结合自身国情，加强实践探索和工作落实，深化认识，总结经验，把握规律，开拓创新，全面提高社会管理科学化水平。

（一）开展社会教育，重建价值体系

进一步加强和完善思想道德建设，持之以恒地加强社会主义精神文明建设，加强社会主义核心价值体系建设，增强全社会的法制意识，深入开展精神文明创建活动，增强社会诚信。

同时，在社会教育中注意以下几点：一是要持久，不要搞成"运动"，只有坚持长期的社会教育，才能真正重建价值体系；二是要广泛，要通过说服教育影响到每一个社会成员；三是要多样，注意采用形式多样的、人们喜闻乐见的教育方式。

（二）创新管理机制，强化群体团结

进一步加强和完善党和政府主导的维护群众权益机制，形成科学有效的利益协调机制、诉求表达机制、矛盾调处机制、权益保障机制，统筹协调各方面的利益关系，加强社会矛盾源头治理，妥善处理人民内部矛盾，坚决纠正损害群众利益的不正之风，切实维护群众的合法权益。进一步加强和完善流动人口和特殊人群管理和服务政策，建立覆盖全国的国家人口基础信息库，建立健全实有人口动态管理机制。进一步加强和完善公共安全体系，健全食品药品安全监管机制，建立健全安全生产监管体制，完善社会治安防控体系，完善应急管理体制。进一步加强和完善信息网络管理，提高对虚拟社会的管理水平，健全网上舆论引导机制。

同时，坚持以人为本、执政为民的理念，发扬密切联系群众的优良作风。各级党政干部定期定量深入基层、了解民情，并将此列入干部考核指标，加强政府官员与民众之间的联系和交流，进一步提高政府干部服务科学发展、服务社会、服务群众的能力。

（三）发展社会团体，促进社会团结

进一步加强和完善社区的社会管理和服务体系，给予社区人力、财力、物力等方面的支持；努力壮大社区组织力量，引导各类社会组织加强自身建设，增强服务社会的能力；支持人民团体参与社会管理和公共服务，发挥群众参与社会管理的基础作用。进一步加强和完善非公有制经济组织、社会组织管理，明确非公有制经济组织管理和服务员工的社会责任，推动社会组织健康有序发展。同时，注意以下几点：一是政府放宽对社会团体的制度许可和加大资金扶持力度，使更多的社会团体得以产生和有效运作；二是让社会团体成员构成多元化，将不同群体的精英按照比例纳入社会团体，多元化构成本身将发挥促进社会团结的作用，如考虑将流动人口中的代表吸纳到社区组织中；三是各级党政干部主动深入到社会团体中去，借此了解民情民意，传达国情国策；四是鼓励和支持社会团体通过提供满足人们迫切需要的各种社会服务，开展各种丰富多彩的社会活动，将流动人口和本地人口吸纳到社区活动中来，促进居民之间、流动人口与本地人口之间、干群之间的交往，促进社会团结。

通过深刻认识和准确把握社会管理规律,把社会管理工作摆在更加突出的位置,加强学习借鉴,加强调查研究,加强政策制定,加强工作落实,我们一定能不断提高社会管理科学化水平,不断促进社会和谐稳定,努力为"十二五"时期经济社会发展、实现全面建设小康社会的宏伟目标创造更加良好的社会条件。

参考文献

［1］寇政文,朴林. 新加坡社会管理经验及成果之借鉴［J］. 领导科学,2011(13).

［2］马志刚,刘健生. 新加坡的社会管理［M］. 北京:群众出版社,1993.

［3］张益. 新加坡社会管理漫谈［J］. 高校后勤研究,1997(1).

［4］山峦. 感受新加坡的基层社会管理［N］. 光明日报,2011 – 11 – 12.

［5］郭伟伟. 新加坡社会保障管理体制及对中国的改革启示［J］. 行政管理改革,2010(7).

新加坡社会管理经验及其启示

张启健

社会管理主要是政府和社会组织为促进社会系统协调运转,对社会系统的组成部分、社会生活的不同领域以及社会发展的各个环节进行组织、协调、监督和控制的过程。1965年的新加坡,面临着失业率高达12%、种族矛盾突出、土地等天然资源短缺等经济社会矛盾。为使国家生存和发展,新加坡政府立足国情,以人为本,勇于改革,探索并走出了一条适合本国实际的发展经济和加强社会管理的道路,并取得了显著的成效。据瑞士洛桑国际管理学院研究数据显示,2010年新加坡已经发展成为人均年收入达2万美元的经济强国,是全球最具竞争力的经济体。新加坡国富民安,社会稳定,人民安居乐业,犯罪率全球最低,政府以廉洁、高效闻名于世,社会秩序井然有序。回顾新加坡的发展历程可以看出,新加坡经济的飞速发展,离不开稳定、和谐、宜居、宜商的社会环境,归根结底是政府拥有卓越的社会管理能力。

他山之石,可以攻玉,新加坡的社会管理经验可以为我国加强和创新社会管理提供一些借鉴和参考。本文分析了当前我国地方社会管理中存在的一些问题,通过借鉴新加坡社会管理经验,提出以下建议:加强和创新社会管理,必须立足我国国情,高度重视社会管理工作,努力提高政府部门的社会管理能力;必须加快发展社团组织,充分发挥其在社会管理中的作用;必须加快建立全覆盖的社会保障系统,解决住房难、看病难、养老难和读书难等普遍性社会问题,缓解社会矛盾,减轻社会管理压力;等等。

一、当前我国地方社会管理中存在的主要问题

随着改革开放的不断深入,我国经济社会得到了快速发展,但也面临"人均GDP超过3000美元后的社会发展黄金期和矛盾凸显期"。今天的中国,社会变革日新月异,阶层分化,流动加速,利益多元,社会转型犹未完成,社会活力蓬勃进发,社会问题不断出现,新旧矛盾叠加交织,社会管理任务非常重、难度非常高、挑战非常大。中共广东省委副书记、省纪委书记朱明国在省委十届九次全会召开的新闻发布会上指出,广东是改革开放的先行地,经济发

展快、开放程度高、社会转型快、流动人口多，社会管理压力大，社会矛盾可谓早发、多发，而且社会矛盾的触点多、燃点低。概括起来，当前我国地方社会管理工作主要存在以下三方面的问题。

(一) 社会管理观念不强、服务意识淡薄

长期以来，GDP 增长情况成为考核干部政绩的一个重要指标。一些地方领导干部只追求 GDP 的增长，认为社会管理工作难出政绩，可有可无，对社会管理工作认识不高、重视不够、态度不正、缺乏热情，研究不多、措施不力、财政资金很少或者根本不投入，一些缓解社会矛盾的保障制度也没有落实到位。等到社会矛盾爆发、突发事件出现时，他们才想起社会管理问题，只能采取"临时抱佛脚"的态度应急处理。加上缺乏服务意识，在面对社会矛盾、突发事件时，往往采取管、卡、压、围、追、堵、截等措施，居高临下，颐指气使，发号施令；而对于群众的需求、难处和疾苦，很少甚至从不调查了解，主动解决更是不可能的。

(二) 社会管理主体能力不高、体制不顺

1. 社会管理人才紧缺，素质不高

社会管理是一项专业性很强的工作，需要大量受过专门训练的人才。但是，我国社会工作队伍总量不足，素质不高，结构不合理，一些地方的社会管理工作人员配备不到位，有的严重缺编，有的成为解决干部家属和老干部的"养老岗"。从事社会管理工作的人员对自身的职责和使命认识不够，缺乏积极性，工作马虎应付，态度简单粗暴，方式方法呆板，更加不用说主动学习相关知识、自觉总结经验、提高工作效能了。据有关部门统计，目前直接从事社会管理工作的工作人员中，女性远远多于男性，而且大多是 40~50 岁的转岗人员，新生力量严重不足。社会管理人才不足带来的直接后果是社会管理效果不够好，社会问题和矛盾增多，社会和谐稳定压力增大。

2. 多数社会组织力量不足，运作不畅

改革开放后，我国社会组织虽然得到迅速发展，但其生存和发展状况仍然不容乐观。第一，法律地位不确定，我国民间组织实行由登记机关和主管部门双重管理的体制，使得自发形成的、真正的民间组织无法合法纳入体制，面临法律和政策的不确定性。第二，缺乏发展经费，民间组织能筹集的捐款、会费和服务收费等都很少，经费相对不足，制约着其生存和发展。第三，自身能力不高。一些民间组织日常管理粗放，缺乏科学程序，管理带有很大的随意性；一些民间组织缺乏自律，内部管理混乱，鱼龙混杂。社会组织自身的发展受到限制，参与社会管理的程度不高，发挥的效果也就很有限，有的甚至是名存实亡。

3. 社会管理体制不顺、分工不明

社会事务纷繁复杂，社会问题各式各样，社会需求千差万别，利益关系错综复杂，政府不必要、也无能力包揽所有社会管理事务。但在一些地方，政府与社会组织对社会管理工作分工不明、界限不清，不清楚哪些应由政府来主导，哪些应由社会组织来协调。其后果是：要不就是政府包办一切，不堪重负；要不就是全推给社会组织，缺乏公共权力保障和公共财政支持；要不就是谁都不管，出现社会管理空白，地方恶霸和黑恶势力乘虚而入，为非作歹、祸害百姓，破坏正常社会秩序。

（三）社会保障体系不完善成为社会管理隐患

1. 住房难

住房政策改革后，住房由国家包分配变为百姓自主购买，在一定程度上满足了少数人住房的个性化需求。但社会保障机制和分配机制没有建立起来，保障性住房供应非常有限，商品房价格居高不下，"买不起房""住不了房"成为新的普遍性社会问题。老百姓没有自己的房子就没有安全感，可能带来一系列社会问题，引发社会不稳定，增加社会管理难度。

2. 看病难

医疗改革后，在一定程度上加快了医疗产业的发展。尽管国家不断加大卫生医疗支出，但由于种种原因，卫生资源不能满足城乡居民日益增长的医疗卫生服务需求，"看病难、看病贵"现象长期存在。从全国来看，优质医疗资源分配严重不均，80%以上的医疗资源集中在大城市，其中优质医疗资源又都集中在大城市的大医院里。群众生病了，只能往大城市的大医院跑。即使在大城市，由于大医院提供的医疗服务繁杂且昂贵，加上病人过于集中，很多人也觉得看不起病；在农村，看病难的情况更为严重。因看不起病、因病返贫等引发的社会矛盾时有发生，甚至引发了群体性恶性事件。

3. 养老难

当前第一批独生子女的父母已逐渐退休，我国已经进入人口老龄化加速阶段，但相应的养老保障体系尚未建立。"独一代"们又处于压力最大的阶段，一些子女无法承担父母养老的支出。孤独成为老年人的另一种无奈，多数子女无法常回家和父母团聚、沟通，长此以往，这些父母由原来的子女常不在身边的形式空巢转变为真正孤独的精神空巢。农村的空巢老人更多，不少子女为了生存和发展前往城市工作和生活，无法留在父母身边。如何让老年人安享晚

年,已经成为一个拷问社会的严峻问题。养老难的问题无法解决,影响的不只是老年人,也影响到身为子女的中年人,影响到每一个家庭的幸福。

4. 上学难

教育改革后,我国教育工作得到了前所未有的发展。但由于教育产业市场化、资源分布不均等,读书贵、读书难已经成为新时期的"三座大山"之一。上不了学,孩子就失去了希望,只能从事一些技术含量较低的劳动,为社会创造的增值也相对较少;一些年龄未达16周岁的孩子,本该在教室读书却因交不起学费而在外游荡,易引发社会矛盾。

二、新加坡社会管理经验

独立后的新加坡,一直坚持经济和社会管理同发展、互促进,通过大力发展经济,使人民群众生活水平快速、大幅度提高,为社会管理提供充足的资金保障;同时,大力加强和创新社会管理,营造人人安居乐业、稳定和谐的社会环境,为经济发展提供肥沃的土壤,促进经济的持续快速发展。

(一) 精英治国战略为社会管理提供了充足的人才保障

"工欲善其事,必先利其器"。李光耀认为,国家的治乱兴衰,最根本取决于人的因素,尤其是精英中的佼佼者是实现国家兴旺的重要条件。为维护社会稳定,提高社会管理水平,历任新加坡领导人都将维持国家稳定作为国家的最高整体利益,坚持精英治国,无论是内阁、政府、行政服务部门,还是法定机构,都尽可能挑选德才兼备的人,并通过高薪留住精英人才,借助精英政治的贤与能,确保政府系统的清廉和高效,促进社会的和谐稳定。经过挑选、考核后进入政府部门的精英们,绝大多数人能忠于职守、廉洁自律、办事公正,且能在较短的时间内成为本职岗位的行家里手,具有驾驭复杂局面的能力。涉及维护社会稳定的社会管理部门,对人选的要求更高,确保这些人在具体执行社会管理事务、面对情绪过激的群众、处理群体性事件时,能以专业的素质、良好的态度、深入的沟通、换位思考的方式来处理和解决问题,把大事化小、小事化了,促进社会和谐稳定。

(二) 建立运转高效的社会管理体系

新加坡独立后,其国家领导人非常重视基层组织的建设,认为基层组织是一种与群众取得联系、获得群众支持的有效形式。在国家领导人的重视和执政党的推动下,先后成立了人民协会、民众联络所、公民咨询委员会和居民委员会等基层组织，并在不断发展中理顺基层组织的关系。例如，成立初期的人民协会只负责管理联络所，到了 1994 年 4 月，原隶属于社会发展部的社会防卫和社区关系组织与人民协会合并，人民协会被赋予更大的任务，接管所有的基层组织。为促进基层组织管理规范、运作畅顺，依法开展各项活动，新加坡先后制定出台了《人民协会案》《民众联络所管理委员会章程》《公民咨询委员会章程》和《居民委员会章程》，对基层组织的法律地位、管理架构、职责范围、运作流程等都进行了明确的规定。例如，根据《民众联络所管理委员会章程》，民众联络管理委员主要执行以下任务：代表人民协会管理民众联络所；为民众联络所附近之居民推动社交、文化、教育、体育及康乐活动；传达政府之政策，并将民众联络所附近居民之需要与愿望转达给政府；促使民众联络所附近之居民成为好公民。按照相关规定，各个基层组织都成立董事会、委员会等管理机构，最大限度地吸收公众参与，大部分日常工作由各行各业的志愿者完成。同时，政府对于基层组织的发展给予了最大限度的支持，除了补助部分经费，还从政策上给予支持。群众遇到问题后，经基层组织协调、请愿后，就能得到自己想要的结果，而群众直接请愿的可能性不大。长久以来，群众中就形成一种共识：有问题找基层组织，基层组织能帮助解决问题；而且越来越多的人相信基层组织、愿意加入基层组织、向基层组织反映问题、求情、请愿等，基层组织也就能得到蓬勃发展。

  社会管理政治性非常强，由于角色和立场问题，很容易引发矛盾，很多事情由政府直接管理、铁腕管理很容易引发一系列问题；而非政府组织的非官方身份和立场容易让群众感到"代表自己的利益"，是"自家人"。同样的事情、同样的方法，政府和非政府组织处理起来效果就不一样。对于社会管理工作，新加坡政府与基层组织分工明确，各司其职，各尽其能。宏观的、政策性的，主要由政府部门负责；微观的、具体性的，与民众接触的，主要由各基层组织按照相关章程开展活动，在活动中培养感情，在沟通中消除误解。长期以来，各基层组织通过举办丰富多彩的文化教育、娱乐、体育和社交活动，吸引着不同种族、语言、年龄和收入的各阶层参加，从而在推动社区康乐活动、促进种族和谐和增强社会凝聚力等方面发挥着重要作用。例如，人民协会通过举办各种康乐活动，消除各种族之间的文化歧见，协助政府塑造一个种族和谐社会；民众联络所通过举办丰富多彩的活动，促进种族和谐、社会团结。从新加坡的发展历程来看，基层组织一直是维系和促进种族和谐的重要力量。

（三）建立全覆盖的社会保障体系，消除社会不稳定隐患

  与生俱来的生存危机，暗流涌动的民族矛盾，使得新加坡政府在公共管理

工作中，特别是在社会管理工作中具有强烈的危机意识和预先意识。如履薄冰，防患于未然，"往最坏处打算，往最好处争取"，已经深深地印在每一个新加坡公共管理人的心中，融入他们的日常工作中，也融入他们出台的政策中。为维护社会稳定，新加坡政府真正做到"先天下之忧而忧"，想民众之所未想，社会管理政策预先策划，设置细致周全。政府在提高自身社会管理水平、理顺社会管理体系的基础上，非常重视建立起全覆盖的社会保障体系，做到"住有所居、病有所医、老有所养、学有所教"，从根本上解决民众的后顾之忧，使其安居乐业、和谐共处，减少了社会不稳定的隐患，减轻了社会管理的难度。

1. 实施"居者有其屋"制度，使居民都拥有自己的房产

李光耀在其回忆录中说："我深信，如果每个家庭都有自己的住房，国家将会更加稳定。"为解决人民的住房问题，新加坡政府于1960年成立了建屋发展局，任务是为老百姓提供他们买得起的住房，并迅速推进"居者有其屋"计划，大规模兴建政府组屋。首先，出台了《土地收购法》，赋予政府强制征用土地的权力，使得政府对土地进行大规模开发而无须付出太大的代价，降低土地成本。其次，出台了一系列优惠政策以降低组屋建设成本，如组屋建设用地的取得无须经过拍卖程序、建屋发展局的商业性房产收入可用于弥补开发亏损等，同时通过大规模生产、改进设计和技术等手段，千方百计降低建设成本。再次，允许居民动用公积金购买组屋及支付房屋贷款，减轻居民买房的资金压力。最后，合理确定组屋的价格，建屋发展局不是根据建设成本，而是根据居民的收入来确定组屋的售价，总的原则是让70%的家庭能够买得起三房式的组屋，建屋发展局不以营利为目的，经营亏损部分由政府补足。政府通过各种措施，使得有正式工作的居民能买得起组屋。经过半个世纪的努力，建屋发展局已经建造了超过100万套政府组屋，绝大部分无力购买商品房的家庭或个人都能住上政府建造的组屋。据不完全统计，新加坡大概有95%的人拥有房产，其中超过85%的人住在组屋，10%左右的人住在商品房。可以说，新加坡已经解决了绝大部分人的住房问题，极大地保障了社会稳定。

2. 实施"医疗保障计划"，满足群众看病的需求

为了避免老百姓因贫穷而看不起病，同时导致医疗资源因过剩而白白浪费的局面出现，新加坡建立起一个由政府、市场和社会三方共建的医疗服务体系。在医疗资源提供方面实施"3P模式"，即由政府出资创办的公立医疗机构、私人或民间资金创办的竞争性和营利性医疗机构、社会人士和福利团体创办的慈善机构共同提供。据统计，80%的初级卫生保健由私立医院、执业医师和综合诊所提供，80%的住院服务则由公立医院提供。通过市场竞争和政府投

入相结合的方式，新加坡的医疗服务基本能满足人民的医疗护理需要。在费用筹集和承担方面，实施"个人积累支付部分，财政补贴部分，信托基金等援助部分"的措施。通过建立保健储蓄计划和健保双全计划，强制要求雇员将其工资额的6.5%～9%存入保健储蓄账户和选择参加健保双全计划，为自己和直系亲属看病积累资金。通过财政补贴减轻病人的负担，例如，政府根据病人的经济收入、所住病房等级给予补贴，病人的经济收入越低、所住病房等级越低，享受的医疗补贴就越多；病人的经济收入越高、所住病房等级越高，享受的医疗补贴就越少。政府的补贴是公立医院最主要的收入来源，如亚历山大医院的政府补贴约占其收入来源的60%。为解决贫困病人的看病问题，新加坡建立起保健信托基金，为约占总人口数10%的贫困病人提供基本医疗保障。在引导病人就诊方面，政府倡导"小病在社区，大病到医院"和"首诊在社区，重病到医院"，对病人进行合理分流。新加坡非常重视社区综合诊所的建设，大力推进社区医疗网络建设，建立起覆盖全体居民的社区医疗卫生中心，并规定初诊必须先到综合诊所，综合诊所认为有必要才能转到医院就诊并给予优惠，否则费用将翻倍。据报道，新加坡病人对公共医疗机构的满意率达到76%。总的来看，新加坡基本实现了病有所医的目标。

3. 实施"养老保障系统"，为乐龄人士提供舒心的老年生活

老有所养、老有所乐是新加坡政府构建和谐社会的一个重要部分。在保障养老方面，新加坡政府做了以下工作：一是多方解决养老资金问题，通过中央公积金制度强制要求雇员缴交养老保险，以保障晚年基本生活所需；通过回购乐龄人士（新加坡对老年人的尊称）的政府组屋等，帮助乐龄人士筹集养老资金，约定25～30年后乐龄人士所住的组屋归政府所有，既不影响乐龄人士的居住需求，又可以为乐龄人士筹集一大笔经费；通过慈善机构和政府救助等，为没有积蓄、没有经济来源的乐龄人士提供援助。二是立法明确赡养父母的责任，新加坡是第一个为"赡养父母"立法的国家，未遵守《赡养父母法令》的人将被指控，罪名一旦成立，可被罚款1万新元或判处一年有期徒刑。三是出台政策鼓励子女和父母同住，相互照顾。与父母同住，可享受2万新元的公积金房屋津贴；子女与父母住得较近，政府也给予一定的住房补贴，鼓励人民孝亲敬老，倡导良好的社会风气。四是有针对性地解决乐龄人士生活上的困难，如建设乐龄小区，解决乐龄人士行走和上下楼不方便等问题，增加乐龄人士的休闲娱乐和应急救助等设施。

4. 实施"人才投资战略"，全面提高国民素质

新加坡政府对教育重要性的认识非常深刻，将教育作为人才投资战略来考虑，敢于下血本。自1959年以来，政府在每年的国家预算中，都要增加教育

经费，投入的经费从1959年的6000多万新元到2011年的109.1亿新元，占政府总支出的19.54%，位于所有预算的第二位，52年间增加了180多倍。政府不仅实施免费的小学和中学教育，对初级学院和大学也给予绝大部分的补助，其中，政府补贴初级学院85%～95%的费用支出，补贴大学75%的费用支出；而且对各级各类学校的学生提供十分可观的教育津贴，使每个国民在发展智能、享受教育方面机会均等。同时，设立了奖学金制度，包括政府、法定机构和国有控股大企业等20多种奖学金，使成绩优异的高中毕业生有机会出国深造，获得最好的大学教育，并通过制度、约定等促使他们学成后回来为国服务。新加坡的教育津贴超过每个学生平均成本的90%，由学生自己承担的费用不足10%，从制度上解决因贫穷读不起书、因读书返贫等社会问题。

三、加强和创新社会管理的启示

加强和创新社会管理，是构建社会主义和谐社会、维护最广大人民根本利益、提高党的执政能力和巩固党的执政地位的必然要求。当前，我国正处于社会转型阶段，加强和创新社会管理显得尤为重要。尽管新加坡地小人少，有些做法和经验不能照抄照搬，但他们的社会管理实践仍可以为我国加强和创新社会管理提供一些借鉴和参考，我们要立足国情，结合实际，有选择性地学习和借鉴。

（一）高度重视社会管理工作，努力提高社会管理能力

家和万事兴，国安享太平，和谐稳定的社会环境是各项事业发展的基础。各级领导干部要树立经济发展和社会管理同等重要的思想，用抓经济发展的激情和力度来抓社会管理，全力营造和谐稳定的社会环境。一方面，要增强危机意识和责任意识，深入研究社会管理的理论，创新社会管理的思路，制定社会管理的措施，努力提高社会管理能力；要加强对领导干部和社会管理工作岗位同志的培训，邀请有关领导和专家就加强和创新社会管理等进行专题讲解，提高领导干部做好群众工作、处理复杂问题、服务和谐社会建设的能力和水平；要经常举办社会管理专题研讨班，就社会管理中遇到的问题进行深入讨论、分析，在讨论中交流情况，在争辩中拓宽思路，在总结中积累经验，不断提高社会管理一线人员的能力。另一方面，要把社会管理工作纳入干部考核体系，从制度上促使他们积极、主动地开展社会管理工作。在考核中，重点了解干部在加强社会管理中所做的工作及取得的成效，突出对维护社会稳定、解决复杂问题等方面内容的考核，以及群众对领导干部抓社会管理工作成效的评价，并作

为职务调整、升迁等的依据。要选好社会管理干部,把思路清、能力强的优秀干部安排在社会管理岗位,为提高社会管理水平提供人才保障。

(二) 充分发挥社团组织在社会管理中的作用

党的十六届四中全会提出:"要充分发挥社团、行业组织和社会中介组织提供服务、反映诉求、规范行为的作用,形成社会管理和社会服务的合力",为社团组织参与社会管理提供了广阔的空间。当前,要合理划分政府职能,适度让渡社团组织。按照"小政府,大社会"的原则,组织对社会管理分工进行全面检讨,对于非公共性职能或者能让社团组织完成的公共性职能,尽量交由社团组织负责,并将部分经费补助给社团组织,既减少政府社会管理的任务和压力,又给予社团组织生存和发展的空间,还可以减少政府与民众的冲突。政府把越来越多的职责转移给社团组织,企业和公众在生活中越来越多地享受到社团组织提供的公共产品和服务,从而逐渐接受、认可和支持社团组织的存在和发展。更多的社会生活主体将参与到社团组织的活动中,包括加入社团组织,也包括给社团组织提供资金和物质上的支持,这将对社团组织作用的增强起着巨大的推动作用。同时,要加快壮大社团组织力量。社团组织的身份决定了其在社会管理中具有独特的作用。在加强和创新社会管理中,必须壮大社团组织的力量。首先,要从法律上保障社团组织的生存、发展,完善相关法律法规,维护社团组织的法律地位,明确社团组织的活动范围,等等。其次,要从政策上扶持社团组织的发展。简化社团组织登记注册的手续并放宽其成立的限制条件,从重视"入口"管理转向重视"过程"监督,允许更多的社团组织成立,吸收更多的会员,并在其章程下积极开展活动;对于在社会管理中发挥重要作用的社团组织,可根据其提供的服务情况,给予一定的财政经费补助,增强社团组织的实力和发展能力;协助社团组织成立相关的管理机构,建立日常运转机制,确保社团组织高效运转;通过举办培训等形式,提高社团组织管理人员的组织能力、管理能力、创新能力、扩张能力和可持续发展能力;等等。再次,要加强对社团组织的监督。政府有关部门要加强对社团组织日常活动的监督,促进其依法开展有利于社会稳定的活动;要加强对社团组织收支活动的监督,促使其建立公开透明的财务制度,提高其公信力。

(三) 加快建立全覆盖的社会保障体系

有效的社会保障体系是社会矛盾的减压器,创新和加强社会管理工作,要从制度上建立和落实全覆盖的社会保障体系,最大限度地减少社会矛盾,减轻社会管理压力。

1. 加大政府统筹力度，解决住房难的问题

住房是人类生存的基本必需品，住有所居是每个家庭的殷切期盼，也是人民群众安居乐业的基础。在很多中国人看来，居者有其屋是最基本的要求。当前商品房价格居高不下，主要原因是土地价格高、建筑成本高、营销费用高、房地产开发商利润要求高等。解决住房难的问题，就要全面推进保障性住房的建设计划。我国可以学习借鉴新加坡的经验，加大政府统筹力度和投入力度，降低住房成本，让居民买得起房。

一方面，降低住房成本，加大保障性住房的覆盖面。政府应加大保障性住房土地的供应量，降低土地出让金，使在住房成本中占很大比例的土地成本大幅度下降；通过政府主导、统筹大规模建设，降低保障性住房的单位成本，大幅度降低营销费用及其他费用，而且不需要在成本的基础上再考虑利润。据不完全统计，政府主导建设的保障性住房成本可以降为商品房价格的 1/3 甚至更低，这种房价大多数居民就可以承受。另一方面，要严格规范分配制度。由于保障性住房与商品房之间价格差异较大，且短期内无法实现"人人有份"，只能优先解决中低收入群体的住房问题。因此，必须完善保障性住房申购、租住等相关法律法规，严格审查购买或租住保障性住房的对象，防止恶意抢夺这一公共资源。对于申购保障性住房过程中出现的造假问题，要实行严格的退出机制，取消其申购、租用等资格，通过网络等媒体进行公告，并记入个人诚信档案，增强震慑力，加大其违法成本。

每个人都会珍惜自己的财产，只有让人民拥有财产，社会才会变得更加安定。而对人民来说，最大的财产莫过于住房。拥有自己的房屋，就拥有了稳定的出发点和落脚点，也就拥有了自己的财产，社会也就会变得更加和谐、稳定。

2. 多渠道解决看病难的问题

在家门口就能医好病，是老百姓的心愿。医患矛盾、医患纠纷引发的暴力事件时有发生，逐渐成为社会不和谐的一个因素。其原因有多方面，看病难是其中一个很重要的因素。解决看病难的问题，需要政府和社会的共同努力。

首先，要全面推进医疗保险，明确地方政府责任，加大政府对公共医疗服务的投入，普遍建立起覆盖城乡全体居民的社会医疗保险系统；保险费用坚持"政府出大头，居民出小头"的原则，形成合理的筹资机制、健全的管理体制和规范的运行机制，逐步建立以大病统筹为主的城镇居民基本医疗保险制度，从根本上解决看不起病和因病返贫等问题。

其次，要合理配置医疗资源，改变当前优质医疗资源过于集中在大城市、大医院的状况，逐步建立起以省为主体，统筹均衡分配医疗资源，全力推进社

区医疗、县城医院网络，逐步实现"小病不出社区，中病不出县城，大病不出地市，重病不出省"的目标，满足群众就近看病的需要。这样既能提高基层医疗资源的利用率，提高服务效率和质量，又能减少病人的医疗费用、往返路途费用等。

再次，要建立合理分流病人的机制，规定初诊病人必须先到社区医院，社区医院认为有必要时才能转到县城医院，县城医院认为有必要才能转到市医院，并给予医疗费用政策补贴。对直接到县、市医院就诊的，不给予医疗补贴，而且挂号费等要额外翻倍。

最后，要严格控制医疗费用的过快上涨。要改革公立医院的管理体制，坚持公立医院的公益性，加大财政投入，减少由病人分摊的医院管理运转费用。加强对药品价格的管理，加大力度查处医药商业贿赂，压缩药品出厂到患者之间价格的不合理增加，等等。

3. 建立健全养老保障机制，解决养老难的问题

老有所养、老有所依、老有所乐是老年人的基本要求，也是社会稳定的一个重要部分。解决养老难，是促进家庭和睦、社会和谐的重大民生工程，应以"养"为基础，以"敬"为指针，以"德"为支点，给予老年人更多的关心。养老既需要资金的富足，也需要情感方面的慰藉。

建立行之有效、全覆盖的养老保险体系是解决养老资金的有效途径。进一步完善现有养老保险制度，适时调整缴交基数和养老保险基础养老金的最低标准，使得参加养老保险的居民领取的养老金能满足最基本的老年生活需要；进一步加强对养老保险制度落实情况的监督检查，对于应代缴而不缴的企事业单位要及时查处、给予重罚，力争"人人参保"；要加大财政支持力度，统筹国有企业的利润分配，筹集资金帮助农民建立养老保障体制。从国际经验看，发达国家的农村养老保障体制无一例外地得到了政府在财政上的支持，因为仅仅依靠农民和集体来筹资，建立农民养老保障制度的目标是不可能实现的。

尊老、敬老、养老是中华民族的优良传统，但随着社会的发展，这一优良传统受到了一定的冲击。制定赡养法规，明确子女的赡养义务，对于无故不尽赡养义务、歧视虐待甚至遗弃老人的子女要给予批评教育，直到诉诸法律，强制其履行赡养义务。要通过政策导向，鼓励子女照顾父母，例如，与父母同住的，给予税收优惠、购房补贴等，营造一个人人尊老敬老的环境，最大可能地满足老年人情感上的需求。

4. 实施教育投资计划，解决读书难的问题

受教育是公民的基本权利，也是每个人提升知识和技能的有效途径，国民接受教育的程度，关系到社会国家的竞争力和发展后劲，也关系到一个家庭、

一个人的生存和发展。

要在全社会广泛宣传教育投资思想，使教育投资理念深入人心。教育本身是一种支出行为，但通过教育，人的素质提高了，竞争力增加了，通过劳动为社会带来的财富也大大增加。教育投资具有数量大、见效慢、回收周期长等特点，如果决策者没有高瞻远瞩的眼光、极强的教育投资意识以及延续这一政策的决心，也不可能持续地投入大笔经费以发展教育事业。各级政府要树立"教育是一种投资，是一种有效的国家战略，是发展经济的基础性工作，而不是国家的一种负担"的思想，高度重视教育投入工作，用抓经济发展的热情和力度抓教育，通过加大教育投入来改善投资环境，吸引资本落户，推动经济的快速持续发展。

要建立地方政府投入教育的激励机制，建立以省为主的教育财政分担机制，中央政府通过规范的财政转移支付均衡省级政府的教育财政能力；建立健全基础教育投资制度，明确规定基础教育投资在教育投资中所占比例；把教育视为一种有较高回报的先导性服务产业，把依照现有条件来决定高等教育、中等教育的发展规模，转变为主要依照社会的需求来决定发展，使教育投资更趋于合理。

在加大政府投入的同时，要通过政策导向、公开教育经费使用情况等措施，动员企业捐资助学，增加教育经费的来源。要根据我国国情，最大限度地提高教育投入的绩效，尽可能地减少一些不必要的支出，如确定学校的适度规模，杜绝盲目追求奢华；精简后勤服务人员，优化队伍结构，把资金更多地用于教学和改善教学科研设备，避免教育投资的浪费，提高教育投资的利用率。通过政府主要承担教育经费、鼓励企业捐资助学、减少教育浪费等，最大限度地减少个人的教育支出，使得学龄儿童都能读得起书，上得起学。

综上所述，加强和创新社会管理，事关国家长治久安，事关人民安居乐业，对继续抓住我国发展重要战略机遇期、推动党和国家事业发展、实现全面建设小康社会宏伟目标具有重大战略意义。新加坡在社会管理方面积累的这些宝贵经验，值得我们借鉴和参考，我们要坚持以人为本、服务为先的原则，以解决影响社会和谐稳定突出问题为突破口，提高社会管理科学化水平，完善党委领导、政府负责、社会协同、公众参与的社会管理格局，营造稳定、和谐、宜居、宜商的社会环境。同时，要加大政府统筹和财政投入力度，加快解决住房难、看病难、养老难和读书难的社会问题，最大限度地消除不和谐因素，减轻社会管理压力。

参考文献

[1]（美）威廉·N.邓恩．公共政策分析导论［M］．谢明，杜子芳，等译．北京：中国人民大学出版社，2010．

[2]（澳）欧文·E.休斯．公共管理导论［M］．张成福，王学栋，等译．北京：中国人民大学出版社，2010．

[3]（美）米切尔·罗斯金，等．政治科学［M］．林震，等译．北京：华夏出版社，2006．

[4]王骚．政策原理与政策分析［M］．天津：天津大学出版社，2005．

[5]吕元礼，等．鱼尾狮智慧——新加坡政治与治理［M］．北京：经济管理出版社，2010．

[6]陆建义．向新加坡学习：小国家的大智慧［M］．北京：新华出版社，2009．

[7]卢正涛．新加坡威权政治研究［M］．南京：南京大学出版社，2007．

[8]梁文松，曾玉凤．动态治理：新加坡政府的经验［M］．北京：中信出版社，2010．

[9]孙景峰．新加坡人民行动党执政形态研究［M］．北京：人民出版社，2005．

[10]龚维斌．我国社会管理体制存在的主要问题［J］．理论视野，2010(1)．

[11]武洪洲，李桂红．论我国和谐社会建设中民间组织的发展［J］．黑龙江史志，2009(1)．

[12]常修泽．新加坡医疗卫生体制的四点启示［J］．学习月刊，2007(4)．

[13]柳长兴．社团组织的发展路径研究：基于公共服务参与的考察［J］．南京师大报，2009(10)．

[14]朱亚鹏．实现住房权利：中国的实践与挑战［J］．公共行政评论，2010(3)．

[15]刘娟．困境与出路：架构新型农村养老保障模式［J］．当代经理人，2006(6)．

[16]曹惠容．试论新加坡教育投资政策从宏观到微观层面的特点［J］．教育财会研究，2008(2)．

[17]孔艳静．新加坡教育投资政策特点及其启示［J］．经济研究导刊，2009(36)．

新加坡社会文明建设经验的启示

林卫强

社会文明是以社会为本位的文明进化状态,是通过社会建设达到社会和谐所取得的文明进步的成果。加强社会文明建设,有助于推进社会和谐、维护社会公平、引导社会自治,对政府公共管理意义重大。政府只有形成物质文明、精神文明、政治文明、生态文明和社会文明共同促进的整体战略架构,更加关注社会建设,在职能定位和转变上更加倾斜于社会建设,加强体制创新,完善社会保障体系,推进社会管理与社会治理,使社会文明建设惠及民生,才能成为人民满意的服务型政府。

社会文明建设是政府公共管理面临的重大课题。深刻理解社会文明的科学含义,正确把握社会文明与政府公共管理的逻辑关联,把促进社会文明建设作为政府公共管理的价值诉求和目标导向,积极推进社会建设,对推进社会和谐、维护社会公平、引导社会自治等都具有十分重要的意义。本文分析了社会文明的概念和内涵,剖析了新加坡通过打造廉洁高效的政府形象、健全社会保障机制以及完善和加强社会管理等全方位推进社会文明建设,结合我国国情,认为当前我国全面推进社会文明建设迫在眉睫,提出建设社会主义社会文明应以政府为主导、加快转变政府职能适应社会发展要求、加强政府投入构建有效的社会保障体系、引导社会自治加强社会管理等思路,以求抛砖引玉,引发广泛的探讨和争鸣。

一、社会文明的概念及内涵

社会文明的概念有广义和狭义之分。广义的社会文明是指人类实践所创造的不同社会阶段和不同社会内容的文明,是人类社会的开化状态和进步程度,是人类改造主客观世界而获得的一切积极成果的总和;社会文明是一个包括经济、政治、文化等方面在内的社会整体性概念。狭义的社会文明仅指以社会为本位的文明进化状态,是通过社会建设达到社会和谐所取得的文明的进步程度和发展状态,是社会主体文明、社会行为文明、社会关系文明、社会制度文明和社会结构文明等的逻辑互动和有机统一。马克思认为:"物质生活的生产方式制约着整个社会生活、政治生活和精神生活的过程。"这里的社会生活就是狭义的社会领域，狭义的社会领域创造的文明就是此语境中的社会文明。

社会实践的形式丰富多彩、多种多样，其中最重要的是以下五种：物质生产实践、精神生产实践、处理人与人的关系即改革社会关系的实践、在物质生产实践基础上进行的生态生产实践以及从事社会建设达到社会和谐的实践。由此派生出由五种文明组成的整体文明，或称为文明系统，即物质文明、精神文明、政治文明、生态文明和社会文明。这五种文明并不是彼此割裂的，而是互相联系、互相促进，都有自己独特的功能，都不能彼此替代，它们对立统一于整个社会文明的大系统之中。在这个系统中，物质文明、精神文明、政治文明、生态文明分别为社会文明提供物质基础、精神动力、政治保障、生态支持，而社会文明反过来又为物质文明、精神文明、政治文明、生态文明提供充分的社会条件。

二、新加坡社会文明建设经验

新加坡经济高度繁荣，行政廉洁高效，社会秩序井然，市容整洁美丽，人民和谐相处，百姓安居乐业。独立至今短短半个世纪，新加坡从一个连"生存下来都有问题"的国家发展成为令世人瞩目的发达国家，深究其因，就是新加坡在大力发展经济的同时也大力发展社会建设，最终取得了经济文明和社会文明双丰收。纵观新加坡的社会发展历程，新加坡政府是通过以下措施，加强社会文明建设，促进社会和谐的。

（一）以廉洁高效为目标，不断优化政府机构设置和办事流程

政府执政理念、政府机构设置和办事流程、工作作风和办事效率等，直接决定公共政策导向和价值追求，直接决定政府的公共管理水平和政策制定情况，直接影响到社会环境构建等，直接影响社会文明建设程度。独立后，新加坡政府就以一种独立、自主、客观、求实的精神，全面地、创造性地思考着政府行为。在机构设置方面，坚持以廉洁高效为目标，立足本国国小人少的现实，实行宏观决策与微观实施"一站式"的政府管理体制，只设立中央政府，没有地方政府，这样能确保政令通畅，并使政策在执行过程中不至于"失真"，从而顺利达到既定目标，最大限度地提高政府的运作效率。同时，社会各方面的情况、各种利益集团的利益表达和政策反馈，也能及时、准确地集中到政府手中，便于政府修正决策，也有利于政府根据经济社会发展情况转变自身职能，创新体制，更好地为经济社会发展提供高效服务。新加坡政府廉洁、

高效的形象，对促进经济社会发展、保障社会公平正义、维护社会安定有序，发挥了巨大作用。

（二）以满足需求为导向，不断健全社会保障体制

满足人们的基本需求，是社会文明建设的基础。新加坡非常重视满足国民住房、看病、读书的基本需求，为社会文明建设奠定坚实的基础。新加坡以建立全覆盖医疗保障计划为核心，通过实施"三计划"（保健储蓄计划、健保双全计划含增值健保双全计划、保健基金计划）、公私医院等解决群众看病问题。保健储蓄计划强制所有在职人口按照本人工资的一定比例缴费，存入中央公积金局为其设立的保健储蓄个人账户，用于支付本人及家属的住院及部分门诊治疗费用；健保双全计划主要用于保障国民大病和慢性病的医疗需求，属于自愿性质；保健基金计划则是由政府出资，对贫困人口实施医疗救助。三个计划呈"T"字形结构，将个人自我积累与社会统筹共济结合起来，共同完成对国民的医疗保障任务。

（三）以社会自治为补充，不断完善和加强社会管理

社会自治是社会成熟的基本标志，也是社会文明建设的价值追求；同时，社会文明建设也为社会自治释放更广阔的生长空间，引导着社会自治的实现。新加坡政府在加强自身建设的同时，也非常重视借助基层组织等社会力量推进社会文明建设。在新加坡的社会文明建设中，基层组织（包括社会团体）发挥着推波助澜的作用。民众联络所、公民咨询委员会和居民委员会三种社会基层组织在各个区域、各个领域和不同的层次上进行着有效的运作，将民众吸收到社会基层组织中参与管理，实现了有限的政治参与，也为日后扩大民主参与奠定了基础，成为政府对全国进行控制的最基本的组织网络。新加坡政府在加强自身建设的同时，通过与人民协会的结合，鼓励和引导基层组织建设，增强了社会凝聚力，稳固了执政基础，同时也使人民感受到政府公共管理的能力和对他们的关切之情。

三、加快我国社会文明建设的思考

建设和谐社会与建设社会文明是内在统一的，二者都是社会主义的重要特征和目标追求，互相联系、互相促进。和谐社会本质上是社会系统中各个部分、各个要素处于互相协调的美好状态，它实际上是一种宏观性和整体性思考的战略。如果把和谐社会的内涵分为广义和狭义，我们就更能深刻地把握社会

文明与社会和谐的逻辑关联。广义的和谐社会是指整个社会领域包括政治、经济、文化、生态、社会生活等在内的各要素的协调互动和有机统一，这实际上和广义的社会文明是内在一致的；狭义的和谐社会专指与政治、经济、文化领域并列的社会生活层面的重点以民生发展、社会建设、社会管理为内容的各要素的协调状态，这和社会文明又本质地黏合在一起。当前我国正处于深刻的社会转型和社会变迁之中，如何进一步整合多元利益主体的力量，为现代化事业增添动力，是一个必须关注的重大现实问题。在以物质文明、精神文明、政治文明为取向的战略发挥重要作用的同时，各种社会问题依然繁多，民众对公平正义的呼声空前强烈，社会文明建设的任务空前凸显。这显然需要党和政府突破原有的思维，切实解决以民生问题为核心的社会建设这一历史性课题，而解决这一问题的关键路径就是党和政府大力建设社会文明。

党和政府敏锐地意识到了这一问题，在党的十六届四中全会上提出构建社会主义和谐社会的战略构想，强调形成全体人民各尽其能、各得其所而又和谐相处的社会，是巩固党执政的社会基础、实现党执政的历史任务的必然要求。在党的十七大报告中，胡锦涛同志强调在经济发展的基础上，加快推进以改善民生为重点的社会建设，努力使全体人民学有所教、劳有所得、病有所医、老有所养、住有所居，推动和谐社会建设。由此可以看出，党和政府虽然并没有正式提出社会文明的概念，但强调社会和谐、社会建设和社会文明本质上是统一的。马克思主义强调社会有机体，强调人的本质是社会关系的总和，强调社会共同体、自由人的联合体，都蕴涵着社会文明的概念。在党和政府把建设物质文明、精神文明、政治文明、生态文明明确提出来并将其作为宏观战略时，社会文明也必须得以明确和深化，从而形成物质文明、精神文明、政治文明、生态文明和社会文明在空间上的完整架构，各自发挥其应有的功能和作用。"应该把社会文明纳入整个文明体系之中，不应当让它继续游离在文明机体之外，或分散或附属在其他文明之中。否则，就无法发挥社会文明应有的作用和优势。"

社会文明建设任务的凸显已成为政府公共管理的中心议题和重要课题。政府需要继续深化行政体制改革，政府职能转变的重点是要致力于促进社会文明建设，政府管理的价值诉求要定位于社会文明的建设。党的十六大以来，政府深化体制改革的重要做法就是"转变政府职能，把社会管理和社会公共服务摆在更加突出的位置"。政府努力向服务型政府的模式转变，增强对社会建设的回应性，创新政府管理方式，寓管理于服务之中，更好地为社会文明建设提供政治保障和公共服务。社会文明与政府公共管理并不是单向的关系，而是互相促进、相得益彰。社会文明的增量增长与良性发展有利于推动政府公共管理的完善，改善政府形象，推动政府公共管理职能的积极转变。

（一）以政府为主导，推动社会文明建设

建设社会主义和谐社会、建设社会主义社会文明是一项艰巨的系统工程，这种艰巨性需要党和政府发挥主导作用，需要党和政府动员和整合市场、公民社会的力量，群策群力、众志成城、系统规划。在党和政府工作中，需要对政治文明、物质文明、精神文明、生态文明和社会文明进行科学规划，形成五大文明建设协调发展、相互促进的良性发展局面。社会文明呼唤和谐社会建设，没有和谐社会建设就没有社会文明的进步。同时，社会文明促进新的社会生活观念、社会生活方式、社会交往方式的形成，促进公民社会的健康发育和社会组织的良性运作，促进社会各种资源的优化配置，促进社会活力的激发和社会效率的提高，促进政府管理体制的创新和管理能力的提高，促进社会事业的蓬勃发展，从而强有力地推动着和谐社会建设。

（二）加快转变政府职能，适应社会发展的要求

政府职能是政府一切活动的逻辑起点和现实起点，其定位正确与否，是政府发挥作用的核心和关键。改革开放以来，政府很大程度上热衷于追求GDP增长，从而忽视了社会管理和社会建设，社会文明建设严重不足。体制的惯性、思想的惰性、"官本位"文化的柔性和利益的刚性，使得政府掌握了大量社会资源，垄断了行政权力，造成了政府职能定位上存在"越位""缺位"和"失位"的问题。党的十六大以来，我们党对政府职能转变提出了全新的要求，更加强调社会管理和公共服务。党的十六届六中全会正式提出政府模式要向服务型政府转变，这标志着党和政府对政府职能定位的深化和推进政府管理体制改革的决心，促使着政府职能的基本属性和核心特征的复归。根据政治学的有关原理，政府是掌握公共权力的"公器"，公共性或者社会性是政府的基本属性，搞好社会建设、促进社会文明建设是政府的核心职能。理论和现实都要求政府职能向社会管理和公共服务倾斜，政府模式要由管制型政府向服务型政府转变，即由官本位向民本位、权力本位向权利本位、政府本位向社会本位、管理本位向服务本位转变，寓管理于服务之中，增强政府对社会诉求的责任性和回应性，切实为促进社会文明建设营造良好的环境，提供充分的社会资源和公共服务，维护社会公平正义，推动和谐社会的实现。

体制创新更能接近政府职能的本质，是政府职能转变的关键，是政府效能发挥的重点和难点。政府需要以极大的勇气和魄力破除与社会建设不相适应的体制壁垒。而政府管理体制创新千头万绪、错综复杂，要加快政府职能转变、

提高政府管理效能，当务之急是通过政府管理体制创新形成四个长效机制：一是改革和完善公共政策的制定机制。公共政策本质上是政府对社会资源的权威性分配，是政府介入社会的手段。政府必须从公共精神和公共利益出发，寻求最佳的公共政策，形成有效的、符合公共精神和公共利益的公共政策制定机制。二是改革和完善行政审批制度。行政审批制度是政府对社会、经济事务实行事前管理的手段，在发挥重要作用的同时也暴露诸多弊端，妨碍市场机制作用的发挥，不利于社会资源的流动和配置。因此，需要对行政审批制度进行改革和完善，使社会资源向社会管理和公共服务倾斜。三是改革和完善公共财政及其预算过程，形成基于政府绩效、公开透明、兼顾公平和效率、结构合理的公共财政及其预算的民主机制。四是改革和完善公务员的选拔任用机制。公务员是促使国家和社会良性运行的"工程师"，政府职能转变、政府的竞争力、政府的公共政策制定水平、财政预算水平、社会和经济管理水平归根结底必须落实到公务员队伍的操作和执行上。因此，加强公务员队伍建设，形成科学规范的选人用人机制，是政府管理体制创新的重要内容。

（三）加大政府投入，构建有效的社会保障体系

社会保障是社会生活稳定的"安全阀"，是维护公平正义的"平衡器"，是社会文明的重要标志，是促进社会文明建设的重要内容。社会保障制度是我国的一项基本制度，它在维护人民群众的切身利益、保障经济发展和社会稳定的大局方面发挥着重要作用。但我国社会保障制度的建设和完善存在诸多"瓶颈"，主要表现为：社会保障作为政府向社会提供的公共产品和公共服务出现了不均衡、不公平等问题，社会保障水平较低、覆盖面较窄，多头管理、体制不顺，社会保障所需资金筹措困难，缺少社会保障法的法律支持，等等。因此，政府在推进社会文明建设的进程中需要推进更加均衡化的社会保障制度建设。政府要动员和整合社会资源，形成社会保险、社会救助、社会福利、社会优抚以及慈善事业交相衔接的社会保障体系，构建和编织更加均衡的社会安全网和社会支持网。政府应该从建设社会文明的高度，整合政府各部门的公共资源，完善农村合作医疗制度，并切实寻找对策解决农民工的社会保障问题。要合理界定社会保障的范围、标准和监管方式，在全社会营造团结互助、扶贫助贫的积极风尚，建立以公共利益为主旨的再分配和第三次分配体系，确保社会公平正义。

（四）加强社会管理，引导社会自治

加强社会管理是政府推进社会文明建设的核心内容，完善社会管理是维护

社会安定团结的重要条件。首先，要深入研究社会管理规律，创新管理方式，完善社会管理体系和政策法规，整合社会资源，拓宽服务领域，推动公共服务均等化，形成社会管理和社会服务的合力。其次，要健全社会管理机制，维护最广大人民群众的根本利益、现阶段群众的共同利益和不同群体的特殊利益；完善人民调解、行政调解、司法调解联动的工作体系，及时合理地解决群众反映的问题，将矛盾化解在基层，解决在萌芽状态。再次，要引导社会自治。从长远看，政府从社会管理向社会治理转变是时代潮流和必然趋势。社会治理是一种新的公共管理模式，是西方国家现有政治制度的基本框架内，在政府部分职能和公共服务输出市场化以后，所采取的一种社会管理范式。社会治理可以打破政府对公共管理的垄断，使政府不再是唯一的公共服务的提供者，有利于促进公共服务的创新，对完善政府管理、加快社会建设、促进社会文明建设、推动社会和谐意义重大。

我国可以借鉴西方国家政府管理的经验，大胆创新，形成政府主导，市场、社会组织和公民社会多元互动的治理格局。政府要按照建设服务型政府的要求，强调国家权力向社会的复归，问计于民、问需于民、问政于民，通过多元治理主体对社会公共生活进行共同管理，使公共利益最大化。社会自治是社会自我治理的模式和状态。社会自治程度愈高，社会的活力和效率愈高，公民的权益愈能得到维护，更重要的是，社会自治可以弥补"政府失灵"和"市场失灵"，在政府和公民社会之间建立起一个纽带，对社会和谐稳定起着"镇定器"和"连心桥"的作用。改革开放前的中国社会实行高度集中的政治体制和计划经济体制，使整个社会缺乏活力。西方社会在其早期发展中就出现了市民社会，社会发展中强调对私人权益的保护，社会的公私领域有着相对清晰的界限。西方社会最终形成多元权利对国家权力的分享和制衡，大量的社会自治组织推进着民主政治的发展。从某种意义上说，西方社会自治是其社会文明的强大推动力，社会文明建设也成了人们社会生活的归宿。由此可以看出，社会自治对整个社会文明进步起着非常重要的作用。

当前，我国社会自治正处于起步阶段，需要政府的引导和扶持，为民间组织提供施展拳脚的舞台。党的十七大报告明确提出："要健全党委领导、政府负责、社会协同、公众参与的社会管理格局，健全基层社会管理体制。"温家宝同志在2008年的《政府工作报告》中提出，要"发挥社会组织在扩大群众参与、反映群众诉求方面的积极作用，增强社会自治功能"。这些都说明了党和政府对社会文明建设、社会管理规律的认识已有了可喜的变化，已经从以往不自觉地支配社会，走向自觉地遵循社会发展规律，主动进行社会建设，推进社会文明，培育公民社会，引导社会自治，构建党政主导、官民合作的社会多元互动的管理格局。一是改革我国民间组织的登记制度。对所有民间组织搭建普遍备案的制度平台，赋予民间组织平等的取得合法地位的方式。二是改革现行登记机关和主管部门双重管理的管理体制。将分散在党政系统、人民团体的登记职能统一起来成立专门的机构，对民间组织统一行使备案、登记和监管职能。三是加强民间组织的自身建设。通过项目吸引人才，建立第三方监督和评估机制，不断提高领导层和管理人员的素质。使民间组织真正承担起沟通政府与市场、政府与社会，缓解贫困、解决就业、促进社会融合的重任，在弘扬社会主义精神文明方面发挥积极作用。

政府在加强社会管理的过程中，要特别注意对社会风险的治理。因为急遽的社会转型、深刻的社会变迁、严峻的生态危机、倍增的群体性事件，加上世界现代化背景下全球风险的嵌入，昭示着当代中国已完全进入了风险社会。各类社会风险的出现，对我国的社会建设、社会文明的促进形成了巨大的挑战和考验，同时，风险是一个致力于变化的社会推动力，对社会风险的治理也是促进社会文明建设、实现社会和谐的重要契机。政府要树立敏锐的风险意识，构建成熟的风险文化，提高抵抗风险的能力，推进风险管理的制度创新，建立风险的预警机制、风险的决策机制、风险的问责机制、风险的"智囊团"机制、风险的分配机制和风险的补偿机制，构建一整套有效的风险责任体系，及时治理社会风险，推动社会建设，促进社会和谐。

参考文献

［1］王乐夫，蔡立辉．公共管理学［M］．北京：中国人民大学出版社，2008．

［2］郭小聪．政府经济学［M］．北京：中国人民大学出版社，2008．

［3］（美）肯尼斯·迈耶，杰弗里·L．布鲁德尼．公共管理中的应用统计学［M］．北京：中国人民大学出版社，2004．

［4］郭小聪．政府经济职能与宏观管理［M］．广州：中山大学出版社，1999．

［5］勇夏光，俞海，李霞．解读环境友好型社会理念［J］．中国环境报，2005(11)．

［6］方世南，齐立广．促进社会文明建设：政府公共管理的价值诉求与目标导向［J］．学习论坛，2010(3)．

［7］杨红燕．中国与新加坡医疗保障制度比较研究［J］．卫生经济研究，2004(7)．

［8］孙景峰，李社亮．新加坡社会基层组织的地位与性质探析［J］．社会科学研究，2010(6)．

［9］陈立军，蔡放波．政府公共服务输出的市场化［J］．行政论坛，2001(3)．

［10］武洪洲，李桂红．论我国和谐社会建设中民间组织的发展［J］．黑龙江史志，2009(1)．

新加坡社会管理的基本理念及实践

周 东

新加坡是中国以外唯一一个以华人和华人文化为主体的国家,自1965年建国以来,其兼采东西方之长的社会管理模式以高度实用性、有效性著称于世,为新加坡长期稳定发展提供了重要基础。当前,中国尤其是广东已进入改革攻坚深水区和经济社会转型关键期,以改革创新社会管理体制机制为主要内容的社会建设方兴未艾,关系到中国未来的稳定和发展。尽管中新两国基本制度不同,国情民情差异很大,但基于相同或相近的种族、文化和政制架构,新加坡社会管理的经验仍有很强的借鉴意义。为此,本文就笔者认为最具新加坡特色的社会管理理念及实践进行了概要分析,以资借鉴。

一、法治为基、以法施政

受殖民宗主国英国以及李光耀等新加坡建国领袖的律师背景及赴英留学经历的影响,新加坡一直把"法治"作为立国之本,并在几乎全盘继承英国传统的基础上,建立了一整套完备的法律制度和立法、司法、行政体系,将国家及国家管理、国民行为整体纳入法制轨道。通过数十年的实践,新加坡政府逐步在国民心中树立起法律神圣不可侵犯、法律面前人人平等和有法必依、违法必究的观念,也由此在新加坡营造了信法、守法、护法和守法光荣、违法可耻的良好环境和氛围。

与此相适应,新加坡的社会管理政策依法推行、依法实施、受法律保障。首先,新加坡国家层面的社会管理政策必须通过立法程序尤其是国会审议,以法律、法令的形式颁布实施,政府的社会管理活动严格依据国会颁布的法律、法令进行,无论是政府还是管理相对人(即国民),违反法律、法令将产生明确而清晰的法律后果。这种"以法管理""依法管理"的模式赋予了社会管理政策、社会管理活动和管理者不可挑战的权威性,同时也给管理双方以极大的约束力,将两者严格限定在法律规定的范围内活动。其次,新加坡奉行"法无许可则为禁止"的原则,有关社会管理的法律、法令通常严密而细致,以清晰界定合法与违法的界线,使管理者和管理相对人都清楚知道双方该做什么、能做什么和怎么做，最大限度地减少了执法过程中的模糊和争议空间，也为依法管理和严格执法、规范执法创造了条件。再次，建立了完备的执法保障和救济体系。对管理双方有争议或虽无争议但管理相对人拒不执行的管理行为，管理人不得强制执行，也不得自行处罚，而是由管理人或管理相对人向法庭提起告诉，由法庭对争议行为的合法性进行独立审查，并决定是否强制执行或处罚。这种裁执分离、管罚分离的模式，既强化了合法管理行为的权威性、正当性，也避免了政府部门或其委托人、授权人既当"运动员"又当"裁判员"而导致的执法不公，从而更有利于保障管理相对人的合法权益。

与此同时，为强化法律法令的震慑力、强制力，保障法律、法令的严格履行，新加坡政府实行严罚、重罚政策，对违法者施以严厉甚至是严酷的处罚。例如，新加坡是世界上少有的仍然存在鞭刑的国家之一，在有关治安、环境等多项法律、法令中明文规定了鞭刑处罚。笔者专门看过行刑录像，受刑者虽无性命之忧，但个中之痛楚、场面之血腥确非常人可以忍受，相信绝大多数受刑者都不会有勇气再次受罚。又如，对违反环境卫生、交通管理法例者的罚款，少则500新元多则上千新元，再加上对屡犯者的行为惩罚（穿上有"我是垃圾虫"等特定字样、特定式样的外套在公众场合扫地或维护交通秩序），对于平均月薪3000新元左右的新加坡人来说，显然也不能轻易承受。再如，对欠债不还者"没入穷籍"的处罚（在法律上将其界定为"穷人"身份，禁止除一日三餐等最基本生活需求之外包括看电视、上饭馆、旅游等在内的一切额外消费和享受），使人基本感受不到生活的意义和乐趣。当然，这样严苛的处罚是否合理另当别论，但在现实生活中，的确大大提高了违法成本，起到了"惩前毖后、以儆效尤"的效果。在新加坡，笔者并没有看到警察随处巡逻的景象，原来想象的手执罚单四处出没的环境卫生执法员也极为少见，但其治安秩序之好、环境卫生水平之高远超出想象，这从一个侧面说明了新加坡人在遵守法纪方面的自律自觉程度。在这种环境和氛围下，政府的管理政策和措施能够得到彻底有效的贯彻也就顺理成章了。

二、家庭为本、社区自治

家庭为本、社会自治是有新加坡特色的"固本强基"思想，也是新加坡最具儒家文化特质的社会管理理念之一。新加坡政府非常重视家庭的作用，将其视为国家和社会构成最基础的细胞，在制定、实施社会管理政策时，始终将维护家庭稳固及其互助共济功能作为基本考量，想方设法以家庭的和谐稳定促进社会的和谐稳定。以政府组屋政策为例。新加坡组屋是政府为低收入国民家庭建造的保障性住房，提供免税优惠、政府补贴和公积金贷款，每套组屋视面积、户型、地价的不同，售价为同地段商品房价格的50%～90%，户型越大补贴越少，目前新加坡85%以上的人口住在政府组屋之内，组屋分配以家庭为单位，每个月收入不超过10000新元（2010年8月起的标准）的新加坡家庭均可申请一套组屋，组屋的所有权归申请的家庭成员共同拥有，不能出租，但居住满一定年限后可以转让、出售。为了鼓励年轻人尽早成立家庭，近年新加坡政府规定未婚但已确定恋爱关系的男女双方可以提前共同申请组屋，条件是必须在申请成功后3个月内提供婚姻证明；而长期不婚的单身人士，则只有在年满35岁以后，才可以到二手市场购买一套二手组屋。为了强化家庭观念、方便照顾老人，政府还以现金补贴的方式鼓励成年子女在父母居住地附近购买组屋，距离越近所获补贴越多。再如对贫困等弱势者的救济，政府的首要职责是厘清并落实需要救济者家庭成员的扶（抚）养责任，只有在家庭成员确实无力扶（抚）养，或者没有其他家庭成员的，才由政府和社会慈善组织提供帮助；对有条件但拒不履行扶（抚）养责任的家庭成员，政府及相关社会组织有义务通过法律途径强迫其履行并依法予以处罚。又如在公积金制度下推行最低存款填补计划和家庭保障计划、家属保障计划，规定公积金会员如本人没有能力，其家庭成员可以代为缴纳公积金存款；公积金普通账户的存款除本人之外，也可用于家庭成员的住院治疗或购买重疾保险、人寿保险，以及子女上大学等用途。诸如此类的政策措施，无不是为了增强家庭成员之间的社会保障利益联系，强化家庭的互助功能和保障作用，通过家庭的稳固进而形成稳定的社会和社会关系。

对由家庭组合而成的小社会——社区，新加坡政府则赋予其相当的自治权限，通过人民协会、社区发展理事会、市镇理事会及基层的公民咨询委员会、民众联络所管理委员会、居民委员会以及各种民间自愿福利团体等社会组织，实行政府政策引导、财政扶持、社区自治的管理模式，尤其是在民事和公共服务领域，基本实现了社区的自我管理和自我服务，这与中国古代的乡村政治颇为相似。首先，在政府层面，在社会发展和青年体育部下设社区发展署，专职负责社区发展的政策制定、职能策划及工作指导。其次，在政府之外，设立人民协会、社区发展理事会、市镇理事会"三驾马车"，分工负责社区的基层组织、公共福利、物业建设的管理指导。其中，人民协会是全国社区组织的总机构，主要职责是管理、指导全国基层社区组织，促进种族和谐和社会团结，加强公民与政府的一体感，协助贯彻政府施政意图，是政府与人民之间联系的主要桥梁之一。人民协会属于新加坡特有的"法定机构"（即根据特定法律、法令成立，承担特定社会管理和社会服务职能的机构，其接受政府工作指导，但不属于政府部门，无政府财政经费），由总理担任董事会主席，社会发展和青年体育部部长兼任副主席并负责行政工作，其他董事会成员中也有多名内阁成员或政府公务员；社区发展理事会分区负责全国社区的公共福利、公共服务工作，如推展社区计划、扶持弱势群体、提供老年服务等。新加坡全国划分为五个区（市中区、西南区、东南区、东北区和西北区），每区设一个社区发展理事会，其最高负责人称"市长"，由总理委任国会议员兼任；市镇理事会主要负责控制、管理、维修与改善组屋居住环境和设施等市政物业工作，如管理包括商业在内的组屋公共配套设施，推进旧组屋及其公共设施翻新计划，等等。市镇理事会按选区设置，数个单选区或一个集体选区设一个市镇理事会，由选区议员及其他基层社区组织领袖组成，理事会主席在选区议员中推选产生。再次，在每个社区（一般每个单选区为一个社区）设公民咨询委员会、民众联络所管理委员会、居委会等三个基层组织，其中，公民咨询委员会是社区内的最高组织，其职能是组织、领导和协调本社区事务，负责把社区居民的需要和问题反映给政府，把政府的政策信息和活动安排传达给居民，同时募集社区基金，用于增加贫困和残障人士的福利、提供奖学金和援助其他社区项目；民众联络所管理委员会负责管理民众联络所（又称民众俱乐部，即社区公共活动中心），通过组织社区居民开展各种文体娱乐及大型社会活动，促进种族和谐和社会稳定，协助政府与民众沟通；居民委员会（私人居屋区为"邻里委员会"）按邻里组团设立，每个邻里组团（一般 10～15 座组屋、1500～2500 户居民）设一个居民委员会，主要通过组织形式多样的活动，如组屋舞会、邻里守望、民防演练、家政课程等，使居住在同一组屋区的居民增进了解、增加感情，更好地理解与响应政府及执政党的政策措施。以上三个基层组织均在人民协会的指导下运作，公民咨询委员会和民众联络所管委会由选区议员担任顾问，主要成员由选区议员委任或推荐，日常事务由人民协会委派全职工作人员负责；居民委员会则由选区议员和社区居民共同推选、人民协会任命。

新加坡的社区管理是政府主导下的民间自治，一方面，政府通过积极介入社区管理的关键部位与环节，有效主导了社区管理进程。例如，设立专职政府机构对社区管理进行政策上的规划和指导，对参与社区活动的社会组织进行资格审核和考核管理；通过自上而下地委任政府官员或执政党议员担任要职，从组织上控制和管理社区组织；为社区组织和社区活动提供主要资金支持；等等。无不使社区管理活动刻下了深深的政府和政党烙印。另一方面，政府与社区组织的界线也很清晰，政府并不直接参与社区组织特别是基层社区组织的日常运作和活动；社区组织集中精力为社区居民提供服务，其与政府并无行政上的隶属关系，不具体承担政府某一方面的工作，也不接受政府的工作安排。社区组织运作及活动公开透明，重要事项、重要活动一般都要召开听证会充分听取居民意见，一些涉及居民切身利益的事项，如组屋设施的更新、维修等，还必须召开居民大会投票表决。除社区发展理事会和民众俱乐部的全薪人员（仅占极少数）外，其余社区工作及服务人员均为不领薪酬的志愿者（义工）。此外，新加坡政府还积极鼓励、支持民间自愿福利团体等社会组织参与社区活动，政府投资建设的公共福利项目、一些重要的社区活动，一般也通过公开招投标外包给具备政府认可资质的福利机构去管理和经营。所有这些，都确保政府既能把握方向、发挥主导作用，又不至于大包大揽、一管到底，形成了具有新加坡特色的"小政府、大社会"格局。

三、民生为先、扶弱济贫

在新加坡，执政的人民行动党为确保人民支持、社会稳定和长期执政，始终将保障民生作为党的执政基础和政府的核心职责之一，其建国以来推行的政府组屋、公积金、民族和谐等三大支柱性政策均与民生有关，已成为新加坡社会稳定发展不可或缺的支撑和保障。人民行动党民生政策的理念，是既要鼓励劳动谋生、自食其力，不养懒人、闲人，又要确保每个国民享有最基本的生存保障，使之不致衣食无着、生活难继；在政策取向上，强调"效率优先、机会平等"，奉行"政府积极介入但不包办代替""人民的事由人民自己掏钱"和"取之于民、用之于民""济贫不劫富""量入为出"的原则，以保障国民基本生存需求为上限，决不实行超出政府财政能力的高福利政策。与之相适应，政府致力于法制社会和规范市场建设，为国民营造公平竞争、自力更生的社会和市场环境；通过强制征收公积金，以及建立政府组屋、社保、医保、义务教育等社会保障和福利体系，确保国民主要在个人储蓄的基础上，得以享受基本的住房、医疗、教育和养老保障；通过税收优惠减免和财政补贴、失业补助、就业培训、慈善救济等社会福利措施，扶助老弱残障等社会弱势群体，从而基本实现新加坡国民少有所依、壮有所据、老有所养、学有所教、住有所居、病有所医、弱有所靠，既保障了新加坡国家和社会的长期稳定和发展，也为人民行动党连续多年执政夯实了根基。

以中央公积金制度为例，新加坡公积金制度是一种由政府立法强制个人储蓄，并通过在政府严格监管下积累使用储蓄金保障公民基本生活需要的社会保障制度，是新加坡社会保障体系的主体构成部分。新加坡政府于1953年颁布施行《中央公积金法》，1955年成立中央公积金局并开始管理运作公积金。实行中央公积金制度的最初目的，是使新加坡公民在退休后或不能再工作时享有经济上的保障，但经过多年实践和不断完善，公积金已逐步由单一的养老储蓄逐步演变成一种比较完善的全民社保制度，同时兼顾了新加坡人的养老、住房、医疗、教育、投资等各方面需求。

根据公积金法令，每个新加坡公民一旦踏入社会工作（包括年收入达到一定金额的个体劳动者），就必须在公积金局开立自己的公积金账户，自动成为公积金会员，雇主每月按法定比例从雇员薪酬中扣除一笔钱、同时雇主也按比例配套缴纳一笔钱存入雇员公积金账户（个体劳动者自付）。公积金账户的存款归雇员所有，并依法享有不低于商业银行存款的利息。同时，政府对公积金提供免税优惠。公积金存款可用于购房、教育、医疗、养老等多种用途，并根据用途细分为三个账户：普通账户占整个公积金存款的75%，用于购房、教育、投资等；保健账户占15%，用于支付住院医疗费用和重病医疗保险；特别账户占10%，只限于养老和特殊情况下的紧急支付，一般在退休前不能动用。为保证公积金的缴交率，新加坡政府规定雇主雇员必须到公积金局注册，并按月上报工资发放情况，否则依法严处。雇主、雇员的缴交比例一般为雇员每月工资收入的20%，但随着经济形势的变化，雇主缴交比例会有适当调整。全国积累的公积金由公积金局在国家财政之外依法独立运作，一般用于购买政府债券等稳妥投资。由于经营得当，从1955年以来，公积金利率一直略高于新加坡的通货膨胀率，从而保证了公积金不贬值，并略有增加。

尽管新加坡的公积金制度也存在一些缺陷，如缺乏社会统筹和财富再分配功能，即公积金存款完全来自国民个人收入、也完全用于存款者本人，个人工资收入越高，公积金存款额越大，所享受的社会保障待遇就越高，反之则越低，如果没有工资收入则无法缴纳公积金，也就没有社会保障，从而无法对社会财富进行再分配，不利于缩小贫富差距。但总体来看，新加坡的公积金制度在不增加政府财政负担的前提下，为新加坡国民提供了比较稳定、有效的社会保障，同时，通过强制储蓄、理性消费，也减少了市场上的货币流通量，有效抑制了通货膨胀；通过用公积金购买政府债券等，为国家建设提供了大量源源不断的资金。与公积金制度相配套，新加坡政府还推行了公共住屋、免费义务教育、就业援助与失业救济、社区福利与救助等一系列社会保障与福利政策，有效保障了低收入或年老残障等弱势人群的基本生活需求。

四、稳定为要、种族和谐

新加坡是一个由外来移民为主建立的多元种族和多元文化国家，以其复杂多样的人种源流，被称为"世界人种博览馆"，除土生土长的马来族之外，还有华族（华人）、印度族和欧亚裔（原殖民者的后裔或独立后从欧美移民到新加坡的白种人）等族群，其中，华族、马来族和印度族为新加坡社会构成的"三大族群"，分别占新加坡人口的74%、13%和9%左右，其余为欧亚裔和其他种族。与此相对应，新加坡社会的文化、宗教也源流繁杂，英语、汉语、马来语和泰米尔语均为官方语言，其中马来语为国语，英语为行政语言，儒家文化、马来文化和印度文化是其主流文化，主要宗教包括佛教、伊斯兰教、道教、印度教、天主教及基督教。在建国前夕，新加坡社会的种族冲突一度非常严重。1964年7月，马来族与华族爆发历时10天的流血冲突，导致数十人死亡、数百人受伤。经此教训，建国以后，新加坡政府历来将种族平等和谐视为国家治理的基本原则和社会稳定安全不可逾越的"红线"，专门制定《种族和谐法》，采取多种政策措施，致力于解决族群矛盾，其最终目的就是促进族群融和，打造一个全新的新加坡民族。目前，新加坡已成为世界上在民族和谐共处方面做得最好的国家之一，具有新加坡特色的种族和谐政策，也成为国家稳定发展的重要基础和支柱。

新加坡促进种族和谐的主要经验如下：一是注重国家认同与国民一体化意识教育。早在1965年新加坡宣布独立时，李光耀就明确指出："新加坡既不是一个马来人的国家，也不是一个华人的国家，更不是一个印度人的国家，而是一个综合民族国家，也是一个民主独立的主权国家。"1982年、1988年，新加坡政府两次举行国家意识讨论，从1988年开始，每年开展"国家意识周"活动。1990年国庆时，政府提出"一个国家，一个民族，一个新加坡"的口号，要求国民"不分种族，都在国旗下效忠"。除此之外，新加坡政府还将这些理念贯穿于新加坡的法律、教育和各项社会管理政策当中，使之潜移默化，逐渐成为新加坡国民内心自觉的共同意识。二是从法律制度上促进种族和谐。在华族人口占大多数和占有经济文化优势的情况下，突出对少数种族尤其是土著马来族利益的保护，以平衡各种族间的地位与利益，缓和种族矛盾。例如，《新加坡共和国宪法》第89条第一款规定："始终不渝地保护新加坡少数民族和少数宗教集团的利益，应是政府的职责。"第二款更加明确地规定了对马来族的优惠政策："政府应承认新加坡本土人民马来人的特殊地位，政府应以这种态度行使其职能，因而保护、保障、支持、照顾、促进马来人在政治、教育、宗教、经济、社会和文化方面的利益和马来语言，就是政府的职责。"同时，宪法还规定马来语为国语，国歌和军队口令也使用马来语。为防止种族矛盾和族群冲突，新加坡颁布了《种族和谐法》，严禁一切不利于种族和谐、涉及种族歧视的言论及行为。在新加坡，种族优劣、种族关系是一个不能随意议论的敏感话题，否则极有可能招致新加坡人的反感甚至是法律制裁。三是通过各项社会管理政策措施促进种族和谐。例如，依照宪法设立"少数民族权利总统委员会"，由最高法官担任主席，其主要职责是在种族和宗教歧视问题上就议会通过的议案对议会和政府提出建议；在政府组屋分配上，规定每个组屋社区、甚至每一栋组屋都必须按照种族比例进行分配，通过强制混居达到使各种族加深接触了解、确保共存共融的目的；在社区管理上，政府采取各种强制措施限制华人社团的作用，如独立后不再从传统帮派社团首领中挑选高层管理人才，政府高级官员大都不加入传统宗乡会馆的活动。同时，大力扶持各类跨种族、跨帮派的社团；在文化教育方面，规定新加坡的学校一律实行英语和本民族语言的双语教学，同时在学校招生及教育经费投入上，也根据种族平等的原则，实行对少数种族进行平衡照顾的政策措施；在宗教方面，在明确规定政教分离、不允许利用宗教干涉政治的同时，实行宗教宽容和宗教多元化政策。政府承认宗教和宗教信仰的合法性，平等对待各宗教及各教派，不干涉宗教团体的正常活动，保障国民自由信仰宗教，允许成立各种宗教团体，并在社区配套建设宗教设施及活动场所；等等。

以笔者的观察和体会，虽然新加坡社会仍然存在比较明显的种族观念和界限，不同种族国民之间因为文化、宗教等原因仍互有成见，但无论什么种族，对自己"新加坡人"的身份都有很强的认同感；各种族、各宗教虽然还谈不上融合，但大都能够各得其所、相安无事。在笔者接触的新加坡华人中，绝大多数人尤其是二代以上华人都非常在意我们对他们的称谓，经常会有意识地强调自己的新加坡人身份。走遍新加坡各地，大大小小的宗教建筑遍布社区、公园和街道，随处可见佛教、道教、伊斯兰教、印度教等不同宗教的寺院比邻而居、和谐共处的景象。无论在政府、社区还是企业，华人、马来人、印度人等各种族人民平等共处、互不排斥，相互之间的交流联系也比较密切。凡此种种，无不说明了新加坡种族和谐政策的成功。自1964年马华冲突以来，新加坡再未发生重大的种族矛盾和种族冲突，这对新加坡这样一个种族混杂、文化多元、教派林立的国家来说，无疑是一项了不起的成就。

参考文献

[1] 张青. 出使新加坡 [M]. 北京：中央文献出版社，2002.
[2] 卢光盛. 新加坡的多元民族政策 [J]. 东南亚纵横，1998(4).
[3] 郭伟伟. 新加坡社会保障制度研究及启示 [J]. 当代世界与社会主义，2009(5).
[4] 陈定洋. 新加坡的社区管理 [N]. 学习时报，2011-02.

借鉴新加坡经验,加强我国社会公共管理的思考

陈钦耀

政府公共管理的目标是保持良好的社会秩序,保证各民族之间的和谐。2011年5月,中央政治局专门召开会议,研究加强和创新社会管理问题,会议强调,加强和创新社会管理,事关巩固党的执政地位,事关国家长治久安,事关人民安居乐业,对继续抓住和用好我国发展重要战略机遇期,推进党和国家事业发展,实现全面建设小康社会的宏伟目标具有重大战略意义。

据资料显示,1965年8月9日新加坡独立后,在不到20年的时间里,成为全球最具竞争力的十大经济体之一,政府公共服务效率和素质连续第三次被评为亚洲首位。新加坡经济社会管理的成功经验值得我们借鉴。

汪洋同志指出,广东要在做大"经济蛋糕"的同时,加强社会管理,在改善民生方面走在全国的前面,要在贯彻落实科学发展观的前提下,创新社会管理,提高政府服务效率。广东省委省政府把"加快转型升级、建设幸福广东"确定为"十二五"时期的核心任务,因此,新加坡经验对广东加强社会公共管理具有借鉴意义。

一、广东省社会公共管理面临的问题

(一) 城市堵塞问题

1. 道路交通基础设施建设滞后

城市中心城区主干道路网密度较低、路面狭窄,主次干道功能不清,使主干道的交通功能难以正常发挥,严重影响了道路交通服务水平。

2. 交通安全意识和法制观念比较淡薄

国民的交通安全意识和法制观念仍与现代交通不相适应,在无交警执勤的路段、路口,机动车闯红灯、乱停乱放等违法行为比较突出。

3. 交通管理科技水平不高

城市灯控路口电子监控系统覆盖面小,没有适合本地实际的智能交通管理指挥系统。交通标志无连续性,指路标志间隔距离太远,作用发挥不明显。

（二）住房价格偏高问题

1. 房屋供应渠道单一

老百姓改善居住条件，多数只能走"购买商品房"这一条路。新中国成立后，政府在改善百姓住房方面没有多少投入，需求积累，导致要改善住房的人口太多，房子需求量大，造成供求关系紧张，导致房价上涨过快。

2. 土地出让方式弊端

商品房建设用地大部分由拍卖方式获得，拍卖过程是竞价过程，最终拍到地价时几乎是天文数字，而这都得由买房子的人来买单。

3. 开发商不当逐利行为

开发商控制开盘信息，捂盘惜售，借此哄抬房价，对房价过高起着推波助澜的作用。

（三）群众看病贵问题

1. 医疗资源总量不足，卫生落后经济发展

据资料分析，中国用2%的世界卫生资源解决了22%世界人口的医疗卫生问题。表明了中国医疗卫生资源总量严重不足，表明社会投资没有与政府的财政收入保持同步增长，使"看病贵"成为严重的社会不稳定的诱因。

2. 医疗资源分布失衡，服务社会公平性差

优良卫生资源大多集中在大医院，农村和边远山区缺医少药现象仍然存在，农民无法享受最基本的医疗服务。技术人员短缺，人员结构失调，人才断档严重，先进设备无专业技术人员操作导致利用率不高，城乡居民就诊流向上级医院，使基层医疗机构的资源利用率和技术水平下降，使大医院的资源得不到合理利用。

3. 政策调整行业规范，增加病人医疗负担

政府对医疗机构拨款越来越少，医院要发展，成本就需要转移到患者身上。国家取消公费医疗，推行医保制度，减轻单位负担，却增加了患者负担。

（四）教育不均等问题

1. 基础教育失衡发展

农村基础教育与城市基础教育存在差异。师资力量不足，农村优秀教师流向城市，导致农村教育质量下降。教师素质不高，知识的更新跟不上形势。还有经费投入不足，这些都影响农村教育的质量和发展。

2. 农村经济相对滞后

随着收费制度的建立和实施，经济拮据是农村子女进入学校学习的一道难以逾越的屏障。农村居民观念落后，看不到子女接受教育的重要性，跟不上社会发展的需要，看不清社会对人的素质的要求。

3. 大学生就业困难，给农村学生造成负面影响

大学生就业难，挫伤了农村居民让子女接受教育的积极性。招生政策不切实际，农村学生和城市学生接受教育程度不同，导致教育结果实际不均等。

（五）养老覆盖低问题

1. 覆盖不全面，养老未实现应保尽保

新农保实施后，城市无业居民、被征地非就业人员、流动性强的未参保职工、一次性买断工龄的职工、没有经济能力人员等人的养老保险续保难，面临断保的可能。

2. 发展不平衡，养老城乡差距较大

城乡基本养老保障差距有扩大的趋势。城镇社会保障投入较强，基础较好，保障效率较高，而农村社会保障还较为滞后，管理方式不能适应现实需求。

3. 政策不衔接，养老保险难以有效转换

社会保险制度自成体系，缺乏有效衔接的机制。实际操作存在诸多资金和技术上的问题，医疗保险相对独立，缴费年限不能相互确认，无法实现有效衔接。相关政策及工作机制不尽相同，相关政策普及不够，工作人员对具体政策缺乏了解。

二、新加坡政府社会公共管理的经验

新加坡国土面积710多平方千米，截至2010年6月，新加坡总人口508万，其中公民人数为323万，永久居民为54万，其余约131万是非居民，人口密度每平方千米7126人，其中华族约占74.2%、马来族占13.3%、印度族占9.1%、其他种族占3.4%。据新加坡统计局统计表明，2010年人均国内生产总值已达43876亿美元，外汇储备资产2558亿美元，经济增长14.5%，失业率2.2%。目前，新加坡已成为世界创新公共管理之国。

（一）便民化陆路交通管理

新加坡畅通、便捷、科学的交通管理值得我们学习借鉴。

1. 限制机动车发展

截至2011年7月,新加坡公路网3400公里,高速公路161公里,车辆总数939000辆,小轿车总数590000车辆。新加坡于1990年推出了车辆拥有权的车辆配额系统,即拥车证,直接限制每年的车辆增长。新加坡规定:注册新车首先要公开竞标拥车证,每个拥车证对应1辆车,有效期10年(出租车8年),拥车证价格取决于新车供给量,车型不同,拥车证价格也不一样,一般为2万~4万新元。购车还要缴纳100%的附加注册费。这样有效限制了私家车的增长。

2. 严格管理道路使用

新加坡从1998年开始使用全自动的公路电子收费系统、公路电子收费系统操作程序。即路上行驶的每辆车内都设有读卡器,并有一个与该车相对应的现金卡,当车辆从公路电子收费闸门下通过时,收费系统会从现金卡内自动扣除收费金额。收费标准、收费覆盖范围、收费时段根据车辆通行容量、道路拥挤水平和车辆通行速度不断进行调整,小汽车收费2~4新元,重型车辆是4~8新元。这种付费方式灵活易控,避免人为偏差,可靠度高达99%。新加坡全境共有69个公路电子收费闸口控制点,在繁忙时段,能有效疏通各条道路。新加坡高峰期高速公路平均车速高于62公里/小时,中央商业区平均车速30公里/小时,是车速最高的城市或国家之一。政府管理部门每季度对公路电子收费率进行调整,使车速保持在最优车速范围之内,车主出行可以选择付费或改变出行时间、路线和出行方式,享受通畅与快速的出行。

3. 优先发展公共交通

新加坡公共交通非常发达,由地铁、轻轨、公共大巴、出租车组成的不同层次的公共交通网络覆盖全岛,公共交通成为新加坡人首选的交通工具。新加坡实行公共巴士优先行使的交通管理,新加坡地铁最为发达,分为南北线、东西线、东北线,公共交通线路达350余条,位列世界第四位。新加坡有效的交通管理成为城市有序发展的重要因素,解决了拥堵问题,对新加坡经济社会可持续发展产生了积极影响。从住屋到公共巴士站都设计有带顶篷的行人走道和行人天桥,充分体现了新加坡便民化的陆路交通管理。

(二)和谐化政府组屋管理

新加坡在短短数十年内成功解决了住房短缺问题,完成住房由量到质的提升,主要归功于住房公积金制度和"居者有其屋"计划。

1. 住房保障实行政府主导

新加坡政府于1960年成立了直属国家发展部的法定机构——建屋发展局。

建屋发展局既负责制定住宅发展规划及房室管理，又负责房屋建设工程、房屋出售和出租。"居者有其屋"计划的资金主要来源于两个方面：一是银行储蓄贷款，二是公积金，其中，公积金是购房资金的最主要来源，起着十分重要的作用。政府强制老百姓将部分收入缴交公积金，形成了大规模的人均积累，从而使政府有能力建造公共住房。政府利用部分公积金储备，贷款给建屋发展局发展公共住房，从而使建屋发展局有能力大规模地进行公共住房建设。

2. 制定居民购屋准入政策

在新加坡，只有月收入低于1500新元者才能进入"居者有其屋"计划，同时，依购房者的经济收入水平层次购屋，其首付款和还款额及还款方式都有所不同，能够适应不同收入水平的居民的需要，确保他们买得起房。新加坡的住房保障实行的是出售与出租并举的模式，其中，出售又分为完全市场化的私人开发商开发的公寓和建屋发展局组织建设的福利性组屋。政府为符合购买组屋条件的居民提供抵押融资贷款服务，低收入家庭在购买符合标准条件内的第一套组屋时，如果在离父母1公里内购屋，除可享受规定的房屋津贴外，还可获得2万新元的额外购屋津贴。无论是承租或是购买组屋，都有着极其严格且操作性很强的条件限制和完备的退出机制。

3. 实行政府组屋比例分配

在过去50多年中，新加坡共修建近100万套组屋。目前，新加坡85%的公民居住在政府组屋中。为解决殖民统治时期同一种族集中群居引发的矛盾，新加坡实行政府组屋按种族比例分配的政策。该政策于1989年实施，2010年3月重新修订，各组屋的最高种族比例为：马来族占25%，华族占87%，印度族占15%。

（三）平民化的医疗保险管理

新加坡一共有23家医院，2家政府医院，8家政府重组医院，13家私人医院。新加坡的医疗保险制度包含三个层次，即全民保健储蓄计划、健保双全计划及保健基金计划，整个制度强调以个人责任为基础，并且对所有国民实行统一的医疗保健。

1. 实行全民保健储蓄计划

1983年开始实行的全民保健储蓄计划是新加坡公积金制度的一个重要组成部分。新加坡公积金制度的总供款率为雇员工资总额的40%（这一比例可由政府进行调整），其中工资的6%（雇员与雇主各负担一半）左右计入雇员的保健储蓄账户，用于支付本人及其家庭成员的住院费用和部分昂贵的门诊检查及治疗费用，门诊费用则用现金自付。与其他医疗保障制度相比，新加坡医疗保险模式最明显的特点就是建立了一套有效的资金筹集和运用体制。主要特点是：①筹集医疗保险基金是根据法律规定，强制性地把个人消费的一部分以储蓄个人公积金的方式转化为保健基金；②它以个人责任为基础、政府分担部分费用，国家设立中央公积金局进行管理；③雇员的保健储蓄金由雇主和雇员分摊；④实施保健基金计划，政府拨款建立保健信托基金，扶助贫困国民的保健费用的支付；⑤所有国民都执行统一的医疗保健制度，政府高级官员和一般雇员享受同样的医疗保健服务。

2. 推出健保双全计划

新加坡政府的健保双全计划是一项重病医疗保险计划。1992年实施，它允许会员以公积金保健储蓄账户的存款投保，确保会员有能力支付重病治疗和长期住院的费用。此项医疗保险，每年都将从保健储蓄账户的存款中自动扣除保费支出，大约有87%的公积金会员参加投保。这样，会员可以索取每年高达2万新元而终身不超过8万新元的医疗费。

3. 健全低收入群体保障

新加坡保健基金计划是政府为贫困国民所设立的一项医疗基金，它是在保健储蓄计划和健保双全计划均无法提供保障的情况下的最后一道"安全网"。2010年，共有17.6万人申请到保健基金的援助，其中99%的申请者从中受惠。

新加坡政府在整个医疗保障制度中发挥着重要作用，其职责表现在以下五个方面：①制定相关法律，强制推行保健储蓄计划；②对公立医院进行财政补贴；③制定并实施医院重组计划，以达到高效率、低成本、优质服务的目的；④通过多种手段对医疗费用进行调控；⑤拨款建立保健基金，解决穷人的就医问题。正是政府补贴、保健储蓄、健保双全和保健基金四者相结合，把纵向的自我积累保障与横向的社会共济保障以及政府为贫困人群的最后保障结成一个整体，从而使每个新加坡人都能得到良好的基本医疗服务。

（四）自我保障式的养老保障管理

1. 中央公积金制度

新加坡的养老保险制度主要依靠中央公积金制度来实现，这是其社会保障模式最富特色之处。新加坡公积金制度始于1955年7月1日，其法律依据是1953年通过的《公积金法令》。公积金养老储蓄计划包括三部分：一是最低存款计划。它是一种基本保障，作为公积金制度初期建立的养老储蓄计划的补充，旨在加强保障会员的养老金存款，以保障退休后的生活。二是公积金补充计划。它限于新加坡公民和永久居民，其目的是协助养老金不足的会员填补退休账户上的存款。三是家庭保障计划。该计划的目标是使公积金会员能用公积金存款购买组屋或私人产业作为住宅，保障会员"老有所居"和以不动产抵押贷款及出售产业补充养老金。

2. 老有所养

新加坡的养老保障制度主要是完全积累制，是通过强制储蓄的手段来实行对职工本人的自我保障制度。新加坡政府规定，雇员年满 55 岁后，个人账户结构由普通账户、医疗储蓄账户和特别账户转变为退休账户和医疗储蓄账户。雇员年满 60 岁且在个人退休账户须保留一笔法定最低存款的前提下，可以按月领取养老金。

3. 最低存款制度

从 1987 年起，新加坡政府开始实行公积金最低存款计划，规定会员在 55 岁领取公积金存款时，必须把一笔钱留在退休户头中，以保障其晚年的生活。10 年内，这笔最低存款要上调到 8 万新元，只有这样才能保障在基本生活费不断上升的情况下，使其会员在退休后的若干年内保持基本的生活水平。

纵观新加坡的中央公积金制度，其主要特点有：一是建立在劳资分责的基础之上，强调个人自我负责精神；二是实行高度集中管理，由中央公积金局负责统一管理；三是兼顾到国民的其他保障性需求，成为一项以养老保障为核心的综合保障制度；四是在政府社会福利开支的同时，为公共设施建设和资本市场发展提供了大量资金，并使新加坡在经济高速发展的同时避免了高通胀率。该计划的强制储蓄性，解决了公积金会员老年生活的收入均等问题。

（五）亲民化教育体制管理

1. 因材施教的教育制度

新加坡教育制度的目标是为国人及海外学生提供均衡的教育，通过培养对家庭、社会和国家的责任感，培育好公民。新加坡教育体系的基本路线是多次筛选，因材施教。新加坡每个学龄儿童都能接受至少 10 年的学校教育，这包含 6 年的小学教育和 4～5 年的中学教育，除此之外，学生们也能在中学毕业后选择工艺学院、理工学院、初级学院和其他职业训练课程。截至 2011 年，新加坡共有小学 196 所，附办小学的中学 5 所；中学 147 所（包括 18 所自治学校），自主中学 8 所；初级学院 14 所和高级中学 4 所，大学 3 所、理工学院 4 所、技术和商科训练学院 34 所。

2. 多元开放的学习环境

新加坡的课堂里，学生们或坐在自己的座位上，或与大家席地而坐，仿佛在家中自习般，孩子们学习很投入，也很开心，每个孩子的脸庞都挂满微笑，笑声诉说着他们的轻松和欢乐。老师们的教学方法灵活多样，教学风格各具特点。

3. 儒家文化的精英教育

中国传统的儒学文化如仁、义、礼、信、道等在新加坡学校体现得比较充分。新加坡的学童6岁入学，小学学制6年，分为4年基础阶段课程和2年分流阶段课程。小学六年级时，所有学生都要参加小学毕业考试，称为小六会考，考试成绩将决定学生进入什么中学和参加哪种课程。根据课程不同，中学教育需要4～5年完成。成绩优异的学生进入特别课程，他们将学习高级母语，并在中学四年级结束时参加英国剑桥举办的水平考试，其中表现优异者则可继续学习1年，并在五年级结束时参加英国剑桥水平考试。根据中学水平考试的成绩，学生可报读2～3学年制的初级学院、工艺学院或理工学院。新加坡的高等教育无论从教育体制还是课程设置上大都效仿英国的模式。新加坡不断吸收、调整和创建具有新加坡特色的教育体制，其高等教育机构有大学、专科学院和教师培训性质的教育学院等形式，学位设置分为学士学位、硕士学位和博士学位。

三、加强广东省社会公共管理的建议

中共广东省委省政府对社会公共管理的改革和创新非常重视，特别是针对民生方面的问题，从人力、物力、财力等方面都给予充分的倾斜和照顾，民生事业发展蒸蒸日上，赢得群众的广泛赞誉，广东人民的幸福感得到不断提升。笔者认为，新时期要着重做好交通、医疗、住房、教育和养老等方面的工作。

（一）交通要侧重高峰期出行方便

道路交通管理工作涉及道路建设、城市管理、交通运输等诸多方面，是一项综合性的社会工程，加强城区道路交通管理工作应着重抓好以下几个方面：

1. 加强道路设施建设，提高交通供给质量

城市建设要将交通管理设施建设纳入城市建设规划，交通管理部门要主动向规划等部门提出合理化建议，形成和完善城市规划、建设、管理三位一体综合协调机制，实现城市道路基础设施和交通管理设施建设"同步规划、同步建设、同步交付使用"。

2. 制定道路管理规划，科学实施交通组织

交通管理部门要适应城区道路交通运行格局的变化，以发展的眼光，先期介入城市建设与规划。科学合理地处理好道路、交通流和交通管理者之间的关系，提出城市道路发展政策和交通管理的长期建议，明确交通管理发展方向。

保证建设不影响交通服务水平,在市中心区内进行合理控制、分流疏导,加强市中心区的道路交通管理。

3. 建设符合道路实际的交通指挥系统

交通指挥系统由交通信号自适应控制系统、交通视频监控系统、信号传输系统、违章记录系统、指挥调度系统、"黑名单"自动识别系统、GPS系统等组成,可以有效地组织调度交通流量,提高行车速度,缩短平均行程时间,缓解交通堵塞状况。同时,应逐步实现交通管理手段网络化、信息化、智能化。

4. 大力发展公共交通

按照公交优先的发展理念,规划建立合理的能够满足需求的公共交通系统。加强交通安全教育,全方位、多角度地加强群众教育,形成人人关心、人人支持、人人参与交通安全的舆论氛围。制作交通安全广告,宣传交通法律,使人们养成守法行车、按章走路的良好习惯。

保证人民群众方便出行、平安出行,是改善民生的具体举措,是人民群众的共同心愿。应不断提升城市交通管理科学水平,创造有序、安全、畅通的交通环境。

(二) 住房要考虑低收入群体需求

1. 增加房屋供应渠道

政府应将国民基本需求进行分类,针对不同需求提供不同的解决办法,如可出租的公屋、限价房、经适房、商品房等。

2. 改变土地供应方式

商品房用地可以竞价出让,但公屋、限价房、经适房用地不能采取拍卖方式出让。政府要将卖地收入用于改善老百姓的居住条件。老百姓的基本住房需求应由政府来解决,而不是开发商。

3. 加强政策的可操作性

房控措施应有详细指标要求。例如,政府拍卖多少商品房用地,同时批出多少公屋建设用地,指标是1:1或1:2,明确指标才具备可操作性。

4. 落实监督、责任制度

国家出台政策,要有监督和责任制度作为保障,地方政府执行力度如何,应有监督部门测评,达不到指标的责任人应该承担相应责任。

(三) 医疗要保障有病住得起医院

1. 逐步完善医疗救助体系和新型农村合作医疗制度

加大政府卫生投入,对特困群众实行医疗救助,进一步开展卫生所标准化建设，提高乡镇（中心）卫生院、卫生站综合服务能力。开展医疗卫生下乡工作，送医上门，方便群众就医。

2. 建立城乡医疗体系和"平价医疗"

公立医疗机构设惠民医院，特困群众持证在惠民医院就医。政府建立"平价医院"，为参加新型农村合作医疗的农民、下岗职工、低保人员、进城务工人员及老人、儿童服务。规范社区卫生机构，发挥社区卫生服务职能。

3. 加强卫生工作，提高疾病防控水平

完善公共卫生体系，提供优质卫生服务，加强卫生执法监督，保障食品卫生安全。提高突发公共卫生事件防控力度和广大群众的保健意识。

4. 加强行业作风建设

医疗机构工作人员严格执行"五不准"规定，要改进服务流程，简化环节，合理布局，提高服务意识，增进沟通，注重诚信，构建和谐的医患关系。加强医德建设，弘扬职业道德，完善监督机制。

（四）教育要确保每个人上得起学

1. 加快基础教育发展，提高基础教育质量

增加教师数量，满足基础教育发展需要。提高教师待遇，平衡城乡教师资源，采取优惠政策鼓励城镇教师到农村任教，解决农村教师短缺的问题。加强培训力度，提高教师素质，提高教师的理论水平、教学能力，促使教师相互学习、相互帮助、共同提高。

2. 转变思想观念，提高教育认识

接受教育是每个公民应有的权利和义务。如今社会竞争日趋激烈，谁的知识水平愈高，谁就能获得主动权，获得最佳的发展机会。

3. 加快经济发展，提高农民收入

实行一些倾斜政策，支持农村发展，要鼓励多种经营，多渠道增加收入，通过提高收入加大教育经费保障力度。

4. 调整招生政策，保证农村适龄儿童接受教育

农村基础教育的质量远远落后于城市，要体现出真正的公平，必须适当调整招生政策，增加农村学生接受高等教育的机会。

（五）养老要着眼提高覆盖率

推进城乡养老保障工作，让城乡居民共享发展成果，建设和谐社会，主要应做好以下几项工作：

1. **调整政策，实现养老保障全覆盖**

强力推进社会保险扩面工作，细化政策措施，制定配套规定，消除保障盲点，出台政策鼓励居民参加更高水平的养老保障体系，出台优惠政策，鼓励居民全面参保。

2. **健全机制，缩小养老待遇差距**

加快经济发展转型升级，缩小城乡发展差距。合理配置财政资源，健全财政倾斜机制，加大养老支出。实施城乡居民老年补贴制度。

3. **创新制度，实现养老有效转换**

出台政策措施，做到市区社保政策"同城、同标准、同待遇"。探索城乡养老衔接方式，配套操作细则，畅通接续渠道，建立统一的城乡养老保障制度。定期召开联席会议，调研养老保障政策，做到决策的科学化和透明化。理顺城乡养老管理的关系，实现城乡养老保障制度的衔接。

4. **搞好宣传，提高养老认知程度**

宣传各类养老政策，使政策深入人心，加强养老政策法规学习，增强工作主动性。

四、结论

新加坡政府职能转换与高效服务型政府的构建，对广东省社会公共管理具有现实的借鉴意义。创新社会管理是新时期加强社会公共管理的一个重要方面，中共广东省委省政府提出，创新社会管理，要继续完善保障和改善民生的制度安排，进一步把政府资源向就业、社会保障、教育、医疗、保障性住房等公共服务领域倾斜，高度关注群众生活，加大对低收入群众的帮扶力度。适应社会形势新变化，健全社会管理和服务的体制机制，注重从源头防范化解突出矛盾和风险隐患，保持社会稳定。

参考文献

[1] 吕元礼. 新加坡为什么能 [M]. 南昌：江西人民出版社，2007.
[2] 夏书章. 行政管理学 [M]. 广州：中山大学出版社，2008.
[3] 郑维川. 新加坡治国之道 [M]. 北京：中国社会科学出版社，1996.
[4] 刘健生. 新加坡的社会管理 [M]. 北京：群众出版社，1993.

从排斥到吸纳：社会组织参与社会管理的思考
——来自广东的探索及其经验

文小勇

社会组织参与社会有效管理，经历了一个从被排斥到吸纳的艰难历史过程，在西方是这样，在中国更是如此。在倡导社会管理体制改革的今天，广东在培育发展社会组织并有效吸纳社会组织参与社会管理方面作出了一些有益的探索，特别是在由政府、党委牵头，通过具有法律效力的制度保障来吸纳社会组织参与社会管理方面。

中共广东省委十届九次全会上审议通过了《中共广东省委、广东省人民政府关于加强社会建设的决定》（以下简称《决定》），其核心任务是认真贯彻落实省委省政府关于加强社会建设、创新社会管理的决策部署，深入分析当前社会管理工作中出现的新情况、新问题，全面安排部署当前和今后一段时期广东省加强社会建设、创新社会管理工作，为实现跨越式发展和长治久安创造良好的社会环境。《决定》中特别提出要大力培育社会组织，发挥社会组织参与社会管理、提高社会管理科学化水平的作用，这些举措无疑为广东社会组织发展及其参与社会管理提供了前所未有的机遇。

一、社会管理转型的历史必然性

作为中国改革开放的先行者，广东经历了30多年的快速发展，当前总体上完成了从小康型社会到宽裕型社会（中等收入）的过渡，实现了从农业社会向工业社会、计划经济社会向市场经济社会的转变，来到了经济转型、社会转轨的重要转折阶段。但处在转型期的广东在社会矛盾集中凸显过程中表现出的阵痛更加强烈，广东当前面临的发展环境比以往任何时候都更加复杂多变，广东在社会建设方面面临着越来越严峻的挑战。为应对挑战，早在2008年，中共广东省委就要求广州、深圳、珠海在加强和创新社会管理方面先行先试，探索经验。紧接着，《珠江三角洲地区改革发展规划纲要》赋予珠江三角洲地区"完善社会管理制度，创新社会管理方式"的使命和任务。为此，珠三角地区的各市都先行一步，在社会管理创新领域摸索出一套自己的独特方法。在中共广东省委十届八次全会上,汪洋同志提出广东省要加快转型升级、建设幸福广东,就必须深入扎实地做好新形势下的群众工作。围绕这一中心工作,广东各界深入探索加强社会建设、创新社会管理的"粤式之路"。在中共广东省委十届九次全会围绕加强社会建设、创新社会管理的主题,专门研究社会建设工作,尤其提出要大力培育社会组织,将政府职能向社会组织转移。这些开创性决策,正是集合了高层调研、珠三角各市实践、民众积极献计的诸多良策,为广东全面创新社会建设工作指引了方向。

因此,《决定》的出台,从某种程度上说,它反映的不仅仅是广东乃至全国范围内社会管理转型的历史必然性。从现实看,社会管理转型也是势所必然。自20世纪90年代以来,我国关于社会管理理论与实践的探讨发生了以下几个方面的转变:在社会管理理念上,从社会控制转向社会服务;在社会管理内容上,从内容泛化结构转向专业分化结构;在社会管理模式上,从应急残补模式转向制度化模式。

以社会管理内容上的变化为例,从泛化结构转向专业分化结构。例如,计划经济体制下的政府社会管理运作模式如图1所示:

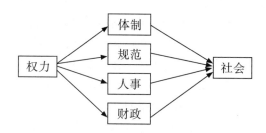

图1 计划经济体制下的政府社会管理运作模式:权力—社会

而在市场经济体制下的政府社会管理运作模式如图2所示:

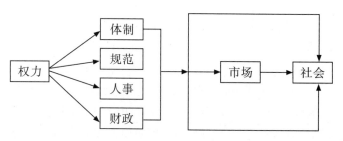

图2 市场经济体制下的政府社会管理运作模式:权力—市场—社会

从社会管理模式上看，已经从过去的应急模式转向了制度规范化的管理模式。经历了相对较长时间的实践和经验的积累，西方国家的社会管理模式明显在规范化、科学化、高效化等方面有着许多成熟的经验成果。当然这些经验和成就也不是一蹴而就的。西方社会管理模式的形成，从社会福利制度的成功过程看，曾经经历了以家庭和慈善功能为主要援助手段的应急残补概念演进到国家提供广泛的社会经济保护和法律保障的制度概念的艰难历程。从上述比较来看，经历过成熟的市场化过程形成的社会管理模式，较之传统的社会控制管理的经验模式，市场经济体制下的政府社会管理运作的"权力—市场—社会"模式比之计划经济体制下的"权力—社会"模式，大大提高了社会管理的可预期性、参与性、规范性与服务性。

换言之，中国当前社会管理的转型与创新，是由传统的全能主义的社会管理模式向科学高效的现代吸纳主义社会管理模式转变的一个必然的历史过程。

二、社会组织参与：社会管理水平提升的关键

《决定》中提出"培育壮大社会组织，提升服务社会能力"，并实质性地提出"推动社会组织健康有序发展。降低准入门槛，简化登记办法，探索公益慈善类、社会服务类、工商经济类等社会组织直接申请登记制。在省和地级以上市实施社会组织扶持发展专项计划，建立孵化基地。加快去行政化进程，逐步将社会组织业务主管单位调整为业务指导单位。完善等级评估制度，'十二五'期末，完成对全省社会组织的全面评估"，"发挥社会组织的积极作用。推行政府向社会组织购买公益服务项目，编制社会组织名录及考核办法，给予资质优良、社会信誉好的社会组织承接公共服务优先权，鼓励有条件的市、县（市、区）政协设立新社会组织界别"。这充分说明我们党委政府部门不仅真正认识到社会组织在推进社会建设和提升社会管理水平中的重要意义，也充分意识到社会组织参与社会管理是提高社会管理科学化水平的关键所在。

从国外的经验来看，社会组织培育壮大及其有效承担社会管理职能，是一个国家实现高效社会管理、提升社会基层治理效果、提供高效公共服务的关键之所在。以美国为例，截至 2008 年底，美国登记注册的非营利社会组织达到 160 万个，而这些社会组织承担了大量政府无法全面承担、也无法全面高效服务的社会领域的各项职能，为美国的社会管理职能和水平提升起到了关键性的作用，不仅提高了政府社会服务的水平，也使得大量社会组织涌现出来，大大提升了公民社会的质量。

从中国当下的现实来考量，我国社会组织参与社会管理的过程中面临着诸

多难题与挑战。例如，社会组织培育壮大面临着体制机制和相关法律制度环境的制约，导致社会组织发育不健全；又如，以社会管理所需要的大量规范的社会组织数量看，社会组织发展严重不足。图3充分说明，中国社会组织的发展存在明显滞后或不足的问题。

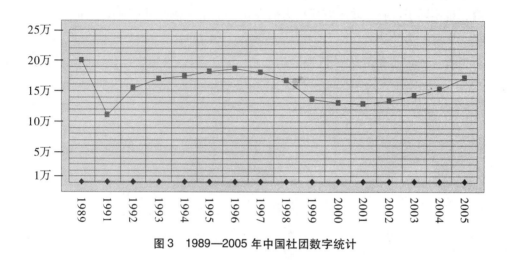

图3　1989—2005年中国社团数字统计

因此，无论是从社会组织的数量上或质量上看，还是从国外社会组织参与社会管理的有效经验着眼，政府让社会组织更多地承担社会管理职能、提高社会服务的水平和能力无疑是明智的选择，也是今后社会管理水平提升的关键。

三、内涵式发展：重在社会组织服务能力的提升

《决定》明确提出要"培育壮大社会组织，提升服务社会能力"，这不仅抓住了当前我国社会管理的要害，更是认识到社会组织自身发展中能力不足这一软肋。正如上文提到的，我国社会组织发展面临着环境的障碍，包括政策环境、制度与法律环境，还包括历史文化传统的环境。同时，社会组织要在社会管理中承担起有效的职能，也面临着自身能力缺失的现实境地。诚然，《决定》中提出的"培育壮大社会组织，提升服务社会能力"，既注意到了社会组织培育发展的环境改善的必要性，更注意到了提升社会组织服务社会能力的这一关键问题。

因此，注重走内涵式发展，以服务社会的能力建设为核心，就成为广东社会组织培育与发展的必然路径选择。结合广东省社会组织培育与发展的实践

看，笔者认为，社会组织服务社会的能力建设至少应包括以下几个方面。

(一) 社会组织公信力建设

公信力是社会组织的生命线，是社会对社会组织的认可和信任，体现了社会组织的诚信度，是社会组织筹资、生存和发展的根本。社会组织不同于政府，也不同于企业，政府依靠权力而存在，企业依靠盈利而存在，而社会组织依靠使命，依靠其崇高的组织理念和整体公信力而存在。一般而言，社会组织公信力的基本要素包括合法、诚信、使命、效率、绩效等，如图4所示。所以，推进包括广东省在内的社会组织的公信力建设，提升社会组织参与公共服务的能力迫在眉睫。

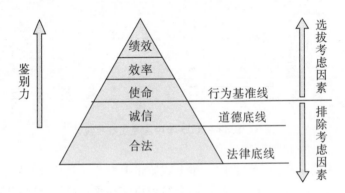

图4　公信力的关键要素及其结构

(二) 加强社会组织人才队伍建设

从广东全省社会组织面临的问题看，一是要实现社会组织专职工作人员职业化，即在市场经济条件下对其采取聘任制，受聘人员按照有关决议和约定履行责任；从大学毕业生中选派，借用大学生"村官"的办法，鼓励大学生到社会组织中去创业，从而有计划、有步骤地推进社会组织专职工作人员的职业化发展进程。二是要完善专职工作人员的相应保障政策。《社会团体登记管理条例》规定："社会团体的专职工作人员的工资和福利待遇参照国家对事业单位的有关规定执行。"但条文过于简单，在实际操作执行中基本形同虚设，因此要尽快制定专门的社会组织专职工作人员的劳动人事管理制度、人事档案管理制度、收入分配和考核奖惩制度等，健全社会组织专职工作人员的社会保障机制。三是要有效利用志愿者资源，即借鉴发达国家非营利组织的成功经验，把志愿者充实到社会组织工作人员队伍中，使之成为解决社会组织人力资源问题的出路之一。

（三）建立和完善评估机制

首先，确立评估指标。一般而言，社会组织的能力指标包括四部分：①基本资源，包括必需的人员、奖金和办公设施等硬件，用拥有量和保障度来衡量；②治理结构，即社会组织生存和发展所必需的软件，一般用资源覆盖面、自主性与成员的认可度来衡量；③管理能力，即社会组织生存和发展的核心能力，包括管理创新、成员认同度和工作绩效等；④筹款能力，即社会组织的筹款能力，包括社会组织经费拥有量等。其次，建立独立第三方评估机制，建立对社会组织的有效监督机制。这样有利于社会组织自主性发展，保证社会组织的活力与创新性，提高公信力和效率，促使其健康发展，从而也使得成员、社会和政府了解社会组织生存与发展的环境和条件，从而推动政府、社会更多地关心、支持和帮助社会组织改善环境、创造条件，使社会组织能力建设得到全面、健康、持续的发展和提高。

总之，社会组织的公信力建设、人才队伍建设以及评估机制的完善，是社会组织走内涵式发展，提升自身服务社会能力的不二法门。

四、让更多社会组织参与社会管理：广东的尝试

从广东的实践来看，这种实践或尝试之难可想而知，但是广东仍然迎难而上，在推进社会组织发展的过程中不断推进社会创新。

广东的尝试之难，其一难在破旧，这包括革旧的社会管理体制之命，革旧的社会组织形式之命，革旧的社会资本形态之命；其二难在创新，包括如何建立一个与市场经济的发展相适应的社会组织体制，如何使得社会领域的改革与政治改革的方向相适应，如何与广东公民社会勃兴的现实需要相适应。

作为改革开放的前沿阵地，30多年的经济发展取得的成绩举世瞩目。经济成就的背后，离不开社会支持系统的成熟与发展，这毫无疑问地反映了广东公民社会渐次产生雏形的事实，而公民社会的建构，无疑有着庞大和理性的社会组织这一重要因素。近年来，尤其是从2006年以来，广东省社会组织发展迅速，根据广东省民间组织管理局提供的数据显示，广东的社会组织正以每年10%左右的速度在增长。截至2010年，全省已通过登记注册的社会组织达28509个，其中社会团体13058个、民办非企业单位15249个、基金会202个，数量上排在全国第六位，按照目前的增长速度，到2020年，广东省社会组织总数将超过5万个。

广东的社会组织为什么发展得这么快？主要是靠改革创新加培育扶持，特别是在改革社会组织管理体制、让更多社会组织参与社会管理方面，广东率先做了一些积极的尝试。

（一）对社会组织进行科学分类

对社会组织的有效分类是实现有效管理的前提。广东在社会组织分类上采取"大部制"原则，实施宏观分类与微观调整相结合、功能分类与属地化有益相结合等原则进行了有效的分类。例如，按照大部制并兼顾功能与地域差距原则，广东将社会组织分为行业协会组织、公益服务组织、异地商会组织、基层社会组织。这与传统分类[①]有着很大不同，它解决了过去社会组织分类中"细而无别、别而无类、类而无准"的困境，避免了单一标准划分给社会组织带来的"边界"模糊问题。尤其是根据基层的实际，对城乡基层社会组织单独归类，避免了过去"上下一般粗、全国一个样"的局面，对发挥基层社会组织的自治功能与社会服务提供了依据。

（二）政会分开是社会组织管理体制改革取得实质性突破的重要基础

2006年，广东在对社会组织管理体制进行改革前，90%以上的行业协会和其他社会组织都是由政府部门牵头自上而下建制的，如今，100%的行业协会及97%的社会组织都由企业自发成立或民间组建起来。这样不仅增强了社会组织的自主性发展能力，也避免了"权会"寻租的出现，使得社会组织与政府（权力）的边界变得泾渭分明，这就为社会组织今后有效地承接政府转移的服务职能提供了前提条件。正是因为这样，近年来，广东省的社会组织在承接政府职能、提供有偿社会服务方面的能力得到了大幅度的提升，从而在政

[①] 我国对社会组织分类的传统方法是为了简单化而采取单一标准进行划分，例如，以法人形态为依据，分为社会团体、基金会和民办非企业单位，工商部门登记获得企业法人资格从事公益事业的组织、外国商会和外国NGO在中国所设的项目机构等（参见崔玉开《枢纽性社会组织：背景、概念与意义》，载于《甘肃理论学刊》2010年第5期）；以功能为标准，分为活动类（主要从事某一方面的活动，如各种学会、研究会、联谊会、俱乐部等）、维权类、服务类和慈善类（参见吴辉《论执政党与社会组织发展》，载于《中国井冈山干部学院学报》2010年第4期）。再如，按照社会组织性质分类，分为公益类和互益类。公益类的社会组织主要提供公共服务，受益的是社会上不特定多数人群，享受较高的税收优惠；互益类社会组织的服务对象主要是组织成员，因而享受有限的税收优惠（参见孙伟林《社会组织管理》，中国社会出版社2009年版）。以上分类多按照单一标准进行，但在实践过程中遇到了很多难题，从而影响了对社会组织的有效管理，也影响了社会组织自身发展及其承担社会管理功能的有效发挥。

府购买服务收入的比重连年攀高，大大促进了社会组织参与社会管理的积极性和有效性，也提高了地方政府社会管理的能力和效率。

（三）有效向社会组织转移政府服务职能

中共广东省委十届九次全会审议了《中共广东省委、广东省人民政府关于加强社会建设的决定》，明确提出了大力度、分阶段、有成效地向社会组织转移政府服务职能、大力推行购买社会组织服务的战略性措施，并要求按照下放社会建设权力的方向努力做到能下放的一律下放、由"万能政府"转型为"有限政府"、政府为社会组织建设做好服务等一系列解决社会组织参与社会管理的新课题。这不仅体现了中央提出的"兼顾秩序与活力"的原则，而且确实创新了社会管理理念，吸纳了越来越多的社会组织参与到社会管理的过程中来。

（四）建立枢纽型社会组织体系，整合社会组织资源

在同类型、同性质、同行业、同领域的社会组织中建立枢纽型社会组织，以整合社会组织资源，加强统筹规划与横向联系，实现归口指导、管理和服务，使之成为政府沟通、联系、协调、指导、服务社会组织的桥梁和纽带。枢纽型社会组织由人民团体和社会组织联合体组成，由总工会、团委、妇联、科协、残联、侨联、文联、社科联、工商联组成所属社会组织的枢纽型社会组织；登记管理机关和政府相关业务主管单位负责组织引导成立行业协会联合会、异地商会联合会、公益服务组织联合会、医药卫生组织联合会、执业资格组织联合会等枢纽型社会组织。枢纽型社会组织只吸收同类型、同性质、同行业、同领域社会组织为会员，不吸收企事业单位和个人会员。枢纽型社会组织以团体会员名义加入广东省民间组织总会，广东省民间组织总会承接政府职能委托，负责枢纽型社会组织的沟通、联系、协调和服务。这就大大提高了社会组织承接政府职能的能力和效率，同时提升了社会管理的水平。

五、结语

培育和发展社会组织，进而推进社会管理创新，其关键在于有效推进国家、社会与市场间的合作与良性博弈竞争，并且合理界定政府与社会、政府与市场间的边界，从而扎实推进社会管理体制的改革与实践进程。同时，无论是对西方社会管理的成功经验与模式的总结，还是从我国以及广东在探索社会管理体制改革和社会管理创新的艰难历程中，不难看出，社会组织总是被排斥在

社会管理的边缘甚至没有引起起码的重视。广东省委省政府将社会组织的培育发展、提升社会组织参与社会管理以《决定》的形式规定下来，这在我国历史上有着破天荒的意义，也表明中国当前的社会管理由传统的全能主义社会管理模式向现代吸纳主义社会管理模式转变是一个必然的历史进程，同时也预示着，以社会组织发展壮大主导的公民社会的成长是不可阻挡的历史潮流。

参考文献

［1］王名．走向公民社会［J］．吉林大学社会科学学报，2009(3)．

［2］(美)莱斯特·M. 萨拉蒙，等．全球公民社会：非营利部门视野［M］．贾西津，魏玉，等译，北京：社会科学文献出版社，2009．

［3］(美)切斯特·巴纳德．组织与管理［M］．曾琳，赵青，等译，北京：中国人民大学出版社，2009．

［4］孙伟林．社会组织管理［M］．北京：中国社会出版社，2009．

［5］王秋波．发挥社会组织在社会管理中的作用［N］．学习时报，2011-04-06．

［6］孙晓莉．中外公共服务体制比较［M］．北京：国家行政学院出版社，2007．

［7］陈振明．什么是政府的社会管理职能［J］．新华文摘，2006(3)．

新加坡和谐警民关系的做法及启示

方洪声

2011年6月20日至7月19日，笔者有幸参加了广东省人力资源和社会保障厅组织的新加坡公共政策专题研究班，到新加坡公共服务学院培训。期间，笔者聆听了专家学者的授课，实地了解新加坡公共管理的体制机制、运作模式、政策措施及其成功经验，并参观了新加坡警察部队总部，听取总部高级警官对新加坡警察社会管理经验的授课。在新加坡一个月，经过观察，笔者对新加坡警察与民众的良好关系感受很深。

新加坡是东南亚的一个城市岛国，位于马来半岛南端，截至2010年6月，总面积712.4平方千米；总人口508万人，其中华族占74.2%，马来族占13.3%，印度族占9.1%，其他种族占3.4%。新加坡有正式警员8627人，志愿警员1075人，战备警员22304人，非制服人员1179人，全职国民服役警员4345人。全国设6个警署、33个邻里警局（相当于我国的派出所）、65间邻里警岗（相当于我国的社区警务室）。相对于新加坡的人口，其正规警察的比例在全世界并不算高，但新加坡却多年保持了较低犯罪率，社会治安状况在世界上首屈一指，警察服务水准名列世界第一，其警民关系建设经验更是成为许多国家借鉴的首要对象。笔者总结了一下，其良好的警民关系依靠的主要是专业的素质、权威的执法以及良好的沟通。

一、专业的素质

在学习考察过程中，我们经常看到新加坡警察在着装、仪表上规范整洁，言行举止端庄得体，警察总部的高级警官给我们授课时也随身佩带枪支和其他单警装备，给人的第一感觉就是"警察像警察"，处处显示出专业性。根据他的介绍，为了培养一支专业性的队伍，新加坡警察在队伍管理方面形成了一套较为完整实用的管理体系。

（一）建立了一套符合时代特征和体现职业特点的核心价值体系

该体系提出了"国家至上、社会为先；服务民众、关注民生；廉政勤政、高效优质；关怀扶持、同舟共济"的核心价值观，强调在国民中塑造"敬业乐群、勤劳进取、廉政奉公、讲求效率"的良好形象，整个警队共同的使命是"维护新加坡法律、秩序与和平"，共同的愿景是"打造一支为国争光的警队，使新加坡成为世界上最安全的地方"，共同的核心价值观是"忠诚、英勇、廉洁、正义"。

（二）有着严格系统的人事管理和科学实用的绩效考评体系

新加坡警队注重队伍质量，在选人上严把进口关，每年根据工作需要，科学计算人力需求，按照初级警员、高级警官两个层次招募。经过个人申请、资料审查、品行记录检查、面试筛选、体格检验、心理测试等程序，确保选准用好最优秀的人才。在管理上，新加坡警队推行"工作表现管理体系"（美国潜能评估模式，简称CEP），即按年度进行工作登记表现评估，筛选出表现欠佳的警员，经过两个阶段共9个月的考验期后，如果没有改进则予以解雇。

（三）有着面向岗位需求和提升素质能力的教育训练体系

新加坡非常重视警队教育训练，建立了比较完善的教育培训网络。专门设置培训局，下设培训发展与控制组、基本训练中心、专业人员学校等若干机构，培训局局长兼任国家警察学院院长，其办学宗旨是"训练技能、增长知识、强健体能、激励斗志"，坚持"联合行动、专业训练、互动平台"的原则。新加坡警队规定，普通警察必须接受为期6个月的基本训练后才能执行巡逻任务，高级警官必须接受为期9个月的训练后才能任职。警察任职后，每年要进行100小时的脱产培训，若培训时间达不到100小时，则影响其年度工作表现评估，同时追究上级领导责任。警队培训内容力求贴近岗位，主要包括价值观教育、基本技能训练和以提高学历为目标的继续教育。警队训练设施十分先进，有网上训练行政系统、CREATE资讯网站、经验学习中心、个人学习中心、模拟警局等。每期培训结束后，培训局要组织课程评估、环境模拟评估，根据警员的工作表现检验培训效果，进一步改进培训工作。

（四）注重装备和工作模式的正规化

新加坡对每个警种的装备都进行规范设置。一线警察（警署的巡警和邻里警岗、邻里警局的警察）的警务装备齐全，有十余件之多，重达7千克（我国的单警装备大约4千克），但每个人都佩戴得非常整齐。警察在室外任何场所都必须戴警帽，每个警察都遵守得非常好。新加坡警察的工作模式是相对固定的，所有警员每天都要写工作日志，详尽地记录一天的工作情况。一线指挥官也主要通过警员的工作记录来考察警员的实际工作情况。因此,警员的每一项工作都要有记录,重要工作要形成报告,指挥官像批改作业一样对警员的工作纪录和工作报告进行批阅,指明工作中存在的漏洞和不足以及努力方向,重要情况则与警员面谈,共同讨论解决工作中遇到的困难和问题。

二、权威的执法

(一)法定的权威

新加坡的法律严厉,违法者受处罚的概率高,付出的代价大;而警察在执法过程中,更是具有绝对的权威。法律规定警察在执行公务时采取强制力对藐视警察的言行进行制止而不受投诉和法律追究,执行公务中的警察可以行使相应权力,对他认为可疑的人员采取极为必要的强制约束、管控措施,其手段、方法可以达激烈、非正常状态,都不属于人身侵犯,不存在被投诉的可能,体现出绝对的权威。被执行的对象可以诉诸法律,但不可以与警察当面争执、强辩,更不可以有任何肢体动作、语言或行动,否则便被认为是袭警。《新加坡共和国刑法典》单独规定了"藐视公务员法定权利罪",共19条,对受处罚的行为罗列得清晰细致,可操作性很强。在新加坡上课时,笔者问过老师关于新加坡如何保护警察的执法权,老师讲了一个有趣的例子,内容大致是如果你在新加坡大街上随手扔了个烟头,警察会开一张罚单,请你缴纳罚款;如果你接了罚单扔了,警察会再开了一张罚单,控告你妨碍执法,请你去警察局;如果你再把罚单扔了,警察会再开了一张罚单,控告你侮辱执法人员,要你去法院;如果你还是把罚单扔了或者一开始就把罚单扔到警察脸上,或者推搡警察、试图反抗,警察肯定是直接拷了你,把你装上警车,然后控告你袭警,然后你基本上坐定牢,而且上诉机会微乎其微。

(二)刚性的执法

新加坡政府尽量减少基层执法人员的自由裁量权,新加坡法律和警队内部工作规范对警察执法的标准、程序都有着明确的要求,执法活动中先做什么、后做什么,以及达到什么执法标准,所有的执法警员都必须完全按照法律规定的程序和要求执行,即使是一两个警察单独执行任务,这些程序和标准也不能走样。同时,警察要随时记录自己的每个执法行为,这样做,既是为了收集、固定证据,也是为了保护自己,证明自己是按照法定程序执行的,以便在被投诉或起诉中处于有利地位。新加坡以警察法为龙头,形成了比较完备的警察法律体系，分为法令和条规两个层次，并经常修订和完善，基本做到了有法可依、有章可循，并坚持以严刑峻法对付违法犯罪活动；相关法律内容也相当详细，违法与合法、罪与非罪泾渭分明，处罚和规定异常严厉，适用条件具体明确。在警察总部，笔者问起如何保证文明、人性执法的问题，授课的警官很诧异地说新加坡警队不存在这个问题，所有的警察都必须严格按照法律、法令和条规去做，谁违了法、犯了罪，就按有关条款的规定处罚，无须问动机也无须问原因，更没有任何回旋的余地。

（三）卓越的服务

新加坡警方公布服务誓约，承诺 10 秒钟内接听 999 呼救电话；紧急事件 15 分钟内抵达现场，非紧急事件 30 分钟内抵达现场；5 个工作日内回复公众来信；7 个工作日内告知案件受害者初步调查结果。成立优质服务与督察局，负责调查公众投诉，推动优质服务。引入美国平衡计分卡模式，全面评估各个警区的执法效能。新加坡警队特别注意通过持续的改进以建立警队的组织适应性，确保以"卓越的组织、卓越的行动"赢得民众的满意，提升民众对警队的信心。邻里警岗实行开放式前台办公，很受公众欢迎，他们随时了解民众的需要并尽可能予以满足。警方不仅关注治安问题，并且帮助民众解决生活中的其他困难和问题，还要求每一个警员严格警容风纪，实行微笑服务。通过上述活动，警方赢得了公众的理解与合作，新加坡公众一致认为警察是最可信赖的人。

三、良好的沟通

（一）成立专门机构

新加坡警方负责公共关系的专门机构是公共事务局，下设团体关系处、媒体关系处、计划处、全国罪案防范理事会秘书处、礼宾处。它的职责是：警察形象、外部和内部关系、犯罪预防的积极推动者；所有希望了解警队的计划、政策、程序、统计数字、研究和服务等方面信息的媒体、组织以及公众的第一联系人；告知所有战略性公关事项，并负责公关战略的维护、管理和发展；作为提高警队内部活力的信息管道；负责维护和发展警队与社区及其他政府机关之间的和谐关系。

公共事务局致力于提升新加坡警察部队的品牌。他们努力超越所有本国和国外客户的期望；运用与大众媒体的特殊关系作为战略杠杆影响公众观点；通过传统和非传统的传播渠道宣传警队独特的警务模式和文化；面对不利宣传时尽最大努力维护警队声誉。

公共事务局是警队的"大使"。它是沟通警队和公众之间的桥梁，在影响警队形象的问题上代表和维护警队的立场，将公众的反馈和关注传达给警队有关部门以引起他们的注意，了解所有有关警队的事项以便作出及时、详尽、可信的回应。

为了使公众对警队有更多的了解和好感，公共事务局还创办并管理警察文物中心、警察艺术团以及警察的出版物《警察生活月刊》和《警察部队年刊》，这两份刊物都可以在新加坡警察部队网站在线浏览。

（二）重视社区合作

新加坡警察部队高度关注与社区的合作，并将此作为他们完成使命的重要途径之一。新加坡实行社区警务制度，全新加坡共分为6个警区、33间邻里警局、65间邻里警务点（警岗）。与公众联系的方式主要有：通过警员进行住家访问，实现警察和公众一对一的交流；通过网络和手机短信方式发布犯罪预防简报和罪案预警；通过全国学生警察团开展宣传推广活动；通过大众传播媒介发布信息；等等。此外，通过展览、讲座、研讨会、年度运动、邻里相望、捐助分区等活动，警方推行自己的计划，实现与公众的互动。新加坡警察部队很乐意承担社会责任，他们鼓励警察部队人员积极参加义务工作和社区活动，并组织一年一度的警察周捐款活动以及其他慈善活动，以此增进与社区及公众的关系。

新加坡警察部队与教育部门及其他部门互动，向公众进行宣传，开展会议讨论治安隐患。例如，警方的"公路安全计划"就是小学教育的重要内容，教育小学生如何安全过马路、保持马路的卫生清洁等。警方的犯罪预防计划也非常重视从小的教育。新加坡还有一个全国学生警察团，约3万名成员，成员每年服务6周，对公众进行家访，开展各种活动，推动警方的宣传计划，并协助警方执勤。

（三）友好对待媒体

新加坡警察部队认为与媒体的关系是共存关系，警队会主动与媒体接触，通过与媒体建立各种长期和短期的合作来搭建良好的警察与媒体关系的平台，利用媒体的帮助来达到警方的目的：呼吁公众提供犯罪线索、目击证人挺身作证；宣传罪案防范和交通安全信息；及时将信息传达给公众，以增进警民关系。媒体的报道会影响到公众，警方会及时与媒体沟通，以避免不适宜或不实报道。警方通过一切可能的手段与媒体合作，通过新闻发布会发布警方资讯、邀请媒体记者到现场采访等方法使新闻报道准确、全面。警方成立了媒体资讯中心，一年365天不分昼夜地与媒体联络员保持联系，及时提供报道资讯供媒体深入采访。警方新闻中心则主动把媒体所需的各种资料放在网站上，供媒体直接下载。警方还通过正式社交活动或非正式活动，与媒体保持良好的关系。在研究分析以及策划的基础上实行信息公开，提供给媒体的消息不仅限于允许媒体公开报道的范围，而是全面提供相关的背景资料，提醒其应注意的部分，供媒体在报道的时候参考，进行综合权衡，同时将这些背景资料列为秘密，提醒媒体不得向公众透露这些背景资料。

为了建立警队良好的公共形象，警队还在电视台播出警方的电视节目——《绳之以法》，该节目以汉语、英语、马来语、泰米尔语四种语言播出，每期约30分钟，分为三个板块：已破案件、在侦需公众协助案件和公众教育。这个节目非常受观众欢迎，曾在2002年成为时事类节目收视率第一名，收到了良好的宣传效果。

四、启示与体会

新加坡警队的成功，与其国家的政经体制、国民的整体素质、警队的不懈努力等都有直接关系。我国与之相比，更有着中国特色社会主义制度的优越性和人民警察队伍的光荣历史传统，这都是资本主义国家警察队伍所不能比拟的。因此，学习借鉴新加坡警察队伍管理的经验做法，不能照搬照抄，直接拿来套用，也不能妄自菲薄，丧失发展信心，应采取正确的态度，批判地吸收有用的做法。

为构建良好的警民关系，警察公共形象的建设和宣传必不可少，但警队的队伍素质、执法水平是警队形象的硬件基础，为使我国公安工作在执法水平、队伍建设等方面有进一步的提高，我们必须充分立足中国国情、公安机关和各地实际，用辩证的观点、扬弃的方法加以学习研究，进一步提升公安队伍管理水平，以执法管理规范化促进执法规范化，为构筑良好的警民关系打下坚实的基础。下面主要从执法水平、队伍建设两方面谈谈笔者的粗浅体会。

（一）高度重视公安执法管理规范化建设

新加坡从规范执法程序、明确岗位职责、加大科技投入、强化违规问责等方面入手，以执法管理规范化促进执法规范化。

新加坡警察的执法权威说明了执法管理规范化是实现执法规范化、提高执法质量的手段之一。针对我国一些地方公安机关不同程度存在的"执法思想不端正、执法制度不完善、执法管理不科学、执法活动不规范、执法监督不到位"等问题,自2008年起,公安部在全国公安系统开展了以加强执法思想建设、执法主体建设、执法制度建设、执法监督体系建设、信息化建设为内容的执法规范化建设活动,并取得了明显的成效,目前正在深入推进阶段。在推进公安执法规范化的过程中可以借鉴新加坡警察的执法经验,从以下几方面高度重视我国公安执法管理规范化建设,并以此促进执法规范化,杜绝或减少执法违法的问题发生。

1. 注重民警执法程序规范化建设,是实现执法管理规范化的前提和基础

公安部于2009年颁发的《公安机关执法细则》就是依照国家法律、行政法规、司法解释、公安部规章和有关规范性文件的有关规定,针对公安机关办理刑事案件和行政案件的办案程序作出的强制性规范。全国各级公安机关民警应当在认真学习该执法细则、进行程序意识养成训练的基础上,予以严格执行。除此之外,各省、市公安机关还需将该执法细则未涵盖的执法程序细节加以研究规范,以堵塞执法程序的漏洞。例如,规范民警接警(报案)、出警、处理等操作程序并制定岗位职责规定;规范民警执勤、巡逻和当场处罚的具体程序和制定岗位职责规定;规范证据合法性审查的标准及证据保管、移交、移送等的标准和程序;规范本单位警察岗位职责;规范民警佩带武器警械的标准以及使用武器警械的具体操作程序和要求;规范盘查、查缉、追缉、堵截、守候、搜查、辨认等调查、侦查措施实施的程序和具体操作规定;补充制作统一规范的执法程序法律文书;等等。同时还应在执法程序履行方面制定相应的违规究责规定,确保民警依法履行执法程序。

注重执法程序规范化,是管理民警依法执法的有效手段,它既有利于提高民警接(受)处案件的快速反应和查处案件的速度,杜绝诸如证据提取中存在的丢失、损坏证据或失去提取和侦查证据的条件、被扣押物品不随案移交等执法违法问题的发生,同时又能确保民警执法行为的合法性并有效维护民警自身执法与人身安全。

2. 注重执法场所设置和管理规范化建设,是实现执法管理规范化的必备条件

公安执法场所既包括看守所、行政拘留所、收容教育所、强制隔离戒毒所等羁押场所,又包括办案单位进行讯问、询问等的办案场所。各地应在省级辖区范围内探索实现统一的执法场所设置和管理规范,包括公安执法场所建设标准、设施设置、民(武)警配备和管理标准、程序等方面,确保执法场所建设和管理有章可循,有利于规范民警在场所管理的执法行为、实现执法场所设置规范和安全、杜绝涉案人员非正常死亡问题的发生。

3. 建立科学完备的民警违规问责机制，是实现执法管理规范化的有力保障

我国目前已有公安部颁布的《公安机关内部执法监督工作规定》《人民警察执法过错责任追究规定》《公安机关执法质量考核评议规定》《公安机关督察条例实施办法》《人民警察纪律条令》等一系列公安内部执法监督规定，构成了执法管理的保障体系。但是这些内部执法监督规定存在政出多门的现象，涉及纪检、督察、法制等多个执法监督主体，在执行上存在一定的难度，致使有些在执法程序上违规的民警，得不到惩处，任其违规行为泛滥，成为默许的"习惯"。例如，在取保候审方面，违规由决定机关管理和执行保证金；在扣押物品和随案移送证据方面，办案人员违规使用扣押财物或不随案移送扣押财物等证据材料；在证据保管方面丢失证据、毁损证据；在接警出警方面，民警违规不予立案或者证据意识缺乏，不及时对案件采取调查、走访询问、勘验取证、鉴定等侦查措施，致使案件失去侦查条件或者存在证据不足现象；等等。因此引发的上访案件频发。针对这种情况，笔者认为，我国公安机关有必要建立一个科学完备的问责机制，将上述内部执法监督规定加以统一规范，以加大及时查处和纠正民警执法违法行为的力度，保障执法规范化。

（二）坚持不懈地推进队伍素质能力建设

1. 以核心价值观教育灌输为重点，全面加强队伍的思想政治建设

新加坡警队非常注重核心价值观的教育灌输。公安部也正在开展人民警察核心价值观内容的讨论。借鉴新加坡警队的经验做法：一是加强公安队伍核心价值观的教育。我们应认真学习实践公安机关核心价值观，加强经常性教育，使核心价值观深入人心，确保广大民警在其指引下，恪尽职守、团结拼搏，永葆政治本色，打造一支和谐之师、威武之师、文明之师。二是加强珍惜岗位和荣誉的思想教育。组织全体民警开展广泛深入的学习讨论，使每个民警都能清醒地认识到"有为才有位"，更加努力勤奋工作。三是注重教育方式方法。定期分析民警思想动态，做好谈心交流工作，及时准确地了解掌握民警的所思所想、所盼所愿。在经常性教育灌输的同时，切实解决思想问题，使思想教育变虚为实，将核心价值观转化为队伍的统一意志和自觉行动。

2. 以促进民警全面发展为导向，建立充满活力的人事管理新机制

新加坡警队高度重视人的因素，注重每个警员的全面发展，人事管理机制充满活力，队伍始终保持昂扬向上的精神状态。警队的绩效管理工作，正确处理了工作过程与工作结果、现实表现与潜能发展、定量与定性等关系。

借鉴新加坡的经验做法，一是注重培养和发挥民警潜能。注重了解民警的特长、品行、性格、领导能力、共事协调能力等，围绕民警的智商与情商，开展潜能评估，促其全面发展。建立各类人才库，加强侦查、法制、科技、信息化、文字调研等方面的人才储备，强化培训，为队伍发展提供人才保障。对有潜质的年轻民警，重点加强辅导培养，使其向通才或专才方向发展，做到人尽其才、才尽其用。加强各级班子建设特别是后备干部队伍建设，重点加强政治业务素质特别是领导驾驭能力、协调能力、纪律作风等方面的培训，确保其能带好一支队伍、干出一流业绩、确保一方平安。二是完善绩效管理工作。加强绩效考核，在重视考核的同时，更加重视结果运用、全面评估、及时反馈、持续改进。坚持经常考核，关注每个民警的长期现实表现；坚持全面评估，确保全面、准确掌握各单位和每名民警的情况；坚持持续改进，不断提升民警素质和工作效能。建立以基本素质能力、基本工作职责、基本工作程序、基本考核目标为内容的全警岗位责任体系，使每个民警都能清楚学什么、做什么、怎样做、怎样才能做得更好，确保每项工作都有人负责、有章可循、有人监督、有人考核。三是正确运用正负向激励手段。围绕"三基"工程、"三项建设"、学习实践科学发展观等中心任务，发现培养典型，增强广大民警的职业荣誉感。坚持"成就民警"的理念，强化民警"我能行"的工作激情和"优秀的警队优秀的我"的团队精神。加强典型联系工作，使其永葆先进性，充分发挥示范带动作用。表彰活动可邀请民警家属参加，增进其对公安工作的理解和支持。依据绩效考核结果，对表现后进的民警重点关注，正确引导，加强反馈，促其改进不足。

3. 以继续深化岗位练兵为主线，坚持不懈地推进队伍素质能力建设

新加坡警队重视教育培训，多措并举，努力创建学习型组织，警员的个体综合能力普遍较强，队伍的整体战斗力较高，保证了警队的可持续发展，维护了国家的长治久安。

借鉴新加坡的经验做法：第一，深化学习氛围。积极开展"创建学习型队伍，争做知识型民警"活动，选准学习载体，完善长效机制，巩固苦练基本功成效。第二，突出练兵重点。围绕公安工作信息化、执法规范化、构建和谐警民关系"三项建设"，重点开展好信息化练兵、法律练兵、群众工作练兵、警务实战技能练兵四项练兵。第三，改进练兵形式。推行"按需培训"和"菜单式培训"模式，科学合理地确定培训内容。在保证民警完成"规定动作"的同时，多增加一些"自选动作"，为民警个人全面发展创造条件。第四，注重练兵效果。正确处理好全局"集中训练"与警种"条条训练"、所在单位"块块训练"的关系。政工部门加强检查考核，落实教考分离制度，组织比武竞赛，检验练兵效果。

新加坡慈善监管制度对我国的启示

陈钟鹏

新加坡一直以礼仪文明、乐善好施著称，新加坡人的慈善捐助之举更让人为之赞叹和敬佩。新加坡的各种社团、团体商会及各氏宗祠、总会等纷纷活跃于慈善事业中，他们不遗余力地为弱势群体、教育、医疗等各个领域作出贡献，使新加坡这个本以文明著称的国家，在慈善事业上的成就倍受瞩目。新加坡全国志愿服务与慈善中心2009年的一项调查数据显示，2008年，新加坡对慈善组织有信心者为90%，比2006年高出7个百分点；2008年，新加坡国人慈善捐款达到95800万新元，比2006年多出61700万新元。剖析新加坡慈善事业搞得好的原因，关键在于：国家高度重视、监管有力、严格规章；慈善公益事业团体健全制度、加强管理、严于自律；社会团体和国人颇具社会公德心和关爱他人之心；新闻媒体的社会责任感和使命感。

反观我国的慈善事业发展相对较慢，一些慈善组织管理不善，漏洞百出，遇到灾害动员民众捐款，民众对于款项能否到达灾民手中往往打一个问号。这种不信任感，往往影响了慈善事业的发展。所以，我国的慈善事业应借鉴新加坡的有益经验，加快管理体制改革，激活我国慈善组织的创新能力，尽快构筑符合我国国情的政府监管、内部治理和公众监督三位一体的慈善事业监督体系。从根本上学习新加坡的慈善事业的监管准则，做到依法行事、照章办事，激发全民对国家和社会团体慈善组织的信任度，这对促进我国慈善事业的发展大有好处。从对新加坡慈善监管制度的学习中，我们可以得到一系列有利于发挥监管职能和提高监管效率的启示与思考。

一、新加坡慈善组织的监管特点

在新加坡政府看来，监管的任务不应单是通过设计严密的规则来防止坏机构出现，而是在设定基本规则后，严格监督其执行情况，提高信息披露度，确保慈善组织的风险控制满足审慎要求。要保持慈善组织善款使用的透明，关键在于制度约束，而制度的建立是逐步完成的。新加坡尽管是一个制度相对完善的国家，但仍然在2005年爆出了轰动一时的新加坡最富有、最成功的慈善组织——国家肾脏基金会（NKF）主席杜莱连卫生间的水龙头都镀金的丑闻，使新加坡慈善事业陷入了一段公众募捐低潮。对这起丑闻，新加坡政府一直"穷追不舍"，除了坚决追查、公布 NKF 详细捐款账目之外，还健全了对慈善组织的监管，于 2007 年 11 月推出对慈善组织的监管守则，而且更严厉地监管慈善组织职责与薪金的监管守则修订版也已于 2011 年 4 月生效，使得新加坡对慈善组织的监督日益完善，这主要体现在以下四个方面。

（一）比较完备的法律法规体系确保慈善组织规范运作

新加坡是中央一级政府国家，其法律源自英国，深受英国的影响。新加坡对非政府团体的立法比较完备，根据非政府团体的三种形式（社团、有限担保责任公司和慈善基金）分别立法。如《社团法令与条令》《互惠团体法》《公司法》《慈善法》。1982 年，新加坡制定《慈善法》，效仿英国，设立机构负责慈善管理。新加坡《慈善法》对慈善组织的定义为：任何一个机构，无论其是否为法人，只要基于慈善目的（属于扶贫、促进教育、促进宗教事业和其他有益社区的活动等四类）而建立，从事慈善事业，隶属新加坡高等法院管辖，则可称为慈善组织。所有慈善组织（除已被豁免登记的团体）都必须向新加坡专门负责慈善事务的官员提出登记申请，否则视为非法。迫于 2005 年由国家肾脏基金会及相关团体丑闻引发的社会压力，2006 年 3 月，新加坡内政部发布报告认为慈善事业的管理中，政府应尽可能少管，以实现社会自治。按此原则，新加坡于 2007 年对《慈善法》进行修改。

2007 年 11 月 26 日，新加坡慈善理事会发布《慈善组织与公益机构监管准则》。慈善总监依照准则内的指导原则要求实施监管或设置监管系统，慈善组织因某种原因不能够符合要求，就要清楚解释为什么没有遵守准则，在年度报告中若不以"遵循或解释"来符合准则要求，就会受有关组别的行政官员责问，严重违反者可能还会被吊销慈善资格，也就是在税务方面不可享有优惠。准则主要分成九大部分：策略性规划；财务管理与控制；董事会的监管；筹款；利益冲突；信息披露与透明度；项目管理；人力资源管理；公共关系和公共传播。准则分成基本（所有慈善与公益机构）、加强（所有公益机构和年收高达 1000 万新元）、高级（所有年收高达 1000 万新元的大型公益机构）三个等级。2010 年，慈善理事会修改了慈善组织和公益机构的监管守则，当中包括更严格地监管董事和职员的职责和薪金，以及为较小规模的慈善组织提供较简化的守则。

（二）委任全职的慈善总监加强慈善组织监管

从国家来讲，新加坡建立慈善理事会，并发布慈善监管准则报告，同时委任一位全职的慈善总监，加大监管、审核力度，做到严格按照法律和规章制度办事，彻查违规行为，既保证了慈善事业的健康运行，又保护了慈善组织的有效运作。

2006年，新加坡国家福利理事会（NCSS）指出，作为六个部门行政长官之一，其监管着社会服务部下属的慈善组织和公益机构，其使命是为社会服务指引方向，提升社会服务机构的能力和促进社会服务之间的合作伙伴关系。2010年1月1日，国家福利理事会放弃了部门行政长官的职责，慈善总监开始接手直接监管社会服务部的慈善组织和公益机构，这个结构调整让国家福利理事会转而关注它对于志愿性福利机构的倡导职责。

新加坡慈善总监在社会发展青年及体育部旗下工作，负责监管慈善组织和公益机构，在必要时进行审计和调查，若发现慈善组织表现异常，有权暂停所有筹款的申请，在团体解散时，给予处理团体资产的具体建议。慈善总监由国家福利理事会、新闻通讯及艺术部、教育局、体育理事会、人民协会和卫生部六个部门辅助管理，各管理一个慈善领域，他们将监督在其权职范围内的慈善组织和公益机构。

新加坡慈善总监于2010年1月从国家福利理事会接手负责监管社会服务领域的慈善组织。自2006年开始，新加坡政府已委托独立机构进行247项慈善组织监管审查，这包括2010年所进行的100项。慈善总监将向其他慈善组织发布审查结果，希望团体之间互相吸取他人的经验，改善监管及财务监督。

（三）完善的内部监控是慈善组织实施自我监督的重要防线

任何团体尤其是发展壮大之后，要实现其团体目标，必然从内部开始进行自我约束、自我规范。慈善作为一种公共行为，慈善组织作为慈善事业发展的核心载体和主体力量，作为沟通捐赠主体和受助主体的桥梁和纽带，亦要认清内部监管的作用。

新加坡慈善组织是由义务性质的董事会监管的团体，董事会负起最大责任，确保慈善组织按照《慈善组织与公益机构监管准则》有效运作，并获得良好的监督与管理。该董事会成员是根据慈善组织的管理文件经选举当选或任命的。作为最高决策单位，董事会有责任确保慈善组织获得妥善而谨慎的监管与管理，以确保慈善组织的有效性、可靠性和可持续性。

越来越多的慈善组织及公益机构须了解遵守监管准则的重要性。慈善理事会2010年首度要求慈善组织及公益机构上网提呈它们有没有遵守监管准则的评估表，评估以100为满分，结果半数团体在监管方面获得87分以上，成绩令人满意。一些监管准则如董事会成员定期开会，几乎所有的慈善组织及公益机构都要遵守。其他如拥有独立的董事会、检讨宗旨、让非执行人员担任主席、董事会财政最多只能连任4年，以及董事会之下应成立查账、筹款等委员会，等等，也同样获得多数慈善组织及公益机构的严格遵守。慈善理事会公布的第二份《慈善监管报告》显示，各慈善组织和公益机构已经加强内部监控和管理；同2009年公布的第一份报告相比，各机构在董事局监管、利益冲突管理、透明度和运作等方面的得分都有进步；将近九成的慈善组织和大约98%的公益机构，都遵守至少80%的《慈善组织与公益机构监管准则》。

（四）注重信息公开透明

除了登记的严格规定外，新加坡还要求慈善组织进行行业自律，提供常年报告给利益相关者，汇报其计划、活动和经审计的财务报表，财务报表应在成员大会上提呈，并列出董事会成员和管理层人员的名单。应公开其使命、组织结构、筹款计划和活动、机构表现和财务状况等方面的信息，以示透明度。按时提交财政年度报告和独立审计报告、所得税申报表，供公众查询。

董事会应确保慈善组织有一套程序，向媒体、利益相关者和公众公开有关慈善组织本身及其活动的信息，并在公众或利益相关者索取这些信息时及时作出回应。2008年2月，慈善理事会要求所有慈善组织及公益机构通过慈善组织网站，向负责监督它们的部门执行者提呈有无遵循监管准则的说明和解释。理事会共收到1500份表格，反应相当踊跃。公众从2009年4月1日起，可上网查看公益机构的监管评估表。

二、当前我国慈善事业监管存在的问题

我国的慈善事业发展相对较慢，一些慈善组织管理不善、漏洞百出，遇到灾害就动员民众捐款，民众对于款项能否到达灾民手中往往打一个问号。特别是陆续爆出"郭美美炫富事件""天价帐篷""万元餐费""虚开发票"等诸多丑闻后，要消除公众的"成见"谈何容易。这种不信任感，严重影响了慈善事业的发展。红十字会走到今天这步，完全是多年来我国慈善事业一系列问题累积的必然结果。由于慈善组织的非营利性及其提供的服务和产品的公共性，加之我国的慈善相关的法律和制度不健全，慈善组织管理水平还不高，管理方法还处于摸索和探索阶段，导致我国慈善组织普遍缺乏有效的监督机制。

（一）法律法规不健全

我国慈善法规总体上层次低，体系不完善，对于慈善组织的团体制度、财务制度以及活动领域等具体运作方面的法律规范也不全面，造成我国慈善组织在资金管理上更多的是团体自律以及准行政化的监督与审计，不能从根本上遏制管理弊端。即使已颁布的法律法规和政策，往往也因缺乏具体的可操作的配套政策而难以真正落实。慈善事业的进入、评估、监管、公益产权界定与转让、融投资、退出等完整法律框架尚未形成，不少意愿进入者只能驻足观望。慈善事业的发展长远来说依赖于第三部门的整体进步，并且和私有产权及其转让与继承、企业财产的转让与捐赠、国家税收征管及财政转移支付等一系列国家重要制度息息相关。因此，完善慈善事业的法律框架是一个长期的任务。

（二）内部治理不完善

我国慈善组织内部治理结构不规范，内部机构之间不能形成权力的分散与制衡。理事会、管理层、监事会之间缺乏明确的分工和制衡。例如，理事会与管理层之间存在严重的信息不对称，没有也不能真正行使职权，团体的决策和执行职能都落到了管理层组成的内部人员身上；理事会规模小，不能形成对董事长或个别执行董事的权力制衡。不少慈善组织内部规章制度不健全，或者规章制度执行监督不到位、缺位；财务会计制度混乱，没有一套严密的财务审计报告制度；理事会、监事会监督职能在章程中载明得不具体、不明确。

（三）监管体系不健全

我国目前缺乏严格监管慈善组织的社会氛围，对已经登记注册的慈善组织，政府只是做了登记注册，并没有相关部门对其对外募捐、款物流向、财务管理等进行有效的监管，只要没人投诉就不过问，造成监管缺失。特别是非对外募捐的基金会，除了官方和媒体要过他们的数据外，没有任何职能部门对他们的行动做过监管。对那些未登记注册的民间慈善组织，更是无从监管。在缺乏外部监督的情况下，仅依靠慈善组织的内部自律显然是不够的，只有在外部制度规范和监管主体比较完备的情况下，内部自律才能收到良好的效果。

（四）公信力严重缺失

自红十字会陆续爆出"2010年超标采购420余万元""郭美美炫富事件""天价帐篷""虚开发票"等诸多丑闻后，人们开始感觉到慈善组织不那么可靠了。有些慈善组织在管理上存在漏洞，善款使用的随意性很大，甚至被贪污或挪用。这对靠募捐来维持生存的慈善组织来说,是致命的道德缺陷。在目前的转型时期,公信力的缺失是一个普遍的社会问题,不独慈善组织,也不独社会公权力使然。但是比起一般的机构来,人们更不能允许类似红十字会的慈善组织出现道德赤字。当一个慈善组织不对外公布慈善账目,财务制度不透明,善款的使用违背捐赠人的意志,如何能得到人们的信任?

（五）信息缺乏公开化

作为一个慈善组织,公信力是它的生命力,而公信力是建立在信息公开、各方监督机制完善的基础上的。然而,我国约有75%的慈善组织完全不披露或仅披露少量信息。不仅是我国红十字会,在我国以往的慈善募捐活动中,都没有形成信息公开制度。多年来,因为善款流向及慈善组织本身行政支出不透明,不少人对捐款信心不大。再加上接连出现的恶性新闻,人们对其的不信任更是加剧。由于政府直接参与慈善监管同时又参与慈善运作,使公示等内部制度执行不到位。慈善物质及资金的安排使用操作不规范,捐助额度随意性强,基本不会公开受助对象和数额,只做大概的账务平衡公示,审计结果往往也不能按规定公示。而民间慈善组织缺乏监管,其操作更加难以公开化。这种情况下,公众当然会对捐款使用去向和数额的公正公平提出质疑,从而捐赠热情大打折扣。

三、完善我国慈善事业监管体系的建议

我国目前在慈善活动活跃、慈善组织增加的同时,出现了这样或那样的慈善腐败和伪慈善,使慈善公信力下降、作用力削弱,严重影响了慈善事业的发展。为保证慈善事业的健康发展,完善慈善事业监管体系势在必行。特别是随着我国慈善事业的大规模发展,如何规范有序地发展,已成为我国慈善事业健康发展的紧迫课题。所以,借鉴新加坡在发展慈善事业中的有益经验,加快管理体制改革,激活我国慈善组织的创新能力,尽快构筑符合我国国情的政府监管、内部治理和公众监督三位一体的慈善事业监督体系,无疑是十分必要的。

（一）制定专门的法规确保慈善组织规范运作

加快慈善事业发展,首先就是要制定相应的法律及其配套的实施细则,从法律的高度对我国的慈善事业进行定位。通过立法,把我国慈善事业的性质、地位、原则,慈善组织的登记与团体、管理与运行,慈善事业的进入、评估、监管、退出,以及公益产权界定和转让、融投资,等等,从体制上完整地用法

律的形式固定下来。在《慈善法》的基础上，对相关法规进行完备和细化，使慈善事业准入、团体架构、财产管理、行业评估和信息统计方面制定具有针对性和可操作性的制度。通过对新加坡慈善监管制度的学习，我们认为可以从根本上学习新加坡的做法，出台《慈善组织与公益机构监管准则》，作为慈善组织的行业规则和行业标准，要求所有慈善组织必须遵循。

（二）加强对慈善组织的外部监管

缺乏监督，必然导致腐败。慈善行业应引入强有力的外部监督。政府可以而且必须监管民间的慈善行为，如果发现违法违规行为，政府应该予以纠正，但不应该直接介入其中。为了保证慈善的独立性，慈善组织当然应该是独立的法人机构，而不应该由某个政府部门来"主管"。纵观新加坡等公益慈善事业发达的国家，慈善组织也都是民间的独立机构。

1. 建立专门的慈善组织监管机构

我国目前对慈善组织的监督主体呈现多元化的状态。《社会团体登记管理条例》规定民政部门、业务主管单位、财政部门、审计机关为社会团体的官方监督部门。《基金会管理办法》则规定基金会还应当接受人民银行的监督。这种多元实施主体的监督模式往往会产生不同主体之间相互扯皮、互相推诿和摩擦的尴尬状况，导致工作效率低下。基于上述考虑，应建立专门的慈善组织监管机构，实施对慈善组织的统一监管和协调，主要审查和监督慈善组织的活动是否符合有关法律以及这些机构或团体设立时的宗旨，坚持通过审计机构定期与不定期地对慈善组织的财务与经营状况进行审计及公示，对违规的慈善组织予以降级直至取缔处理。

2. 建立独立的第三方评估制度

从新加坡经验看，独立的第三方评估机构可以发挥重要作用，但目前我国纯民间的评估机构还没有出现，第三方评估机构多是民政部门发起或以民政部门为主导，带有官方背景，最大的缺陷就是行政干预。建立独立的第三方评估制度，即由具有合法资质的公信度好的中立第三方，接受慈善组织监管部门的委托，对慈善组织定期进行资质、财务状况、信用等的评估并予以公布，使各慈善组织对捐款的使用去向保持高透明度。

3. 充分发挥公众对慈善组织的监督作用

公众监督是慈善监督机制中至关重要的部分，每个公民都拥有对捐款使用情况的知情权。应由捐赠者、媒体代表、人大代表、政协委员、会计师事务所、律师事务所人员共同组成监督小组，对善款的使用是否科学合理与使用效率进行监督，并提供专线电话，随时接受公众的质询。新闻媒体是公众获取信息的主要渠道，具有导向作用和威慑作用，能对慈善公益团体的管理者形成强有力的约束。要充分发挥新闻媒体的社会责任感和使命感，捍卫我国慈善的纯洁，维护慈善事业的尊严。

（三）完善慈善组织的内部治理机制

慈善组织的自律和自我约束是慈善事业健康有序发展的基础，也是监督体系的第一道防线。慈善组织内部应成立董事会和监事会，董事会是最高决策机构，行政首长负责日常管理工作，监事会监督行政工作。政府监管部门应敦促慈善组织按照监管要求，建立完善的物质、资金募集和使用的程序化管理，设立内部监督制度，对基金的募集、管理和使用等建立严格的规章制度。在各个环节制定一整套严格、规范的管理规则，由董事会管理，专职工作人员具体操作。董事会成员应该是在有社会影响力的人士中选举产生。每个慈善组织都要聘用专门的注册会计师进行账务处理和内部审计。

（四）完善信息公开机制

推行慈善信息公开透明制度，完善捐赠款物使用的追踪、反馈和公示制度；建立健全慈善行业信息统计制度，完善慈善公益信息统计平台，及时发布慈善数据，定期发布慈善事业发展报告。建立一个专业网站，与同级别的政府网站链接，让该网站成为慈善组织的一个信息公开化平台。要求慈善组织定期报送慈善资金物质来源和支出情况的详细资料，在网站公示。允许捐赠者、媒体、人大代表、政协委员、会计师事务所、律师事务所等个人和机构，对善款的使用情况进行查询，慈善组织随时接受公众的质询。

参考文献

[1] 吕元礼．新加坡为什么能［M］．南昌：江西人民出版社，2007．

[2] 刘小茵．慈善组织监管中存在的问题及政府的作用——基于对天津市慈善组织和相关政府部门的研究［J］．学术论坛，2009(6)．

[3] 黄永哲．我国慈善组织动作中存在的问题及其监督思考［J］．技术与市场，2009，16(1)．

新加坡精英教育的思考

任 洁

从 1996 年 1 月起,新加坡由发展中国家升级为发达国家。这个面积仅为 712.4 平方千米、人口 508 万(2010 年 6 月统计数据)的小岛,在短短半个世纪里,从一个人多地少、资源匮乏、政治动荡、经济畸形、种族纷杀、满目疮痍的岛国,"如凤凰从灰烬中再生一样"崛起于东南亚,一跃成为政治稳定、经济发达,仅次于瑞士、日本、德国的"商业乐国",跻身于"亚洲四小龙"之列,创造了令世人瞩目的经济奇迹,而成为新兴的现代化国家。1998 年,新加坡人均 GDP 达到 3 万美元,已超过美国,并连续 5 年保持着世界竞争力亚洲排名第二的大优势,成功地抵御了亚洲金融风暴的侵袭。这种惊人发展的奥秘,可以用新加坡前总理李光耀的话来回答:"1959 年以来新加坡迅速发展的最重要因素是什么?我可以毫不迟疑地回答:那是因为新加坡拥有素质良好的人民。我国人民不但勤劳、学得快,又重实际,而且我国还拥有一大批杰出的和训练有素的人才。"据新加坡政府劳动力素质调查报告的统计,1965—1990 年,劳工中拥有小学及小学以下文化程度的工人所占比例由 63.5% 下降到 37.3%,受过中等教育的工人的比例由 14.6% 上升为 62.8%,并在 1994 年世界全球排行榜的"人民素质"一项中高居榜首。由此可见,新加坡成功的重要因素是政府非常重视人的因素。人是经济发展诸要素中最活跃的因素,人的素质是经济发展中最重要的甚至是决定性的因素,而提高人的素质的唯一手段就是教育。所以,发展教育,舍得在教育上投资,注重人力资源的开发是新加坡成功的重要原因。那么,新加坡又是怎么实施其教育,它的精英教育对我们又有哪些借鉴呢?

一、政府切实履行教育职责,教育优先发展的地位得到落实

新加坡政府把教育视为立国之本,强调教育是国家经济发展和社会进步的基础。基础教育是教育的基石,为保障基础教育的战略地位,新加坡实行精英主义教育的一条突出经验是政府不断加大教育投入,教育投入增长速度超过经济增长。在独立的第一年,新加坡的教育支出就高达 6300 万新元,差不多占

当年预算总额的24%。后来，随着经济的发展，教育经费不断增长。据统计，1960—1990年，新加坡国民生产总值从21.89亿新元增加到351.68亿新元，增长13.3倍，而公共教育开支从5730万新元增加到9.465亿新元，增长15.6倍。在政府财政支出中，20世纪60年代公共教育支出年平均增长12.1%，70年代年平均增长11.2%。进入80年代以后，公共教育开支的增长进一步加快，年平均增长15.8%，90年代的年平均增长率高达30.2%。从人均公共教育开支看，1965年为65新元，1970年为89新元，1980年提高到283新元，1990年达335新元。目前，在政府财政支出中，教育经费占第二位，仅次于国防经费。

除此以外，新加坡政府对各级各类教育还另外给予津贴，其中给予中小学的津贴要比其他各级教育高得多。例如，小学是100%，学生的人年均经费为2670新元；中学是98%，学生的人年均经费为3730新元；理工学院是82%，学生的人年均经费为8000新元；大学则是75%，每一名国立大学学生每年的教育成本为20335新元，南洋理工大学略低，为13140新元；此外，工艺教育学院学生的人年均经费为7630新元。以上是教育的经常性开支，另有10亿新元是发展开支，主要用于装修和改进学校设施，推广电脑教育。新加坡对教育的投资超前于经济的增长，是富有远见的。而且，为了使新加坡的儿童都能"最大限度和平等地获得受教育的机会"，新加坡政府制定了教育储蓄计划，实施这一计划的目的是为了增进每个学生的受教育机会。到1996年，所有中小学都能获得教育储蓄拨款，这种政府教育储蓄一方面减轻了贫困家庭的教育负担，另一方面也保证了新加坡国民整体素质的提高。在新加坡经济发展的每一次转轨中，教育都成功地促进了经济的转型和生产技术的升级，这与政府对教育的巨额投资有直接的关系。

同时，新加坡政府还通过不断健全和完善对基础教育的行政领导来体现重视教育，做好教育的决策和规划。目前，新加坡的精英教育改革基本上是依靠政府强迫推行的，如实行严密而复杂的小四分流制度，就是政府经过多次策划、调研到全力推行后逐步建立起来的。新加坡学校富有特色的道德教育，也得益于政府的特意营造，闻名世界的《儒家伦理》课程便是一个典型的特例。新加坡独立后，为配合其经济发展，实行高度集权的教育体制，政府包揽了基础教育的一切决策和规划，使教育迅速发展，为经济发展提供了各种有知识有技术的人才。当然，过度的政府行为有时也会压抑教育的发展，特别是学校参与的积极性和主动性。新加坡曾一度出现中央集权管理体制所带来的负面影响，但随着世界民主化潮流和新加坡经济的发展，作为城市国家，新加坡政府逐渐意识到过分集中管理的隐患。因而，新加坡大力推行"学校私营化"政策，成立学校委员会，发展"自主学校"等，使教育体制逐渐由中央集权走向分权。这种由集权走向集权与分权相融合的基础教育体制，较好地适应了新加坡特定的社会结构和经济发展的特点。

新加坡政府在建国之初，就考虑将教育放在重要的战略地位，并认为国家的繁荣与发展，要依靠教育，依靠年轻一代，依靠教育的精益求精。政府的责任是给儿童提供平等的受教育机会，确保每个孩子的潜能都能获得充分的发展。所以，在新加坡，教育成为国家建设的一个重要环节，教育投入是国家优先考虑的大事。为了培养人才和实现每个人都能发挥潜能，新加坡政府为所有的学生提供至少10年的基础教育。这种普及教育并非强制性的，但家长们都乐于接受，自觉自愿地让子女完成普通教育。这说明重视教育已成为新加坡政府和国民的自觉意识和自觉行为，这一经验对我国普及义务教育有着重大的启示作用。

我国早已提出普及九年义务教育，但义务教育均衡发展却任重而道远，在众多边远山区和广大西部地区，由于教育投入不足，均衡发展还是一个比较遥远的目标。这里，我们可以借鉴新加坡增加教育投资的一些做法，建立"三个机制"。一是统筹协调机制，加强省级政府统筹，落实基础教育以县为主管理体制，强化整体部署，凝聚各方力量，不断提高规划保障能力、资金筹措能力和资源配置能力，以有效的组织实施保障教育优先发展。二是政策引导机制，结合实际认真研究制定促进教育优先发展的政策措施，注重解决重点难点问题，注重政策的系统性和配套性，注重工作措施的针对性和可操作性，以科学的制度设计和政策安排推进教育优先发展。三是考核问责机制，把教育事业发展成效纳入科学发展考核评价体系和各级党委、政府政绩考核范围，建立工作责任制，完善督导考核办法，加强督促检查，特别是对重点任务要跟踪督查、动态监管，切实做到科学评价、严格问责，以有力的监督考核落实教育优先发展，各级党委政府认真落实教育优先发展的战略地位。各级教育既要解决总量投入不足的问题，也要解决配置不均衡的问题。要发挥中央和地方的共同作用，各司其职，以保证教育均衡发展的基础。还可以探索通过教育储蓄、鼓励民间社团办学；提升困难家庭的社会经济资本，削弱家庭对学生成功的负面影响；强化教育的公共服务，保障基础教育的生源质量均衡；构建社会教育网格，以巩固学校教育的成果等办法来促进均衡发展。

二、转变教育的传统观念，树立精英人才观

新加坡在《教育法》中提出："教育的宗旨是充分发挥每一个学生的潜

力。"正因如此，新加坡奉行的是精英主义教育，强调挖掘每一个人的潜力。从基础教育阶段开始实行教育分流。所谓教育分流（streaming），就是将某一年龄组的儿童，按照他们不同的能力编到不同等次的学校或班级。分流教育的理论基础是承认个人之间的智力差异。现代教育是一种普及教育，人人都应享有受教育的权利，都有受教育的机会。作为一个资源贫乏的小国，唯一有的就是人力资源，为了在激烈的竞争中立于不败之地，新加坡政府认为每个学生都必须从小学会和适应这种自由竞争的生活方式。所以新加坡的分流教育政策一直从小学贯穿到大学，学生在整个求学过程中不断地面临着被淘汰的危险。换句话说，新加坡的整个教育体系就是通过不断的选拔、分流，为社会发展的各个方面输送合格的人力资源。通过教育分流，达到两个目的：一是节约资源，提高教育投资的效益，并为社会选拔精英，同时满足社会发展对不同层次人才的需求；二是因材施教，充分发挥每个学生的潜能。

在我国的基础教育中，中小学教育的唯一目标就是升大学，这种认识还是相当普遍的，于是，片面追求升学率成为基础教育的首要任务。这一观念不仅使基础教育走向了歧途，而且扭曲了中小学生的成长。新加坡在建国之初也曾有过类似的问题，但在"教育立国"及"办教兴邦"思想的指导下，转变了传统的教育观念，变追求升学率为培养高素质的人才，这一点从新加坡中小学教育目标中可见一斑。新加坡总理吴作栋指出："新加坡未来的发展将由知识和创新来推动，因而，学校在给学生灌输知识、技能时要培养他们的创意思考能力，这才能在全球经济的竞争中取得成功。"新加坡的学校只要遵守国家双语教育政策和以教学、科学、人文等核心课程为方针，在其他方面，学校可以自由引进新课程；国家教育部鼓励学校举行多元的课外活动，让学校自主实验新做法，引入新课程，给学生创造更多的自由空间，由此培养学生的创意能力与思考能力。新加坡的教育为适应未来世界的竞争，将思考方法引入学校课程中，要求学生不只是记忆知识，还要全面系统地掌握方法，以培养知识全面的、高素质的人才。

我国目前提出在基础教育中实施"素质教育"，其目的亦在于转变教育观念，培养高素质的人才。然而，在实施素质教育过程中，又出现把"应试教育"与"素质教育"对立起来，或最终为达到"素质教育"目标而走向"应试教育"的现象。要走出这一瓶颈，就必须在教育目标的制定上及在实施教育目标的过程中始终如一地与现代教育观念相吻合。教育是人的活动，素质教育要求教育观念要转变、教育手段要更新，需要新型的师生关系与之相适应。为此，要改变学生被动地接受教育的状况，争取主动学习的机会，给学生创造一个良好的情感氛围。这样，易于师生沟通、互相了解，有助于师生共同发挥潜能，活跃思维，达到良好的教学效果。应该尽快探索建立以"有质量的公平增长"为导向的义务教育资源配置机制，教育行政部门应尽快加强和完善义务教育监测机构，形成自上而下的监测体系；建立完善的义务教育监测制度，并以此加强各级政府对义务教育的管理，促进义务教育的发展和质量的提高，从而改变传统观念。

当前，我们的教育观念难以彻底转变的原因，从主观上来说，一是一些地方党政领导对发展教育的重要性认识不足，没有真正把教育工作摆上优先发展的战略位置，讲起来重要，做起来次要；有的领导受错误政绩观影响，认为教育投入大、周期长、见效慢，不愿意投入；有些地方甚至将上级财政转移支付本应用于教育发展的资金改变用途，截留和挪用教育专项经费。二是没有按教育规律办教育。现阶段，教育发展的根本要求是以人为本，充分体现教育的公平性、公益性和普惠性。但是有的领导在教育发展的指导思想、价值取向上存在偏差，热衷应试教育，急功近利，没有合理配置教育资源，直接影响和制约本地区学校均衡发展和区域内教育的协调发展。三是观念守旧，安于现状，"等、靠、要"思想严重。对教育的问题和困难，谈得最多的还是钱，对教育方针政策缺少研究，对自己的工作缺少思路、办法不多，干事创业的责任感和事业心不够强。四是从目前贯彻落实规划纲要来讲，落实教育规划纲要的跨部门协调机制尚未形成，有效推进各项重点任务的督办制度尚未建立。

三、改革教育体制，切实把精英教育纳入经济建设的整体规划

新加坡"办教兴邦"、实施精英教育的一个重要经验，就是在社会经济转型的同时也推动教育转型，把注重升学的办学模式转换为以社会发展需求为导向的教育模式，坚定不移地为经济发展服务，把按经济发展需求办学，能否促进和如何更好地促进经济发展作为改革和发展教育的最根本准则，作为教育的第一真经。这一经验尤其体现在基础教育之中，新加坡独立后的基础教育改革都是配合经济改革而进行的，重视在不同经济发展时期，根据人才需求预测教育存在的问题，提出教育改革对策，以保证教育与经济同步发展。

随着经济结构的调整、上升和优化，新加坡基础教育进行了不断的改革。建国后，处于经济恢复阶段的新加坡首先开始普及基础教育，满足了劳动密集型经济对人力的需求；同时，改革教育体制，将过去单一的普通中学制度改为多类型的中等教育制度，特别强调职业教育与职业培训，以满足资本密集型经济对具有一定专业技能的劳动力的需要。在经济腾飞阶段，改革教育体制的重点是提高教育质量和办学效益，其核心就是建立新"分流制"，实施"精英教

育计划",从而实现"教育使每一个新加坡儿童发挥其最大潜能"的目标。1985年后,根据新的国际国内经济形势需要,配合振兴国内衰退的经济,新加坡教育发展的重点转移到发展"优化教育",培养有创造力的、不断思考和不懈更新的能为经济各个层面服务的技能灵活人才。进入20世纪90年代后,为了发展技术知识密集型经济,新加坡开始实行教育信息计划,注重从小培养学生的科技素质。新加坡提出要成为"智慧岛",成为"知识服务中心""脑力服务中心",在重视高等教育发展的同时,提高基础教育的质量。新加坡基础教育分阶段有步骤有重点地发展的做法,成功地配合了工业化进程,适应和促进了技术升级和经济结构的转变。不仅为经济的发展提供了一批具有中等技术水平的劳动力,而且为培养高级技术人才奠定了基础,从而促进了新加坡经济的腾飞。

从新加坡的经验中我们可以知道,教育制度的改革是提高教育质量和效益的一条重要途径。新加坡通过小学分流制度,实施六年、八年不等学制,使学生进入适合自己能力的班级中学习,用不同的年限来达到基本相同的要求,自然就使学生在受教育机会均等的条件下,每个人都受到了良好的教育,能力得到了充分展现,提高了教育的质量与效益。据有关资料显示,我国存在严重的学生流失问题,每年因学习成绩不佳而流失的小学生占25.9%,这就需要我们改革基础教育制度,让学生在轻松愉快的环境中学习。

在今天,我国教育要坚定实施科教兴国和人才强国战略,牢固树立人才资源是第一资源的观念,推动教育与社会、科技、产业、企业的全面结合,坚持在创新实践中发现人才、在创新活动中培育人才、在创新事业中凝聚人才。胡锦涛同志指出,要依托国家重大人才培养计划、重大科研和重大工程项目、重点学科和重点科研基地、国际学术交流和合作项目,积极推进创新团队建设,努力培养一批德才兼备、国际一流的科技尖子人才、国际级科学大师和科技领军人物,特别是要抓紧培养造就一批中青年高级专家。

创新型国家战略的提出,为我国教育发展提出了时代新课题。在今天,人类社会形态正在发生重大转型,新科技革命及其带来的科学技术的重大发现、发明的广泛应用,推动世界范围内生产力、生产方式、生活方式和经济社会发展观发生了前所未有的深刻变革,也引起了全球生产要素流动和产业转移加快,经济格局、利益格局和安全格局发生了前所未有的重大变化。我国要建设成为创新型国家,就必须大力提高教育创新能力,迅速将传统的以知识为本的教育转移到以创新能力培养为主的科学教育形态上来,这是一项非常紧迫而且极其艰巨的任务。

2010年国家召开了第四次全国教育工作会议,颁布了《国家中长期教育改革与发展规划纲要》，指明了未来10年教育改革与发展的方向，开启了中国从人力资源大国向人力资源强国迈进的历史征程。在这次会议上，胡锦涛同志指出，深化教育体制改革，要正确处理政府、学校、社会的关系，落实和扩大学校办学自主权，建设依法办学、自主管理、民主监督、社会参与的现代学校制度。要深化教育管理体制改革，以转变政府职能和简政放权为重点，提高公共教育服务水平，明确各级政府责任，规范学校办学行为，形成政事分开、权责明确、统筹协调、规范有序的教育管理体制。在会上，温家宝同志也指出，促进教育发展，政府责无旁贷，但必须切实转变职能，把该管的管好，把该放的放开。我们提倡学校自主办学，不是说对学校放任不管，而是如何管、以什么手段管、管到什么程度的问题。

由此可见，国家高度重视教育体制改革，把改革创新作为教育发展的强大动力。教育要发展根本要靠改革，要以教育体制改革为重点，创新人才培养体制、办学体制、教育管理体制，改革质量评价和考试招生制度，建设现代学校制度。美国兰德（Rand）公司1999年的教育研究报告认为，教育的公共效益远远超过了私人效益，如教育可以降低犯罪率、降低失业率，增强社会凝聚力，促进科学发展和技术进步，提高社会生产率，等等。同时，随着教育水平的提高，个人的收入随之上升，个人缴纳税收就越多，国家财源也就越丰富。而且更加重要的是，随着个人受教育水平的提高，对社会和国家的依赖程度越来越低，诸如领取的失业救济金、贫困补贴金、医疗补贴金等越少。可见，教育对个人发展、社会公平、保障教育的最大普及和提高全体公民的素质具有特殊意义，对经济的增长和社会的全面进步与可持续发展都有着重要价值。

参考文献

[1] 新加坡《联合早报》. 李光耀40年政论选［M］. 北京：现代出版社，1996.

[2] 陈俊珂. 新加坡中小学实施素质教育的经验［J］. 现代中小学教育，1998(2).

[3] 新加坡制定出教育纲领［J］. 世界教育信息，1998(2).

[4] 张念宏. 教育学辞典［M］. 北京：北京出版社，1987.

[5]（英）德里克·朗特里. 英汉双解教育词典［M］. 北京：教育科学出版社，1992.

[6] 冯增俊. 中国教育现代化之路［M］. 广州：广东教育出版社，1996.

[7] 张凤莲. 亚洲"四小龙"教育制度与管理体制研究［M］. 福州：福建教育出版社，1998.

浅谈新加坡经验对我国推进社会建设的若干启示

张 恒

新加坡现代化发展模式的成功之处,不仅仅在于其经济上全面推进对外开放和产业转型,更在于其以经济发展带动政府管理和社会治理水准的全面提升,在东西方文化有机整合的基础上重塑国家主导价值观,以经济社会的协调发展推动社会的整体进步。特别是在处理好经济发展与文化传承、宗教信仰与族群和睦、言论自由与媒体责任等的平衡上,探索出一条不同于西方发展的东方模式。

本文以新加坡迈向现代化的历史进程为线索,从中国现代化道路选择的角度,着重就新加坡模式的具体内涵及模式中的经济系统要素、政治系统要素和文化社会系统要素三个方面来加以评析,并站在借鉴的视角,探讨新加坡成功经验中有关现代化的路径选择、政党政治的运行机制、高度制度化的体制、廉洁高效的政府、与时俱进的现代化文明、名列前茅的国家竞争力、独具特色的劳资政关系等问题。在详细分析中新两国不同的国情、新加坡经验的特殊性、中国现代化道路选择面临的困境以及借鉴制约因素的基础上,浅谈新加坡模式对中国现代化道路的若干启示。

一、新加坡模式的具体内涵

新加坡模式,是指新加坡建国后几十年里建立起了一个政治民主、政府清廉、社会文明、经济繁荣、人民幸福和谐、环境优美的国度的治国方略和模式。新加坡在社会发展方面取得了巨大的成功,成为世界上许多国家在政治、经济体制改革上学习的榜样和追求的楷模,新加坡模式有以下几个特色。

(一) 以科学合理的制度保障社会,以族群和谐稳定社会

新加坡政府的社会保障体系由四大支柱组成:一是公积金制度协助国人为退休储蓄;二是"居者有其屋"计划确保人人都有居所;三是就业奖励花红和培训计划确保国人收入保障;四是医疗保健储蓄政策保证高素质医疗服务。其中最能体现政府权威和地位的是公共住房政策,这是新加坡的立国之本。

"居者有其屋"是新加坡人民行动党政府执政后所积极落实的诺言之一,执行的手段就是为广大人民兴建廉价但舒适的组屋。新加坡的公积金计划使人民有能力购买政府兴建的公共组屋,实现"居者有其屋"的目标。在公积金制度的大力支持下,新加坡只用20年左右的时间就改变了建国初许多人无家可归的局面,成为世界上"居者有其屋"比率最高的国家,这是人民行动党40多年蝉联执政的重要原因。

新加坡政府认为,过多的社会福利会助长人的惰性,于是提倡以儒家的勤奋、节俭、真诚等纯朴的道德来弥补西方普惠式福利制度之弊。公积金制度是由中央公积金局管理的长期强制性储蓄制度,每个职工在银行设有账户,其资金来自职工的收入,由政府规定每月存入账户的钱数。经过数十年的实践,公积金制度使新加坡成为世界储蓄率最高的国家,已达国内生产总值的42%。它不但给予了新加坡公民在住房、教育、医疗卫生和退休养老等方面的保障,也解决了公共设施等城市问题,保证了社会安定。更重要的是,公积金为新加坡提供了经济高速发展的资本,加快了设备更新的速度,在经济建设中起到了决定性作用。政府作为公积金的有效使用者,掌握了对金融和经济进行宏观调控的杠杆,因而有效地节制了个人消费,抑制了通货膨胀。新加坡福利制度的核心价值观是"工作奖励"而不是单纯的福利。新加坡强调扶持人民的最佳办法是通过"就业奖励"计划,帮助他们就业,使他们能够自立。

重视族群和谐,管好社会稳定的"安全阀"。新加坡是一个多元种族、多元文化、多元宗教的国家,新加坡政府认为解决种族矛盾的关键在于消除种族间的经济差距,特别是消除华人与马来人之间的经济差距,为此,新加坡政府对马来人实施优惠的经济政策,为他们提供上学、就业的机会,让他们尽快富裕起来。

新加坡用宪法明文保障各种族权益平等,注重从具体政策措施入手,把种族宗教平等和解渗入新加坡人的日常生活中。政府出台的《内部安全法令》《煽动法令》《诽谤法令》,都对维护社会稳定与宗教和谐作出明文规定。此外,新加坡成立"少数种族总统理事会",以确保政府的任何法令没有对少数种族不利。新加坡提出并倡导五大共同价值观:国家至上,社会为先;家庭为根,社会为本;关怀扶助,尊重个人;求同存异,避免冲突;种族和谐,宗教宽容。这一共同价值观体系的建构是在多元文化社会寻求文化认同的典范,其核心精神既继承了儒家伦理,又吸收了包括马来族、印度族以及其他种族等东方文化的价值准则,因而容易为各个民族种族所接受。

（二）积极提倡儒家伦理文化，重构国家价值观

新加坡是个移民国家，其国民大多是来自中国、印度、印度尼西亚和马来西亚等国移民的后代，有各自的语言和文化传统，加之资源贫乏、强敌环伺，迫使新加坡的精英阶层不得不将构造国家价值观、实现国家认同作为执政的第一要务。由于新加坡人口中 3/4 有华人血统，以及儒家思想在东南亚地区历史上的影响力，建国之后，新加坡就以复兴新儒学为基础，来重构新加坡人的国家认同。新加坡的复兴儒学是结合时代需求，对传统儒家思想进行改造和扬弃，去伪存真，激浊扬清，使儒学文化始终保持着强劲的生命力，所以，新加坡人将其称为"再生新儒学"。

新儒学的核心是"社会第一、个人第二"的共同价值观。作为一个自然资源极其贫乏的移民国家，只有使国民把国家利益放在首位，时时处处注意热爱国家、保护国家、建设国家，国家才有希望。所以，儒家思想中强调国家高于社会、社会高于家庭和个人的观念，成为新加坡社会有效的黏合剂，有效地促进了国家、社会、家庭与个人的和谐关系。

新加坡高度重视公民道德教育。道德要成为人们的行为规范，不能仅靠口头提倡，更需要认真学习、身体力行，这是新加坡道德教育深入人心的关键所在。在对传统文化的继承中，抱着实事求是的态度取其精华、去其糟粕。一方面，对于传统文化中注重仁爱、孝顺、谦虚、诚实、勤劳、节俭等美德加以继承发扬；另一方面，对于传统文化中根深蒂固的家长制度、权威主义、平均主义、迷信盲从等落后的思想加以摒弃。这在加强社会凝聚力、缓和社会矛盾等方面发挥了重要作用。

（三）建立高效廉洁、稳定的政府

新加坡引进了西方的法律制度和法治精神，其政坛的超稳定状态主要来自于法制的保障。维护依法治国及严厉执法的体制是新加坡得以成功的重要基石，法律面前人人平等，法律面前人人自由，法律外面没有民主，法律上面没有权威。法律的严格执行保障了新加坡政府的廉洁高效，通过依法严律治吏，打造出一支廉洁高效，具有勤勉服务精神的公务员队伍。新加坡采取的是西方民主政治的形式，国家领导人和执政党人民行动党都要经受全体国民选票的"大考"，迫使执政集团必须充分考虑民意。

（四）强有力的中央集权统治方式

一党为主的政治体制，高效廉洁的公务员制度和独具特色的劳资政关系，

形成新加坡独具特色的统治方式。政府管理奉行了极具东方文化色彩的中央集权制治理模式,政府在经济发展、社会建设和文化整合过程中体现了极强的国家干预主义治理哲学。儒家精英治国的理念也被新加坡广泛地吸收运用,始终坚持把社会精英尽量吸收进执政党内,从而形成治国的核心力量。政府通过法律严格控制媒体,新加坡尽管没有新闻审查制度,但政府对媒体的管控却是非常有效的。在新加坡,新闻媒体只能享有有节制的权利和有约束的自由,言论自由和新闻自由必须服从于新加坡的国家整体和民选政府的首要目标,禁止和严惩一切攻击执政党以及鼓吹西方民主自由和生活方式的言论报道,禁止不利于国家安全和有可能导致种族和宗教对立的言论报道。所有媒体都必须接受新加坡报业控股集团和广播局的管理、监督和控制。

(五) 新加坡模式中的经济系统要素及其特征

一是通过自由市场经济和外国直接投资来保证经济的高度开放;二是通过国家法定机构和国有企业来推动和发展国民经济中的主导部门和一些外资最初不愿进入的部门;三是通过大学、大专、工艺学院和在职训练班组成的完善的职工教育培训体系来开发人力资源,使人力资源发展能满足新加坡作为区域贸易、金融服务发展中心和外来投资发展的需求;四是通过完善的基础设施和工业园区的建设来缩短制造业的建成时间,从而增强作为制造业和服务业的国际竞争能力;五是通过工资政策、中央公积金制度、职业技能培训计划、外籍劳工政策等来对劳动力市场进行干预,以保证劳动力的供应符合国家的总体经济发展的需求;六是对国民经济发展的"前瞻性"引导,培育独具特色的国有经济,锻造经济发展的双翼——跨国公司和中小企业;七是在产业发展规划上"挑选赢家",推行提升本地企业为跨国公司的计划,建立经济成长的"第二支翅膀";八是在宏观政策的制定与实施方面,不迷信教条,敢于创新,不屈服于压力,敢于推行不受欢迎但有必要的政策,在经济发展过程中,新加坡形成了三大经济竞争原则:尽量使国家有竞争力来维持新加坡货币的币值,工资增加率不能超过劳动生产率以确保制造业的竞争力,全面提高生产力。

二、新加坡模式对中国现代化道路选择的启示

新加坡模式所包含的特色较之于其他东南亚国家或地区的模式更符合中国的实际。但是中国历史、政治与社会国情与新加坡相比,存在着相当大的不同,这就使中国要成功地完全效法新加坡政治模式存在着一些根本性的困难。具体可以从以下方面来进行分析。

（一）政治与经济之间必须保持必要的距离

与新加坡相比，中国当下的改革开放过程与现代化转型过程中，存在着大量引爆性的社会问题。在改革开放 30 多年的过程中，累积了相当多的社会矛盾，这一状况与中国从全能体制中脱离出来的特点有密切关联。归纳起来，中国社会转型存在着五大困境：一是相当一部分官僚的经济腐败，二是发展过程中的分配不公，三是贫富两极分化与地区差别扩大，四是农村失业严重，五是金融坏账问题。此外，还存在个别团体对政府权威的持续挑战，少数民族分离主义问题，大量历史遗留问题，等等。一旦出现多元竞争，反对党必然会把这类问题作为攻击执政党的突破口，使原来受到压抑的不满得到宣泄的合法机会，并进而引发政治参与爆炸事件。

基于中国目前的基本状况，结合新加坡迈向现代化的成功经验可以看出，政治（既包括狭义的权力结构，也指广义的政治活动）与经济（包括运行机制和经济生活）之间必须保持必要的距离。所谓"距离"，是指两个领域各自有相对的独立性，尤其是经济活动——价格的自发波动、企业的自由进退、市场的自主运营，依据的基本上是经济自身的规律，不能为政治的波动、政治方针的变化和政治家个人的沉浮所左右；所谓"必要的"，是指国家不可能完全不过问经济，但这种过问应有一定的取向和力度。新加坡模式最显著的特征就是：强力的政府具有强烈的经济建设意识和强大的导向作用。这与亚非拉美众多国家的"软政府"截然不同。"强力政府"以经济快速增长为工作重心，以解决民生问题为主轴，以国家对工商业的全方位导向为标志，表现为：有坚强的意志，有明确的中长期规划，有严密的组织系统，有强大的政党支持，有成熟的统治手段。而这也正是新加坡横空出世，在世界现代化进程中后来居上的一个重要因素。

对中国而言，政治改革中最困难的问题在于，如何区别现代化与西方化的差别。从新加坡的经验来看，现代化并不需要"全盘西化"。按照李光耀的说法，努力地在一个完全是资本主义的经济制度下建立社会主义；也就是说，该向西方国家学习的、对发展自己有用的，就应大胆果断地"拿来"，对不需要的或是暂时条件还不成熟的，可以拒绝或加以改造。特别是在经济全球化浪潮席卷世界、网络经济风起云涌之时，一味拒绝、一味排斥已为实践证明是先进的经验，将被时代所淘汰。

（二）探索新加坡政府模式和企业模式的成功原因

"中学为体，西学为用"不应该仅仅成为业已远去之"洋务运动"的华丽口号，它在本质层面的能量和巨大的文化延展力可以从新加坡的国家成功模型中窥斑见豹。

新加坡是一个无淡水、无腹地、无资源的"三无"国家，人口也不多。可就是这个"弹丸之地"，在1965年独立以后，经济迅速发展，成功跻身竞争力最强的发达国家行列，吸引了世界500强企业在这里设立地区分部和加工企业。同时，人民安居乐业，社会高度和谐。它是如何创造这个奇迹的呢？

究其根源，东西方文化结合背景下的经济增长模式创新，成就了新加坡今天的辉煌。新加坡是亚洲把东西方文化结合得最好的国家之一，李光耀资政说过，"如果没有西方文明的冲击，光有儒家文化不能实现经济高速增长"。因为儒家文化不一定要发展很快，强调适应这个世界，但是"有了西方文化冲击之后，拥有儒家文化的社群会比别的社群更能适应现代化的步伐，从而赶上别的发达国家"。在这个华人占总人口的74.2%的国家里，推动儒家思想的意识形态是社会的基本价值理念，国人讲求忠诚、信任、注重教育、勤俭节约。同时，以汉语和英语为双通用语的语言体制及与西方的密切交流，使新加坡的精英阶层具有较高的国际化程度，推崇企业管理和管理标准，重视创新和创意。新加坡很好地把西方的最佳商业方式融入了传统的东方文化（或称儒家文化）之中，在经济上创造了具有新加坡特色的东西方文化结合模式：宏观上有速度和均衡，微观上有创新和效能。

对于经济体量庞大的中国来说，新加坡模式的创新具有很好的参考价值。我们不妨从新加坡政府模式和企业模式两个方面来探索其成功的原因。

1. 政府的成功

（1）**法制严明，政府廉洁高效**。法制严明和政府廉洁高效是新加坡最突出的特点。在经济领域体现为产权清晰和资产所有人不容置疑的法律地位，对吸引投资者产生了积极的作用。政治稳定和法律严明为外来投资者树立了在新加坡长期发展的信心。

（2）**人才引进**。吸引外来人才为我所用，是新加坡短期内从贫穷跨越到发达国家行列的成功经验。新加坡将人才立法放入移民法框架内，吸引人才与吸引投资相结合，恰当地处理了补充简单劳动力和限制不需要的人员入境的关系。特别是在营造人才环境方面有许多独到的做法，既注重吸引实用型人才，也着眼于未来发展，每年有计划地从中国等国家吸引优秀大中学生，资助其在新加坡留学、签订合同，毕业后为新加坡工作6年。

（3）**投资未来，发展产业链**。有选择地培育和发展产业链，是新加坡可持续发展的重要战略。由于国土面积有限，劳动力成本高，发展高附加值和高新技术产业是必然选择。为了更好地利用外来资本带动本国加工业的发展，使本地企业有机地融入国际化产业，成为其中的一环，新加坡计划通过三个步骤，逐步提高本地加工业的水平，与跨国企业结成供应商或客户关系，最终达到在本地形成产业链的目的。第一步是先从总体上提高本地企业的运行效率；第二步是把新产品和新工艺引入本地企业；最后是与跨国企业共同合作研发，成为外资企业的合作伙伴。此外，还着重对企业经理人员的培育，这些经理人员不断穿梭在跨国公司和本地企业之间，及时解决管理和技术上的问题，最终使本地企业融入国际化产业，形成产业链的发展。

2. 企业管理的成功

（1）开放包容的绿色企业文化。新加坡始终倡导员工的责任感、自律感和归属感，这不但汲取了中国国有企业"爱厂如家"的良好传统，也契合了西方"把员工视为伙伴"的现代思维。"尊重就是最好的管理"得以在企业中广泛传播，所有员工从心底对企业愿景的真诚认同是降低沟通和管理成本的最好的润滑剂。

（2）让专业的人专心做事，保证战略和战术的双维驱动。高频率的培训密度是从提升员工素质入手培育企业核心竞争力的不二法宝。在劳动分工越来越细的现代市场竞争中，唯有高度专业化的员工和透明简洁的施展环境，才能保证企业的战略完整落地。

（3）双向品牌是企业基业长青的根本保证。让消费者认同品牌外在的180度——绿色品牌，让员工认知品牌内在的180度——最佳雇主，这是成功的本质。只制造出成功的产品却没有培育出成功的人是不可持续的成功。深谙个中意味的新加坡企业把尊重人才、培育人才和回报社会共同视作企业的战略，用优厚待遇培育员工满意、用满意员工创造优质产品和服务，用好的产品和服务创造满意顾客，这种双赢的发展模型为新加坡企业具备全球竞争力提供了坚实的保证。

（三）新加坡模式对中国现代化道路选择的启示

由此可见，新加坡经验比西方发达资本主义国家的发展经验更值得中国学习。

1. 将有限资源发挥到极致

新加坡和中国都是自然资源缺乏的国家。新加坡发展中唯一可以利用的自然优势是区位优势，新加坡就把这一优势发挥到了极致，成为世界重要的交通枢纽和货物转运中心。中国是世界是人均资源最少的国家之一，这一国情决定了中国只能和新加坡一样，走资源节约型的道路，努力把有限资源的作用发挥到极致。

2. 着眼长远发展

新加坡是个风险意识很强的国家,因此政府的各项政策都着眼长远。新加坡政府在决策时不会因眼前利益而牺牲长远利益,每一项对策的出台,无不经过深思熟虑,不为保住眼前小利而动摇政策的根基,把危机当成一次机遇,着眼于危机过后的振兴,多做打基础和提档升级的工作。尽管目前世界经济的前景还不明朗,但新加坡人对未来信心满满。

中国的发展也要着眼于长远,摆脱长期形成的路径依赖,把国家战略和企业战略有机地结合起来,用大勇大智为中国人民的未来创造福祉。

3. 中西融合,跨界创新

新加坡的发展模式是一种东西方交融的改良型模式。新加坡的现代文化是受儒家思想影响的新型资本主义文化。与其说是儒家文化为新加坡乃至东亚的现代化提供了精神动力,不如说是现代性的社会制度和经济生活塑造了新儒学,为从儒学中分离出有利于现代性的思想资源创造了条件。

具有深厚文化底蕴的中国也应该在坚持民族特色的基础上,吸取西方文化精华,对西方先进的管理文化继承、发展再创造,找出适合于自身发展的模式和路径,尽快摆脱发达国家在金融、品牌、标准和创意层面的战略卡位,为新世纪的持续繁荣争取更大的战略空间。

向新加坡学习,不但要学它过去的成功经验,而且要以科学发展观为指导,从发展的角度、以长远的眼光、以世界和社会的潮流,结合国情,结合国家发展战略,一分为二地看待"新加坡经验"。如在政府行为上,就不能简单地搬来其具体做法,而是要以建设公共服务型政府为目标,提升政府服务水平,加强政府内部监督,尤其是加强外部监督如社会监督,等等。如此,不但能够真正学习"新加坡经验"的精髓,而且能在学习的基础上"叫板新加坡",乃至有朝一日超越新加坡,成为他人学习的榜样。

参考文献

[1] 廖小健,郄清良. 新加坡政治转型探究 [J]. 东南亚纵横,2004(9).
[2] 刘水芹. 新加坡政治现代化模式探究 [J]. 法制与社会,2008(26).

新加坡家庭为根价值观及其启示

何 赋

新加坡弘扬儒家文化传统，重视家庭的价值，维护家庭的功能，发挥家庭的作用，大力倡导家庭为根价值观，不但促进经济迅速发展，而且保持社会和谐安定。目前我国正处于经济和社会转型期，新加坡的经验非常值得我们借鉴。

一、新加坡倡导家庭为根价值观的背景

新加坡是一个多种族、文化多元化的移民国家，主要有华族、马来族、印度族和欧亚裔，其中华族约占74.2%，不同的种族具有不同的语言文字、文化传统和宗教习俗，很难达成价值共识。20世纪70年代起，新加坡经济迅速发展，崛起为"亚洲四小龙"之一；80年代，新加坡实现了人均GDP从6000美元到10000美元的顺利跨越；90年代从发展中国家跨入发达国家行列。经济现代化的价值颠覆效应使得新加坡利益格局分化明显，价值观呈现多元化发展态势。宗教教育的放纵导致宗教热情增长，强调儒家伦理导致马来族的不满，个人主义、享乐主义开始盛行，西方意识形态侵蚀新加坡传统的家庭伦理观念，尤其是年轻一代家庭观念日渐淡薄，无可避免地产生婚外恋蔓延、离婚率上升、单亲家庭增多以及孤寡老人处境艰难等家庭问题。这些问题严重影响社会的稳定，甚至影响到新加坡的国际形象。如何有效抵御西方价值观的腐蚀，成为新加坡极为迫切需要解决的问题。

二、新加坡家庭为根价值观的确立

面对西方国家盛行的福利主义思潮和西方价值观的强烈冲击，以及新一代新加坡人大家庭观念逐步丧失的社会现实，新加坡领导人敏锐地认识到，家庭是社会的基石，是国家的核心，很多社会问题都源于家庭问题，解决的途径必须从家庭着手，家庭和谐，社会的结构才会更牢固。吴作栋曾说："我们始终强调社会的基石是家庭，而非个人。在西方，他们认为个人是最重要的；个人

权利比家庭和社会权利来得重要。不过，我们认为没有家庭，就没有个人。家庭是基本单位。社会是由家庭组成的。这种价值观对我们至为重要。换句话说，我们承认个人主义在渾厉创新、建功立业方面十分重要，但社会要有秩序，也需要有一些共同遵守的价值观。"李光耀指出："家庭是绝对重要的社会单位。从小家庭，到大家庭，到整个家族，再到国家。"

1988年，吴作栋提出"共同价值观"的概念，经过几年广泛深入的讨论与研究，1991年，经国会批准，新加坡政府发表了《共同价值观白皮书》，提出各种族和各宗教信仰的人们都能接受的以下五个共同价值观：国家至上，社会为先；家庭为根，社会为本；关怀扶持，尊重个人；求同存异，协商共识；种族和谐，宗教宽容。共同价值观结合新加坡的实际，对儒家学说的"八德"即"忠、孝、仁、爱、礼、义、廉、耻"进行了新的阐释。"忠"是指要忠于国家，有国民意识，具体包括归属感、国家利益第一和群体意识。"孝"就是要孝顺长辈、尊老敬贤。"仁"与"爱"就是要富有同情心和友善精神，关心他人。新加坡号召其国民做"仁人君子"，做一个"有人情味的人"，避免像西方社会那样用金钱来维持人与人之间的关系。"礼"为一切习惯风俗所承认的调整人与人、人与社会之间关系的行为规范和准则。"礼"区分为形式与诚意两方面，礼尚往来能够产生良性互动的关系，礼貌的形成需要教养。"义"就是信义，政府和人民之间、新加坡各族人民之间、人与人之间都要坦诚守信，不要欺诈和见利忘义。"廉"要求为官清廉，这是做官的基本道德规范，将清廉、廉正发展为新加坡的一种宝贵的政治文化。"耻"就是要有羞耻之心，要知美识丑。共同价值观吸收了儒家传统价值观中家庭本位的思想，将"家庭为根"确定为新加坡人所应奉行的共同价值观，大力宣扬家庭的价值，强调家庭的意义，促进家庭的功能，把家庭视为社会最基本的细胞。"孝道"是伦理道德的起点，孝道可以稳固家庭，可以使人类社会得以延续，还可以把每个人塑造成堂堂君子，他们一旦走上社会，必定会忠于职守、忠于国家，成为对社会、对国家有益的人。

1993年，新加坡成立了家庭委员会，负责收集民意，拟定家庭价值观，提出"亲爱关怀、互尊互敬、孝顺尊长、忠诚承诺、和谐沟通"的家庭价值观，并把这五项家庭价值观归纳为：爱、敬、孝、忠、和，简称"五德"，这进一步体现家庭为根价值观的要求和精神。

三、新加坡推行家庭为根价值观的主要举措

新加坡政府采取各种政策和措施，德治和法治相结合，使家庭为根价值观

从政府理念转化为国民的共识和道德规范。

（一）加强国民特别是中小学生的教育，强化家庭观念

1982—1993年，新加坡在中学开设《儒家伦理》课程，培养学生的儒家伦理价值观念。《共同价值观白皮书》发表后，新加坡政府调整学校德育课程，从1992年起，新加坡小学各年级开始使用新编的《好公民》教材，采用东方特别是中国的传统故事，形象、生动地进行儒家思想教育。在小学低年级注重个人修养，正确认识和处理个人与家庭、个人与学校的关系；在小学高年级着重扩展到正确认识和处理个人与社会、个人与国家和世界的关系，体现了儒家伦理重视家庭关系，由家至国、由家庭至社会，强调"修身、齐家、治国、平天下"的人生理念。

（二）重视以法律手段推行家庭为根价值观

新加坡设有专门的家事法庭，负责处理离婚、抚养权、赡养费、个人保护令、领养孩子等申请；也设有"一站式"辅导中心，协助调解家庭纠纷。新加坡于1994年制定了"奉养父母法律"，成为世界上第一个将"赡养父母"立法的国家。1995年11月新加坡颁布的《赡养父母法》规定：凡拒绝赡养或资助贫困的年迈父母者，其父母可以向法院起诉，如发现被告子女确实未遵守《赡养父母法》，法院将判决对其罚款1万新元或判处一年有期徒刑。1996年6月，根据该法设立了赡养父母仲裁法庭，仲裁法庭由律师、社会工作者和公民组成，地方法官则担任主审，若调解不成再由仲裁法庭开庭审理并进行裁决。

（三）鼓励家庭和睦的优惠措施

新加坡政府十分注重发挥家庭的社会功能，强调促进家庭的巩固、美满和幸福，以家庭为中心维系社会的稳定。这一理念充分反映在政府制定的组屋政策、中央公积金制度税收优惠政策上。

1. 组屋分配优惠

家庭是抚育孩子和奉养老人的最佳场所。为了鼓励三代同堂，建屋发展局在组屋设计时颇费心思，根据年轻人希望有自己的独立空间的实际情况，设计了一种三间一套和一间一套相连的新型组屋，让子女与父母毗邻而居，既方便子女照顾长辈，也保证自己有一个相对独立的空间。对与父母同住或在父母居所附近2公里内的组屋申请者优先安排并补助2万新元。同时，规定单身男女青年不可租赁或购买组屋，35周岁以上才能购买二手组屋，但若愿意与父母或四五十岁以上的老人合住者，可优先照顾。对父母遗留下来的那一间房屋可

以享受遗产税的减免优待，条件是必须有一个子女同丧偶的父亲或母亲一起居住。

2. 中央公积金填补计划

新加坡政府提倡保健和养老首先要自力更生；其次，"家庭是第一支援点"，个人有困难时家庭成员有义务援助，政府也给予家庭成员一定的优惠以资鼓励。新加坡的中央公积金制度体现了"家庭为根"的要义，其中的"保健储蓄计划"不但保障会员本人，还惠及其配偶、父母和子女，使其尽到责任与孝道。"最低存款填补计划""家庭保障计划""家属保障计划"等，也都强化了家庭的保障功能，使家庭成员之间的社会保障利益相连，增强了子女对父母、国民对家庭和社会的责任意识。

新加坡政府自 1993 年以来推出了 12 项"公积金填补计划"，其中有 4 项是专门的"敬老保健金计划"，每次计划政府都拨款 5000 多万新元，受惠 17 万～18 万人。每次各人只要自行在户头里存入 20～50 新元，就可获得政府 100～350 新元的补充金额。在每次执行填补计划之前，政府都多方呼吁子女和其他家庭成员为家中没有经济来源的老人填补公积金户头，以让他们能享有政府的填补数额。又如政府推出"三代同堂花红"，将与年迈父母同住的纳税人的扣税额增加到 5000 新元，而为祖父母填补公积金退休户头的人，也可扣除税额。

3. 税收优惠

新加坡的个人所得税实行综合所得税制，其做法是先将个人的总收入分为若干大类，然后分别针对每一大类设定相应的免税部分、可允许扣除部分，其差额即为应税所得；应税所得再扣除某些特定项目，如赡养扣除、教育扣除、残疾人扣除等，余额即为应税净所得。有配偶的可扣除 2000 新元；依据抚养子女数量分别规定不同的扣除标准；如果纳税人和父母或残疾兄妹一起居住，则可享有"父母及残疾兄弟税务扣除"的优待。

4. 家庭津贴

新加坡政府为鼓励子女与老人同住，还推出一系列津贴计划，为需要赡养老人的低收入家庭提供养老、医疗方面的津贴，以减轻其家庭负担，提高其赡养老人的积极性。

四、新加坡推行家庭为根价值观的成效

经过 20 多年的积极推行，新加坡家庭为根价值观成效斐然，以儒家思想为主的"亚洲价值观"为新加坡社会的和谐、安详、团结、稳定起到十分明

显的促进作用。

家庭为根价值观深入人心，成为新加坡人的共识，增强了社会凝聚力，为保障新加坡稳定的社会秩序，构建社会安全网提供了坚实的基础。1998年，新加坡理工学院商业行政系对801名新加坡人进行的抽样调查显示，近90%的受访者都认为家庭是建立社会凝聚力的基础。家庭价值观成为新加坡共同价值观20多年以来，尽管新加坡曾面临1997年的区域金融风暴，2001年的美国恐怖袭击事件，2003年的"非典"肆虐以及2008年全球性金融危机带来的负面影响，但与周边区域国家比较却相对安定，家庭作为社会的基石和安全网的最内核架构发挥了重要作用。

家庭为根价值观维护和促进了家庭功能，鼓励家庭成员互助和家庭养老，减轻了政府财政负担和社会的压力，促进了经济发展和社会和谐。新加坡建屋发展局2010年公布的一项调查显示，越来越多的年轻夫妇选择与父母同住或居住在离父母较近的地方，以方便相互照应。根据对组屋住户的抽样调查，2008年，35.5%的年轻夫妇选择与父母同处一室或同一个组屋区，或是其他离父母较近的住处，这个比例比1998年的29.3%有显著提高。与此同时，年轻子女回家探望父母的频率也在逐年提高，其中，90%的年轻夫妇至少一个月回家探望父母一次，20%的受访者每天都能回家看看；孩子探访父母时，一般都会一起吃饭或出外游玩。上述数据表明，新加坡人"家庭为根"的理念进一步得到巩固，减轻人口老龄化给政府财政和社会造成的压力。

五、新加坡推行家庭为根价值观的启示

虽然新加坡与我国在核心价值观、社会制度、经济发展程度、区域、人口等方面存在不少差异，但新加坡以儒家伦理传统抵御西方意识形态入侵，促进社会和谐、国家稳定的经验，很有借鉴意义。

（一）吸收儒家伦理精华，构建社会主义伦理观

作为儒家文化的发源地，近百年来，我国的儒家文化传统历经破坏，文化传统价值长期被忽视，在一定程度上造成了中国传统道德的断裂和丧失；对外开放在帮助我国经济发展的同时，也带来了西方伦理、价值观的冲击。当前，我国正处于构建社会主义和谐社会的关键时期，西方个人主义、享乐主义的影响和渗透使不同的价值观念相互碰撞、冲突，产生了一系列的家庭和社会问题。因此，只有建立社会主义核心价值观，才能有效抵制西方价值观的侵蚀，营造和谐、稳定的社会环境。所以，必须大力弘扬中国传统文化伦理，强化家

庭和社会责任感，充分发挥家庭作为国家和社会核心的作用。

（二）加强儒家传统思想教育

我们要将传统伦理教育融入家庭、学校和社会，使其作为社会主义道德教育的重要内容。要保持家庭、学校、社会价值观教育的一致性，发挥其各自的特性和优势。重视家庭作为伦理教育的第一课堂及情感基础的作用，立足学校的系统教育，再利用社会教育对家庭教育和学校教育进行深化。此外，要采取丰富、生动的教育形式，避免空洞的说教。

（三）采取各种措施，维护和促进家庭功能

要强化家庭伦理观念，仅仅依靠宣传和教育是不够的。新加坡在这方面的经验是德治与法治相结合，奖惩分明，执法严明，制度设计精细，配套措施完备，将理念贯穿法律条文，通过行为培养价值观，形成了良好的社会风气。

参考文献

[1] 新加坡联合早报编. 李光耀40年政论选［M］. 北京：现代出版社，1996.

[2] 韦红. 新加坡精神［M］. 武汉：长江文艺出版社，2000.

[3] 孙景峰. 新加坡人民行动党执政形态研究［M］. 北京：人民出版社，2005.

[4] 吕元礼. 新加坡为什么能［M］. 南昌：江西人民出版社，2007.

[5] 张恺悌，罗晓晖. 新加坡养老［M］. 北京：中国社会出版社，2010.

[6] 梁文松，曾玉凤. 动态治理：新加坡政府的经验［M］. 北京：中信出版社，2010.

[7] 唐鹏. 新加坡的公民道德建设［M］. 南宁：广西民族出版社，2010.

[8] 丁煜. 保障和激励：建立支撑我国城市家庭养老健康发展的有效机制［J］. 人口与经济，2001（4）.

[9] 吕元礼. 新加坡家庭为根的共同价值观分析［J］. 东南亚纵横，2002（6）.

[10] 填填补补户头知多少［N］. 联合早报，2001－01－21.

[11] （新）胡赐道. 30年后老年人将增到19%，政府须谨慎用钱以备未来之需［N］. 联合早报，2001－03－08.

[12] 孙天仁. 家庭为根　组屋情浓［N］. 人民日报，2010－04－01.

第二部分 社会保障与公共政策

新加坡组屋制度对解决我国住房难题的启示

刘金成

资本主义福利国家在社会保障、社会福利和公共服务供给模式上，有自由主义、社会民主主义与统合主义三种，各有侧重和效果，这三种模式的划分是基于资本主义经济体，但这几种社会福利供给的路径却具备更广泛的适用性，许多发展中国家正在将这几种福利供给模式进行一个合理有益的组合与创新。例如，新加坡在住房问题的解决上提出的组屋制度。

根据2010年6月的统计数据，新加坡国土面积仅712.4平方千米，总人口约508万，人口密度约为每平方千米7155人，人地矛盾非常突出。但新加坡的政府管理和社会保障能良好运转，尤其是其住房政策在全世界饱受赞誉。新加坡政府用50年的时间建造90万间组屋，在政府与市场的双重住房供给体系下，已经有87%的国民拥有住房，其中，72%购买了政府的组屋，15%的高收入家庭通过市场购买高档商品房；其余13%的低收入家庭租赁政府组屋。新加坡是世界上拥有住房率最高的国家。新加坡通过政府主导的公共组屋制度实现了从"房荒"到"居者有其屋"的目标。据新加坡建屋发展局统计，他们每年都要接待来自世界各地200多个代表团来访，其中40%来自中国。

而今我国正面临新加坡在20世纪60年代面对的住房短缺、房屋质量差、住房分配不公等难题，高房价也正在加剧这一系列问题的严重性，新加坡成功的政策路径对我国而言，是否具备适用性和有效性呢？首先需要对新加坡的组屋制度进行全面系统的了解，通过对新加坡的"居者有其屋"计划和公共组屋制度中涉及的管理机构、资金运作、设计理念、租购政策中的特点特色以及政策效果进行详细阐述，并对比我国在中低收入家庭住房问题中的相似性和特殊性，从而对新加坡公共组屋的住房保障制度进行有针对性的有益借鉴。

一、新加坡组屋制度的社会背景

新加坡于 1819 年由英国人莱佛士开埠，成为英国殖民地，1959 年取得自治，1963 年 9 月 16 日加入马来西亚，1965 年 8 月 9 日独立建国。独立后，总理李光耀面临的首要难题就是住房短缺与房屋质量差，大部分中低收入群体居住在棚户区和贫民窟的现状，只有 9% 的公民拥有体面的住房，新加坡正处于严峻的"屋荒"和陋屋时代。尽管新加坡在英国殖民政府时期已设立改良信托局，专门负责清理陋屋区，并为陋屋区的搬迁居民提供住所，但其住房福利仅覆盖了 10% 的国民。而住房问题往往连通着其他社会问题，如社会治安、医疗、养老、教育等社会福利，于是新加坡政府将住房问题的妥善解决作为一项基本国策，提出了"居者有其屋"的口号，于 1960 年成立建屋发展局，于 1964 年正式推出"居者有其屋"计划，即由国家免费提供土地，由建屋发展局统一规划建设组屋，主要解决中低收入群体的住房问题。新加坡还将组屋作为社会政策的核心，与社区服务、医疗、教育、种族和谐、社会和谐、家庭关系等内容相衔接。

新加坡的组屋制度基于政府拥有城市土地的所有权，通过引进西方福利国家的公共住房政策，并加以改善发展成为一种基本国策，而不仅仅是对穷人的救济制度。

二、新加坡组屋制度的管理体系

新加坡于 1960 年成立建屋发展局（Housing & Development Board，HDB），作为唯一的公共组屋建设和管理机构，性质为独立的非营利机构，其主要职能是制定住宅发展计划、征用土地、组屋建造、外包或承包工程、出租或出售房屋以及房屋贷款，建屋发展局在组屋制度的各个环节都发挥着重要作用。

（一）组屋定价

组屋的价格由建屋发展局制定，以中央公积金中的住房部分能"买得起"为标准设定，目标是一个人参加工作 6 年后，结婚时能首次使用中央公积金购买政府组屋。政府制定房价，实现了组屋价与市场价的脱钩。一般情况下，组屋总售价相当于购房者家庭年收入的 6 倍左右，约为市场价格的二到三成。组屋房价能够稳定在低水平主要源于建屋发展局可以无偿获得政府划拨的土地，使得组屋价格中不含征地成本，而且建屋发展局不以营利为目的。

建屋发展局对组屋价格的控制充分体现了新加坡社会政策系统的整体性与统一性，例如，新加坡的中央公积金制度规定，国民将基本工资的24%纳入公积金中的普通户头，用于购买组屋或商品房，而组屋制度规定申购者可支用普通户头来支付占组屋总售价20%的首付，所以两个比例是相关的。而且新加坡政府与民间对住房资产拥有的观念是比较理性的，一致认为工作6年可以拥有自己的住房，因此建屋发展局在组屋定价时也充分考虑这一文化认同，将组屋售价控制在家庭年收入的6倍左右。

新加坡政府以家庭年收入来定价，充分保障各个收入阶层都有能力购买组屋，这恐怕是对我国政府能够有效调控房价的最有力的启示。如果在市场规律作用下，政府对商品房市场房价的干预控制必然有限，而对于廉租房等保障性住房，政府完全可以通过提供和保障充足的土地、一定的政府财政补贴、使用公积金沉淀资金等供给充足的政策性住房，同时运用严格的行政手段，以申购者家庭总收入为参照控制房价。

在我国普遍过高的房价与新加坡中等稳定的房价的对比中，还投射出一个房价认同的差异。在新加坡或者西方国家，住房的特殊性被完全体现出来，社会普遍认同一个人工作6年后，或者中年才具备拥有一套产权房的资格。而在我国，自从住房商品化改革后，国人普遍追求对房子等资产的所有权，"有恒产者有恒心"的观念被过度夸大，而且普遍存在一种"非买不能住"的观念，许多大学生一毕业便成为"房奴"。这种对房产极度追求的狂人心态，直接导致房产与房价的居高不下，最终无法实现中低收入群体的住房权利，导致住房分配的不平等。

（二）组屋设计

以人为本的设计理念，将居民的居住、工作和休闲有机结合起来，住宅区基础服务设施较为完善；并结合新加坡的人口老龄化和多民族特征进行人性化的住宅设计。

新加坡对孝道的推崇也体现在了组屋的建设设计中，这也是新加坡解决人口老龄化问题的一种辅助措施。为鼓励世代同堂，建屋发展局特意设计一种三房式与一房式相连的组屋，以便于年轻人照顾老年人，减轻社会养老负担；而为独居或只和老伴居住的老人提供乐龄公寓，每套35～45平方米，价格5万～7万新元。申购这两类组屋的国民可享受优惠价格；同时，35岁以上并与父母同住的单身人士可优先配房。

相比于新加坡人性化的组屋设计，我国的廉租房和经济适用房在建设上则存在很多不足。一是距离工作、娱乐等中心城区较远，主要分布于郊区或城乡接合部，社区内基础设施滞后，而且存在与中等住宅区、富人区的两极分化，不利于不同社会层次居民的交流相处，人为地形成一种社会隔离或者歧视，更不利于社会稳定。

目前我国的房地产市场或者政府推出的政策性住房针对的对象以年轻人为主，在我国老龄化日趋严重的形势下，针对老年人群体的特殊需求个性化地设计住宅是一个必然的政策导向。在这一点上，政府可借鉴新加坡特殊组屋的政策优惠内容，既解决一部分低收入群体的住房难题，又分担社会养老负担。

(三) 组屋分配

首先，建屋发展局严格执行申购标准：申请者必须是新加坡公民，或者共同申请的其他成员必须在新加坡居住，即只允许新加坡公民申请新建组屋，永久居民可在二手市场购买组屋；申请者必须是无私有房产者，放弃私有房产再申请购买组屋的必须在其具备申请资格30个月后才能申请；家庭月总收入超过收入限额标准的家庭不能申购组屋；新建组屋的申请者必须是年满21岁的"核心家庭"即夫妻双方家庭或35岁以上的单身人士，与父母同住者可优先配房。

每个符合收入标准的低收入家庭有两次申购组屋的机会，即在已购组屋住满5年后，可再申请购买更好的组屋，但必须在6个月内出售现有组屋，将现有组屋流转入二手组屋市场，以供永久居民申购。同时，国民在年老时也可以大房换小房，增值部分用于补充个人公积金，以用于养老和医疗保障。

此外，新加坡政府在组屋分配中，以居民家庭收入限定购房标准：月均户收入少于8000新元的，可购买四房或五房式组屋（90~110平方米），月均户收入少于3000新元的，可购买三房式组屋（65平方米），少于2000新元的可购买两房式组屋（40平方米）。这种以国民收入水平进行的合理分配，充分保证了各收入群体充分发挥其经济能力实现"居者有其屋"。

新加坡涉及组屋领域的税务局、规划局、重建局、建屋发展局、公积金局等相关部门分工明确、配合协调，在组屋分配上真正实现了公开透明，民众可通过媒体、网络、建屋发展局等多种途径了解组屋的位置、环境规划、房屋的种类、数量、价格等全部公开信息。

更重要的是，建屋发展局根据组屋市场的供需变化使用不同的分配方法。当需求比较旺盛时，建屋发展局提前公告即将发售的组屋情况，申请人进行登记并支付定金，再由电脑抽签挑选；当需求稳定时，按照登记的先后顺序配售，即申请人在建屋发展局规定的时间内提出购房申请，建屋发展局按照先到先得的原则分配组屋；当需求低迷时，推行订购制度，按照需求情况来规划建设住宅区,即建屋发展局公布建屋地点并开放申请,然后通过抽签方式选出申请人,再邀请申请人选择户型、层次,达到70%以上预订量后再进行建设,这一申购程序有效缩小了各地区及各类型住房的供求差距,并确保了售房的公平分配。

联系我国的公租房、廉租房等的申购分配程序,不难发现我国在保障性住房的公平有效分配方面还存在很大的不足与改进空间。在我国,基本不存在保障性住房需求稳定和低迷状态,严重的僧多粥少现象加上分配过程的不公开、不透明、不公平现象,共同致使政府主导的保障性住房的保障作用失效,反而加剧了住房分配不公与住房两极分化问题的严重程度。因此,对于如何实现保障性住房的政策目标,需要政府提供足够数量的房源,同时在申购分配环节严格控制和监督,做到所有数据公开透明,多种分配方式结合,做到公正合理公平,并做好分配后的管理与监控。

(四) 组屋流转

组屋的政策定位为"以自住为主",所以屋主在一定年限内不得整房出租,不能用于商业性经营;5年之内不得转让,尽管住满5年转让不再征收任何所得税,但将依据购房面积征收1.5万～5万新元的转手费;而对于虚报收入和住房资料或者购入组屋非自住的,将面临高达5000新元的罚款或6个月的监禁,严重者两者兼施。这一系列对组屋流转的限定,保证了组屋申购与管理的有序运转,同时有效抑制了组屋投机行为。

(五) 组屋维护

新加坡政府对组屋实施7年一小修(外立面和室外铺地的更新)、10年一大修(增加面积或改善功能)的"组屋更新计划",包括:①主要翻新计划,把旧的住房修复到当前新住房的标准;②电梯翻新计划,为那些没有在每层楼设有候梯坪的高楼提供这项设备,让老年人及行动不便的居民进出更加方便;③选择性整体重建计划,有选择性地将旧的组屋拆除,并在附近地段为受影响的居民提供新的住房。这些政府承担的组屋维护尽管加重了政府的财政负担,但却实现了组屋的长效利用,避免了重蹈陋屋时代的覆辙。

(六) 资金保障

组屋建设的经费来源于政府津贴、政府贷款和中央公积金储蓄,其中公积金储蓄为最主要的资金保障。截至2007年,新加坡的中央公积金局管理的公积金数额约600亿新元,这些积累资金一方面用于向建屋发展局提供组屋建设贷款，成为组屋等公共住宅建设的资金来源；另一方面向公积金会员提供支用或者贷款的权利，即公积金会员可支用普通账户余额用于支付占房价20%的首付，余下的80%可以使用中央公积金局的公积金贷款支付。

相对于新加坡依靠中央公积金制度获得强有力的资金支撑，我国的保障性住房只是在政策导向方面得以突出，而实际的资金支持却十分有限，原因有二：一是我国的公积金制度还不完善，增值收益少且不稳定，在提取风险准备金和支付管理费用后，剩余资金根本不足以支持保障性住房的建设；二是"土地财政"现实下，相较于发展商品房获得高额的土地出让金，地方政府发展保障性住房的积极性十分有限，在土地无偿供给、低成本建设与低价租售等环节，地方政府很难作出让步。

通过以上对新加坡组屋制度各个环节的解析，以及对我国保障性住房情况的审视，不难发现，我国在住房领域还存在一系列的严重问题。新加坡能够成功推行组屋制度，基本实现"居者有其屋"的目标，与新加坡政府对住房的理性认识、全面系统的改革、国民对制度的支持等一系列因素分不开。其中的很多环节，我国政府完全可以进行有益的借鉴，以解决当前的高房价问题，突破保障性住房的瓶颈状态。

三、新加坡组屋制度的借鉴意义

新加坡独特的住房保障制度在短短数十年内成功地解决了普通老百姓的住房难题，并且完成了住房由量到质的提升。考察新加坡住房保障体制的演进、实施效果，及其数十年建设公共组屋所积累的有益经验，对于我国建立与完善住房保障体系具有重要的借鉴意义。但新加坡与我国国情不同，笔者认为，住房保障体系的完善必须在立足于本国具体国情的基础上，借鉴并汲取新加坡的有益经验，从以下几方面加以完善。

（一）强化政府宏观调控职能，健全以政府为主体的住房保障体系

住房是一种特殊的商品，许多家庭尤其是低收入家庭仅通过市场无力解决自身的住房问题。因此，全面解决住房问题不能完全依赖市场，政府应该介入，用各种方法进行干预。为此，政府作为公共住房保障制度的主体，应承担起为中低收入家庭提供住房保障的责任，充分发挥政府的宏观调控职能，以管理监督者和直接参与者的双重身份干预住房市场，控制土地过量开发，遏制商品房价过快增长，通过政府的调控来弥补市场失灵，以满足低收入住房困难家庭的基本居住需求。

温家宝同志在访问新加坡时强调："对廉租房和经济适用房，政府应提供和保障土地的需要，当然（这些）土地也要节约和集约使用。"国家如何控制土地将决定保障性住房能否大面积推广。为此，政府应搞好土地合理供应、集约利用和管理工作，合理调整城市土地供给结构，加大公共住房土地供应，重点发展面向中低收入家庭的住房；要加大公共住房资金投入，大力提高财政支付能力，多渠道筹集住房保障资金。与此同时，我们可以借鉴新加坡的经验，依法成立一个类似于新加坡建屋发展局的专门的保障性住房开发建设管理机构，在政府主导下负责保障性住房的开发建设、销售和管理工作，以尽快解决低收入者的住房困难问题。

（二）进一步完善住房公积金制度，提高住房公积金的功效

新加坡的中央公积金制度对解决老百姓住房、实现"居者有其屋"发挥了重要作用，这一资金运作模式为我们提供了宝贵思路。尽管我国于1999年颁布了《住房公积金管理条例》并于2002年进行了修订，但我国的住房公积金制度还很不成熟，在许多方面有待进一步完善。最突出的问题是住房公积金覆盖率低，其受益者主要是中高收入人群，没有覆盖到所有城镇职工特别是低收入人群，因而未能充分发挥其功效。为此，我国住房公积金制度应借鉴新加坡的经验，从多方面加以完善。要进一步扩大住房公积金的社会覆盖面，使其真正惠及低收入人群，切实提高住房公积金的功效；要强化公积金的强制储蓄制度，适度提高公积金的缴存比例，扩大公积金的积累总量，解决公共住房建设的资金瓶颈问题，使政府可以利用这些资金建设保障性住房；同时还应积极发展住房储蓄和政策性住房抵押贷款，完善贷款担保机制，降低中低收入居民申请贷款的门槛，提高其购房能力，真正解决低收入家庭的住房困难。

此外，还要拓宽各级财政预算和社会捐赠等渠道，开拓多元化的住房融资渠道，形成多元化和较合理的筹资机制，通过多种途径加快解决低收入家庭的住房问题。

（三）立足国情发展保障性住房，构建多层次的住房保障体系

住房保障体系的建立是一个涉及面广、难度大、周期长的系统工程，同时也是一个长期规划、循序渐进、不断完善的过程。纵观新加坡住房保障的发展历程，其"居者有其屋"计划的实现是一个渐进过程，首先重点解决低收入家庭的住房问题，然后逐步解决中等收入家庭的住房问题。我国作为一个发展中国家，总体经济发展水平不高，中央和地方政府能用于住房保障的财力、物力有限，不可能在短期内大范围地解决居民的住房问题。面对这么大比重的中

低收入家庭，建立多层次的住房保障体系显得尤为必要。因此，必须立足国情发展住房保障体系，遵循"适宜保障"的原则，注意住房保障体系的渐进性、层次性，有步骤地解决中低收入家庭的住房问题。

参考文献

[1] 蔡羽婷. 新加坡组屋与我国经济适用房的对比分析 [J]. 现代商贸工业，2009(15).

[2] 老庸. 新加坡组屋解析 [J]. 商业文化，2007(23).

[3] 刘贵文，谢莉，景政基. 新加坡组屋建设对完善我国保障性住房供应体系的启示 [J]. 住房，2009(3).

[4] 郭伟伟. 保障房在国外 聚焦新加坡组屋经验 [J]. 中国报道，2011(5).

从新加坡组屋谈广东省住房保障体系的建设

郑 杰

居者有其屋和公积金存款是确保我国稳定的因素,它把新加坡人民的命运和国家政府的命运紧紧地联系在一起。这两个计划使新加坡持续不断发展了30多年。

——李光耀

新加坡是一个城市型国家,国土面积仅有712.4平方千米,总人口约508万(2010年6月统计数据),人口密度世界第二高,每平方千米约7155人,土地资源相对匮乏。但人民行动党从1959年执政开始,一直把推行政府公共组屋作为重要的施政纲领。组屋计划的推行,使新加坡从20世纪60年代的严重"房荒"变成现在鳞次栉比的组屋楼群,解决了80%以上新加坡人的居住问题,使"居者有其屋"成为现实,为新加坡经济社会快速稳定发展奠定了坚实的基础。组屋计划是新加坡政府重要的公共政策,本文在梳理其发展历程的基础上,总结出成功经验,提出广东省住房保障体系的设想,即从制度构架、运行框架、技术支持等三方面着手,坚持政府主导,形成由廉租房、经济适用房、住房保障基金等构成的住房保障体系,共同做大保障性住房的"蛋糕"。

一、新加坡组屋的概述

(一)组屋的缘起和发展历程

为解决"房荒"问题,1960年新加坡政府颁布《建屋与发展令》,并根据该法令设立了建屋发展局(Housing & Development Board,HDB)。目前,新加坡建屋发展局是隶属于国家发展部的法定机构,作为新加坡政府在住房政策方面的相应机构,负责供应土地、资金并维护政府信用和执行力度,对公共住房进行建设、出售、出租和维护管理,是管理新加坡公共住房的唯一机构。建屋发展局除管理全国的公共住房外,还拥有其他产业,如商业房屋、工业房屋、市场和摊位、停车场及闲置土地等。

从1960年开始，建屋发展局以每5年作为周期制定发展计划，截至2008年，共建造了99.03万套组屋，约85%的新加坡居民安居在组屋中。新加坡组屋的发展过程，可划分为以下四个阶段。

1. 发展低成本住房以求尽快解决紧迫的住房危机（始于1960年）

建屋发展局（图1）于1960年2月1日成立后，立即开展新加坡住房情况调查，结论是：要根本解决住房问题，新加坡在10年内需要15万个住房单位。在这一期间，建屋发展局主要针对解决中心城区低收入者严重的住房短缺问题，在靠近主要工作地点建造了一批低成本住房，以高层建筑式的一、二、三房式套房为主，套内面积分别只有23、37、54平方米。大部分出租给新加坡居民，租金由政府补贴。申请条件是：5口之家，家庭月收入800新元以下。在1963年，就有18%的人口租用建屋发展局的房屋，缓解了住房危机。

图1　新加坡建屋发展局中心大楼

2. 推行"居者有其屋"计划（始于1964年）

为满足人民拥有财产自由的心理，并降低公共组屋出租所带来的管理压力，从1964年起，新加坡政府决定推行"居者有其屋"计划，鼓励组屋的租户购买产权，并借此来扩大政府组屋的基本客户群。从此，组屋也不再被认为仅仅提供给低收入人群，也包括其他收入人群。但因购买力不足，最初出售房屋的效果不理想。于是从1968年9月开始允许使用中央公积金购买政府组屋，购买率大幅提升。为满足居民对住房要求的进一步提高，建屋发展局开始推出四房式组屋（套内面积约75平方米），居住区的综合设施开始得到改善，如学校、商业、工业区等都开始得到合理布局。

3. 公共住房的商品化（始于1970年）

由于政府组屋出售状况良好，同时也为了加快"居者有其屋"计划的实施，建屋发展局从1970年起扩大了政府组屋的建造计划，到1980年新建了25万套组屋（图2）。为了降低组屋成本，建屋发展局建立了自己的设计和建设队伍，改进组屋的设计、土地的使用和新镇的规划，并自己建设或征用花岗岩石厂、砖厂、瓷砖厂、水泥厂和钢材厂。为了扩大组屋的覆盖率，还放宽了申请政府组屋的资格，增加了使用中央公积金的比率。

图2 新加坡组屋区

4. 公共住房的社会工具化（始于20世纪70年代末期）

当大多数居民入住政府组屋时，新加坡政府制定了一些政策来影响社会的形态。

（1）推行亚洲价值观，如大家庭观念。为鼓励大家庭的存在，从 1978 年开始，新加坡规定如果子女和父母在一定距离内买房可获得 3 万新元的补助，1981 年开始允许为靠近父母居住地的原因换房，另外在住房分配过程中也有优先权，如已婚夫妇申请的新组屋与父母的住家在同一个市镇或位于 2 公里范围内，被抽中的概率是其他人的 2 倍，如果申请者是首次购屋者，又想住得靠近父母，被抽中的概率是一般人的 4 倍。

（2）民族融合政策。独立以前，新加坡的华族、马来族、印度族和其他少数民族受到殖民地行政制度的管辖，各民族间的交流虽然没有被隔离，但形成了隔阂。从独立到 20 世纪 90 年代，新加坡政府通过不同的政策，使各民族间开始进行接触。为进一步促进民族融合，1989 年开始推行种族居住比例计划，规定新的政府组屋区的最高种族比例是：华族 84%、马来族 22%、印度族 10%，任一种族不应超过以上比例；2010 年 3 月进行了修正，分别是：华族 87%、马来族 25%、印度族 15%。

（3）减少贫富差距，保持社会稳定。在新加坡，通过其住房可以基本判断出该家庭的经济状况，为了减少居民间的贫富差距，新加坡政府根据住房大小补助居民。如 2011 年，新加坡政府返还给一、二房式居民水电费 360 新元，三房式 340 新元，四房式 320 新元，五房式 270 新元；2011 年，政府派发的增长花红是每人 100～800 新元，住房越大，所得花红越少。为了使低收入老人晚年更加幸福，建屋发展局从 2009 年起推行组屋屋契回购计划，对于家庭月收入不超过 3000 新元和年满 62 周岁的组屋屋主，可将其所住二房或三房式组屋的剩余屋契卖给建屋发展局套现，然后以 30 年租约继续住在同一间组屋或购买屋契只有 30 年的老人（乐龄）公寓。

（二）新加坡组屋建设成功的经验

组屋是新加坡在社会发展方面取得的最大成功，新加坡能够为绝大多数（超过 80%）的国民提供经济适用的住房，同时通过发展新的市镇，不断提升居住的环境和品质。新加坡并没有一个好的发展基础，1959 年人民行动党执政时，新加坡拥有的不过是东南亚地区最大的城市贫民窟之一，居住空间狭小、住房破败不堪以及基础设施缺乏是当时的真实写照，现在新加坡已经完全变样，成了一个花园式的现代城市国家。

新加坡建设组屋的成功在于以下四方面：

1. 政府主导组屋建设很给力

新加坡是市场经济国家，但组屋的建设与分配并不完全通过市场来实现，而是始终由政府主导。新加坡国家领导人从执政之初就信奉"居者有其屋"

的理念,把它作为基本国策贯穿始终。李光耀先生在其回忆录中写道:"我要建设一个居者有其屋的社会。……如果每个家庭都有自己的住房,国家将会更加稳定。"为了更好地执行这一基本国策,新加坡制定了专门的法律——《建屋与发展令》,设立了专门的部门——建屋发展局,出台了相关配套政策,例如,无条件征用土地,提供政府津贴和贷款,可以动用中央公积金,组屋的出售价格由政府根据申请者的购买能力及政府的补贴能力来制定,等等,有力支撑了组屋的发展(图3)。

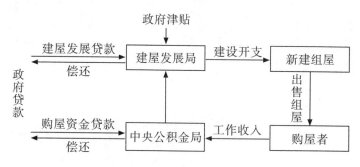

图3 组屋建设资金循环图

2. 新加坡的组屋政策发展路线具有很强的策略性和计划性

建屋发展局早期开发的公共住房简易并以出租为主,度过社会住房问题最严峻的时期后,逐渐开发质量更高、配套设施更好、形式更灵活多样并以出售为主的公共住房。在适当时机建立公共住房转售市场,为公共住房资源进一步优化配置、实现过滤和升值提供了平台。

3. 组屋作为一个平台,把社区所需的各项功能整合在一起

新加坡政府把一系列的服务、活动和组织,包括零售、餐饮、医院、学校、社区老人照顾、社区图书馆、居民体育运动、公共援助等都围绕组屋兴办。种族和谐是新加坡的立国之本,政府组屋的一个重要功能是让不同种族和谐共处,保持社会稳定,增强对一个多民族、多宗族社会的认同。在新加坡,房子不是一堆冷冰冰的钢筋水泥、土木沙石,而是组建家庭、凝聚人心的社会黏合剂,所有社会政策的制定与执行无不系于其上(图4)。

4. 潜移默化地解决社会贫富分化严重的问题

中共新加坡组屋体系及其配套措施有效地将从富人手中征收来的税收转变为有形的实物——组屋,并以合理的价格出售给中低收入者,同时根据房屋面积大小来分配政府花红及补助,房屋越小,分配越多,实现了将增长不均的社会财富进行合理的再分配。

图 4　组屋区的休闲文体设施

二、广东省保障房建设取得的成绩及面临的困难

中共广东省委省政府一直高度重视保障房建设工作,早在 2003 年,就将保障性住房建设作为全民安居工程的重要内容,纳入"十项民心工程"范畴予以实施。2009 年又实施了全省住房保障三年发展规划,拟在 2009—2011 年间,解决 7 万户符合廉租住房保障条件家庭、4 万户符合经济适用住房保障条件家庭和 3 万户符合公共租赁住房条件家庭的住房困难问题。

2006 年底,全省登记在册的人均收入低于当地最低生活保障线且人均住房建筑面积低于 6 平方米的城镇"双特困户"均解决了住房困难问题。2007 年,广东省还将住房保障标准提高到"人均住房建筑面积低于 10 平方米的低保家庭和低收入家庭",扩大了受惠群体的范围。

在政策法规方面,广东省政府于 2008 年出台了《关于切实解决城镇低收入家庭住房困难的实施意见》;2009 年,中共广东省委省政府联合下发了《关于建设宜居城乡的实施意见》,对解决城镇居民住房困难问题作出进一步部署,明确提出了推进"住有所居"的具体目标和措施;省住房和城乡建设厅还制定了《广东省城镇住房保障发展规划（2009—2020年）》，深圳市人大也通过了《深圳市保障性住房条例》。这些政策法规的出台，有力地促进了广东省住房保障的开展。2003年至2010年5月底，全省累计投入资金49.2亿元，对8.5万户城镇低收入住房困难家庭实施廉租住房保障；累计完成投资144.2亿元，建成经济适用住房8.4万套。目前广东省保障房的建设取得了前所未有的成就，未来，广东省还将继续加大投入，进一步发展保障性安居工程，但需要解决以下几方面的困难。

（一）保障房的资金来源

当前保障房的资金来源主要有以下途径：住房公积金增值收益扣除计提贷款风险准备金和管理费用后的全部余额；从土地出让净收益中按照不低于10%的比例安排用于廉租住房保障的资金；市县财政预算安排用于廉租住房保障的资金；省级财政预算安排的廉租住房保障补助资金；中央预算内投资中安排的补助资金；中央财政安排的廉租住房保障专项补助资金；社会捐赠的廉租住房保障资金以及其他资金。

从以上可以看出，除了土地出让净收益的10%为硬性约束外，其他资金来源极不稳定，也存在漏洞。首先，住房公积金增值收益极不稳定，而且存在很大的风险，本来收益不高，扣除贷款风险准备金和管理费后所剩无几。中央预算投资和专项补助对广东补助一直都较少，2011年有所提高，但也仅有20.3亿元，而2010年中央财政用于住房保障的有2358亿元。省财政2004—2007年每年安排3000万元，2008年提高到1亿元，2009再提高到2亿元，2011年计划5.69亿元，专门用于支持东西两翼和粤北山区廉租住房的建设，尽管资金额逐年增加，但总量仍然偏少。社会捐赠资金更是困难，由于商品房市场的暴利和持续的繁荣，加上社会人士对保障房的认识不够，政府引导不积极，目前的情况也是不理想的。所以保障房的资金来源主要依靠地方政府，但从政府自利性的角度来看，保障房的建设阻碍了地方政府收取更多的土地出让金，再加上房地产市场调控力度进一步加大，势必影响房地产业税收收入的增加。

（二）住房保障的法律制度

目前我国还没有一部真正意义上的住房保障法及其相关配套法律，只有几部国务院的行政法规和一些零散的部门规章，因此住房制度的立法十分不全面。截至2010年，政府已出台30余个政策文件对廉租房、经济适用房、公租房等的管理加以规范，但是，这些条例主要是在指导思想、基本思路、总体操作规范和禁止事项上加以阐述，欠缺具体细则。

广东省除了深圳市出台了《深圳市保障性住房条例》外还没有其他法律法规，由于缺乏相应的政策法规，无法从微观上明确住房保障的对象、住房标准、保障水平、保障资金的来源、专门管理机构的建立和权限，以及对骗取保障行为的惩罚，等等。目前，广东省住房保障体系的建设采用的主要方式是在省政府的指导协调下，以住房和城乡建设厅与地方政府的文件与规定作为依据，这样的体制必然会造成行政效力层层衰减，没有基本法律的保障，住房保障政策在实际执行过程中很难完全到位。

（三）住房保障的信息统计

信息统计体系的不完善是我国社会继续向前发展亟待解决的一大难题，由于技术条件的限制和复杂国情，使得政府部门无法准确掌握社会事务的真实情况，导致不能因地制宜、事先针对各种特殊情况做严密的制度、政策设计。住房保障涉及本地区家庭和人口就业、收入、住房、储蓄等基本信息，由于这些信息缺失或不真实，导致保障对象难以确定、保障标准难以清晰，再加上个人诚信体系未建立或健全，导致住房保障领域乱象丛生。

以经济适用房为例，由于经济适用房建设标准、建筑面积缺乏有效控制。虽然政府在进行"砖头"补贴的过程中，对其开发利润进行了上限控制，拟定了经济适用房的开发规模，合理地确定了投资额度，减免了部分税收及管理费，但是开发商作为"经济人"的角色未变，在得到了行政划拨的土地及其他优惠政策后，建超标准的甚至豪华的商品住房，面对中高收入人群销售而损害了中低收入人群的合法购房权益。例如，深圳市在审核保障房申请人的过程中，剔除的不合格申请者约3000人，有的申请者有近300万的个人资产。

三、构建广东省住房保障体系的设想

当前我国发展的主旋律已进入民生建设阶段，国家"十二五"规划充分体现了这一宗旨，那么当前社会建设的主要任务势必要解决新时期的"三座大山"——教育、医疗和住房问题，住房保障建设是一项长期的民心工程，中央已提出明确的目标和要求："十二五"期间要进一步加快保障性安居工程的进度，要建设3600万套保障性住房，使得保障房占比达到整个住房市场的20%，住房保障建设工作任重而道远。借鉴新加坡组屋发展的成功经验，构建广东省住房保障体系建议从制度构架、运行框架、技术支持等三方面着手，坚持政府主导，形成由廉租房、经济适用房、住房保障基金等构成的住房保障体系，共同做大保障性住房的"蛋糕"。

（一）政府主导、法规约束、统一管理的制度构架

1. 坚持政府主导、市场运作的发展模式

根据公共产品的界定，住房具有准公共产品的属性，而住房保障则是政府应当提供的一类非常重要的公共产品，完善的住房保障制度是社会发展和进步的标志，政府有义务保障公民的住房权利。在住房保障方面，新加坡政府从1960年开始建设组屋到现在，一直都是其国人出色的管家和掌舵人，起着主导作用。政府主导、市场运作的模式就是政府把重点放在保障性住房的用地划拨、选址、数量、面积、质量监督、分配及配套管理等方面，至于住房的规划、设计、施工等交由市场完成，政府在这些方面只需作出决策和加强监管。

2. 完善法规制度，强化法律约束作用

新加坡政府早在1960年公布并实施了《建屋与发展令》，明确了政府发展住房的目标、方针、政策，确立专门法定机构行使政府组屋建设、分配和管理职能，保障了组屋的建设和发展。目前《广东省城镇住房保障办法》已出台，从立法上规定了住房保障的大小、保障标准、保障水平、保障资金的来源、专门管理机构的建立以及对骗取保障优惠的行为予以严惩等。各地方政府也要结合本地经济发展的实际，制定地方性的住房保障法规，并针对住房保障的不同对象，提供多种不同方式的住房保障。严格制定住房保障对象的进入、退出管理办法，规定居民收入发生变化以后，保障措施也要相应的发生变化。例如，原廉租住房的居民，收入达到中等收入水平后，就应当劝其搬出或采取提高租金等手段予以解决。

3. 统一管理，权责对等

住房保障体系涉及土地、财政、规划、建设、价格、销售等多个管理环节，并涉及发改、土地、财政、建设、规划、环保、物价、气象、水利、电力、人防、地震、消防、民政等多个部门。而新加坡的建屋发展局负责所有围绕组屋的工作，包括实施政府确定的建屋计划、征用土地、拆迁旧屋、规划设计住宅区、策划基础设施建设、安排承包商承建房屋以及负责组屋的出售、出租和物业管理。因此，在实施住房保障政策时，建议地方政府尝试授权给某一机构，专门负责保障性住房的管理、统筹规划、土地供应、承包商的选择、确定保障群体等一系列问题。

（二）构建由廉租房、经济适用房及住房保障基金组成的运作框架

对于人口流动性高、外来人口多的城市，如广州、深圳、东莞等地，短期内可以廉租房建设为主、经济适用房为辅；人口流动性低、外来人口少的城

市，尤其是一些山区县城，可以考虑采取以经济适用房为主、廉租房为辅。不强调统一，各城市根据居民、新就业者和外来务工人员的需求，尽可能地先做大保障性住房的"蛋糕"，以满足不同层次的人的需求。

1. 廉租房建设

一是要明确建设资金来源。要把住房保障资金列入财政预算，确定合适比例。除了传统的住房公积金增值收益、直管公房出售出租资金及廉租住房租金收入以外，近期应落实"土地出让净收益10%要用于建保障房"的政策要求，将土地出让净收益作为廉租房资金的重要来源。今后还要通过财税体制改革，明确住房保障支出在中央和地方财政中的固定渠道和相对稳定比例，而不是直接与土地收益挂钩。同时，还应切实保证专项资金的使用到位。二是廉租房的供应对象是没有住房的城市低收入居民，而不单纯是低收入者。同时，要逐渐实现城乡统筹发展，将保障性住房范围逐步扩大到进入城镇工作的新就业者和外来务工人员。三是强化廉租房的进入标准和退出机制，杜绝廉租房变成公房等浪费和投机的现象。四是廉租房的发展方向为由实物供应向货币补贴过渡。

2. 经济适用房的建设与管理

主要加强以下几个方面的控制：一是严格控制建造标准。在保障房屋质量的基础上，经济适用房的面积应有所控制，建设初期面积不宜过大，以3口之家40平方米左右为主，试行几年后再根据需求来设定户型和面积。交通位置应便捷，一般靠近地铁站或设置公交线路，方便居民上下班出行，教育、医疗、文化等配套设施应相应完善。二是明确目标人群。房价收入比例是国际上用以衡量一个国家或者一个城市房价高低和家庭购买住房支付能力的一个很重要的指标，建议对房价收入比高于6倍的人群，制定收入线划分标准和住房补贴标准，并实行适当的限价政策。三是建立动态的跟踪管理系统。将中低收入居民的住房状况尽收眼底，也保证"夹心层"居民的住房问题能得到及时、妥善的解决。

3. 加强住房保障基金的筹集、使用和管理

住房保障制度的运行需要巨大的资金支持，筹集住房保障基金，可以试着从以下六个渠道探索：一是落实个人住房公积金的征收；二是财政资金拨付；三是从土地的招、拍、挂收入中设定一定比例；四是对拥有多套商品房的家庭或个人征收；五是倡议社会各界捐赠；六是发行社会福利彩票。住房保障基金可以为个人提供购房贷款，也可以根据个人或家庭情况用于支付租金，甚至用于支付水电费、物业费等等。

4. 保障性房屋产权拥有年限可灵活设定

当前我国住宅房产拥有年限一般设定为70年，对于保障性住房，应该参

考新加坡的经验，对于不同的目标群体，可灵活设定产权年限，这样既可以使资金流动加快，也可降低房屋价格。建议一般的经济适用房可设定为 30 年的产权；对于新就业群体，则可设定为 10 年，鼓励其努力改善住房条件；对于退休人员，可设定为 20 年，如果期满仍在世，则优惠租赁给他们。

（三）构建技术支持系统，加快保障性住房管理信息化建设

明确住房保障对象，公平分配住房资源，是建立住房保障制度的基础。在保证申请者符合条件方面，需要建立动态跟踪的被保障者和房源管理系统，对中低收入住房困难家庭进行确认和甄别，随时根据家庭住房收入情况的变化，对保障对象的资格进行清理或确认。对不符合住房保障条件的予以清理，对符合住房保障条件的予以确认。同时，通过网络实现保障性住房的受理审批，保障资格的实时监管、住房保障政策的宣传、保障性住房的住户收入情况公示、各类保障性住房房源建设和管理信息发布、保障资源配（售）租结果公示等诸多功能。

参考文献

[1] 姚玲珍. 中国公共住房政策模式研究［M］. 上海：上海财经大学出版社，2003.

[2] 王建新. 新加坡住房政府分配为主，市场出售为辅［J］. 中国房地产市场，2006(5).

[3] 童悦仲，楼乃琳，刘美霞. 中外住宅产业对比［M］. 北京：中国建筑工业出版社，2005.

[4] 任越. 新加坡住房政策对我国的启示［J］. 合作经济与科技，2008(9).

[5] 金观涛，华国凡. 控制论与科学方法论［M］. 北京：新星出版社，2005.

[6]（新）李光耀. 新加坡的公共住房政策——得失之间的政治与地产［J］. 中外房地产导报，2005(6).

新加坡医疗卫生保障制度对广东省公共卫生服务均等化的启示

吴景赠

分析新加坡医疗卫生保障制度、医疗保险基金的筹集与支付,以及卫生服务体系的特点与优点,借鉴其宝贵的经验,结合广东省的具体情况,有利于推进医疗卫生体制的改革,更好、更快地实现公共卫生均等化的目标。

一、公共卫生均等化背景

党的十七届二中全会审议通过的《关于深化行政管理体制改革的意见》明确指出:"要全面正确履行政府职能","更加注重公共服务,着力促进教育、卫生、文化等社会事业健康发展,建立健全公平公正、惠及全民、水平适度、可持续发展的公共服务体系,推进基本公共服务均等化",实现向"公共服务型政府"的转变。2009年1月21日国务院常务会议审议并原则通过《关于深化医药卫生体制改革的意见》和《2009—2011年深化医药卫生体制改革实施方案》,决定从2009年到2011年,重点需要抓好五项改革,其中之一便是促进基本公共卫生服务逐步均等化,公共卫生服务均等化已提升到国家的政策战略层面上来。

中共广东省委、广东省人民政府《关于深化医药卫生体制改革的实施意见》(粤发〔2009〕16号)按照中共中央、国务院关于深化医药卫生体制改革的部署,提出强化公共卫生服务体系是深化医药卫生体制改革的任务之一,并印发《广东省医药卫生体制改革近期重点实施方案(2009—2011年)》(粤府〔2009〕139号),规定广东省促进基本公共卫生服务均等化的内容,其中包括基本公共卫生服务覆盖城乡居民、加强公共卫生服务能力建设、保障公共卫生服务经费等措施。

广东是我国的经济大省,同时也是我国的人口大省,公共卫生面临着重大的挑战,如大量外来人口的健康问题、医疗支出增加、医疗保险制度条块分割等等。众多问题之中,健康状况和服务可及性的地区差距尤为明显。省内各地间存在显著的差异,减少地区失衡和不公平是广东省政府的重要工作任务,原中共中央政治局委员、省委书记汪洋指出,基本公共服务均等化是政府的责任,并要求制定一个全省的基本公共服务均等化规划,落实党中央国务院的战略部署,在全国率先推动广东省基本公共服务均等化。推动基本公共服务均等化,对缩小广东省区域和城乡发展差距、促进社会公平公正、维护社会和谐安定、确保人民群众共享改革发展成果,具有重大的政治、经济和社会意义。新时期新阶段,着力推进基本公共服务均等化,已成为广东省树立落实科学发展、和谐发展的重大战略任务。公共卫生均等化是基本公共服务均等化的重要内容,必须着力推动,发挥广东省公共卫生服务均等化的排头兵作用,保障广东省城乡居民获得最基本、最有效的基本公共卫生服务,提高人民群众的幸福指数,为广东省建设和谐社会、小康社会打下坚固的基础,这已成为广东省今后卫生事业前进的一个重要的方向。

二、新加坡的医疗卫生保障制度情况

(一) 新加坡的基本情况

新加坡共和国成立于 1965 年 8 月 9 日,截至 2010 年 6 月,国土面积 712.4 平方千米,人口 508 万,是一个多元种族社会,其中华族占 74.2%、马来族占 13.3%、印度族占 9.1%、其他种族占 3.4%,新加坡政治稳定,经济开放,人均 GDP 37597 美元。新加坡医疗保障制度最早起源于 18 世纪英国产业革命时期工人自发创立的"共济会"等群众性私人保险组织,20 世纪 80 年代以后,新加坡对医疗保险制度进行了一系列重大改革,逐步形成了既具有本国文化传统、又体现公平与效率的医疗保险制度,被誉为"公私兼顾和公平有效"的医疗保障制度,是世界上最为完善的医疗保障制度之一,以至于成为各国解决全民医疗保障问题的典范。

(二) 新加坡医疗卫生保障体系基本情况

新加坡是实行全民医疗保险的国家,向全体国民提供可以负担得起的医疗保障服务,确保每个国民不受贫困的影响,都能获得良好的基本医疗服务,是新加坡政府长期努力的目标。新加坡医疗保健制度由政府津贴和保健储蓄计划、健保双全计划、保健基金计划组成。

政府津贴可以保证新加坡公民无论是住院或在门诊所发生的医药费,均由政府津贴按照相关比列直接补贴,国民公平享有,从而减轻医疗负担。

保健储蓄计划指国民按照不同的年龄,必须将月收入按照不同的比例存入个人专用账户，用于支付账户本人及其直系亲属的住院费用、特殊门诊和特殊疾病的诊疗费用，从而减轻重大疾病所致的经济负担。新加坡的强制性储蓄医疗保障模式，在保险基金的筹集上既不是强制性地纳税，也不是强制性地缴纳保险费或自愿购买医疗保险，而是依法强制性地要求雇主和雇员储蓄医疗基金。雇主与雇员承担的比例相同，政府以免缴个人所得税的方式间接提供费用支持。政府根据疾病发生与年龄之间的概率关系实行按照年龄段交费制度。具体来说：35岁以下的雇员平均交纳月工资的6%，每月最高交费金额为360新元；35～44岁的交纳月工资的7%，且每月最多交费金额为420新元；45岁以上交纳月工资的8%，且每月最多交480新元，这就基本体现了医疗资源享用与付出相对公平原则。保障范围及费用方面，保健储蓄账户金用于支付本人及家庭成员的住院费用和一些昂贵的门诊治疗费用，如肾透析、放化疗、日间手术、试管婴儿等，一般不用于门诊费用。在住院费用的负担上，既不是国家全包下来，也不是全部由投保人承担，而是根据疾病等级由政府实行差额补贴。新加坡政府对公立医院实行经费补助，床位分为四级，即A级、B1级、B2级和C级，A级是单人或双人间，附有空调、浴室等，B1级房内3～4个床位，B2级房内5～6个床位，C级是敞开式，每间10～20人。各级床位的医疗服务水平一样，只是生活设施有差异，政府对A级不给予补贴，B1级补贴20%，B2级补贴65%，C级补贴80%，体现了质量—价格对称的原则，即病人如果需要高质量、高水平的服务，就得支付更高的费用，从而根据人群需要拉开服务档次。

健保双全计划是为新加坡的新公民和永久居民建立的一项低廉的重病保险计划，解决了这一人群万一患上重病或长期疾病，而保健储蓄又不能满足支付这些医药费时所需要的庞大医药开支。由于参加大病保险的居民同时是保健储蓄计划的储户，因此，这一计划称为健保双全计划。健保双全计划采取职工自愿参加的原则，超过80%的新加坡居民拥有该保险，平均帮助投保人支付在B2或C级医院中大约60%的大额医疗费用。在基金的收缴上，为鼓励更多的人参保，设立了相对较低的保费，不同的年龄段支付不同的保费。30岁及以下的人每年交纳12新元，31～40岁的人每年交纳18新元，41～50岁的人每年交纳36新元；51～60岁的人每年交纳60新元，而61～65岁的人每年交纳96新元，66～70岁的人每年则需要交纳132新元。随着年龄的增长，个人交纳健保双全的费用比例也在不断增长，这大致符合一个人生命周期中疾病谱系以及大病概率的变化规律，体现了权利与义务相一致的原则。保障范围及费用方面，健保双全计划保障因病住院和一些费用较高的门诊治疗项目，如肾透析、抗排斥、癌症放化疗等。费用支付设立起付线和最高补偿额，只有在医疗费用超过某个基数时才获得补偿，这个基数叫作"可扣额"。超过的部分，统筹金支付80%，个人支付20%。费用支付还设有最高补偿额，自2005年7月起，重病患者的给付上限由3万新元提高到5万新元，终身给付上限由12万新元提高到55万新元。设立起付线和最高补偿额，体现投保者的责任性，避免过度利用和滥用医疗服务。

保健基金是政府为那些无力支付医疗费用的人提供的医疗补助，是穷人的一个医疗安全网。基金利用每年的利息收入支付患者的医药费用。随着政府对该基金投入的不断增加，基金的规模也在不断扩大，但是，使用保健基金需要患者申请和基金管理部门批准。

（三）新加坡医疗卫生服务体系

新加坡的医疗卫生服务体系由公立医疗系统和私立医疗系统两部分构成，其中，公立医疗系统由公立医院和联合诊所组成，私立医疗系统由私立医院和私立诊所组成。近80%的初级卫生保健服务由私立系统承担，其余约20%由联合诊所提供，公立医院以提供住院服务为主。新加坡政府为推动医疗的全面发展，鼓励社会团体或私人开办医疗机构，不设准入门槛并保护竞争。既不给予非营利性医院特殊的优惠政策，也不向营利性医院施加各种不公平的限制，使病人自由择医的权利得到充分保证，因此在新加坡有各类以营利为目的由社会资本出资兴办的全科医院和社区诊所，由于形成良好、公平的竞争体制，也使新加坡的卫生服务机构得到进一步完善。

三、广东省公共卫生均等化进展情况

经过近年来的经济发展，广东省公共卫生事业投入了不少人力、物力和财力。全省卫生支出费用占全省GDP的比重越来越大，政府卫生支出费用占卫生总费用的比重也越来越大，卫生机构财政补助越来越多，卫生服务机构越来越完善，卫生技术人员逐年增多，基本公共卫生服务项目和重大卫生服务项目继续实施，公共卫生均等化得到进一步推进。

《广东省基本公共服务均等化规划纲要》提出，到2011年，基层公共卫生服务明显改善，基本医疗卫生制度基本建立，初步实现人人享有公共卫生服务；到2014年，建立较为完善的基本医疗卫生制度，实现人人公平享有公共卫生服务；到2017年，实现公共卫生服务功能、水平与质量的均等化；到2020年，普遍建立比较完善的公共卫生服务体系和医疗服务体系、比较规范的药品供应保障体系和比较科学的医疗卫生机构管理体制和运行机制，形成多元办医格局，人人享有基本医疗卫生服务，基本适应人民群众多层次的医疗卫生需求，人民群众健康水平进一步提高。但是，在我们取得成绩和建立雄伟目标同时，更要认清目前广东省的公共卫生均等化情况还存在许多的问题以及困难。

（一）二元结构导致城乡不均等

城乡发展不平衡制约了公共服务均等化，根本原因在于城乡二元结构。一方面，30多年的改革开放推进了城镇化发展，广东城镇化发展率不断提高，全省城镇化率达到60.68%，其中珠江三角洲城镇人口比重为77.32%，达到世界中等发达国家水平。另一方面，农村发展远远落后于城市，城镇与农村、经济发达地区城镇与欠发达地区城镇差别也越来越大。二元结构的城乡公共服务供给上存在的众多差异以及短缺和不足，拉大了城乡差距，导致城乡经济和社会发展严重不均衡；基本公共服务制度设计的缺失，势必导致农民享有的公共服务是弱质和不被保障及面临风险的。无论是制度设计方面或者是基础设施方面，农民面临新的更多的风险和承担更多的税负，因而长期处于发展滞后的状态。

在医疗卫生服务方面，医疗卫生资源主要集中在城市，农村基层医疗机构普遍基础薄弱、软硬件水平均不高。市民基本享受公费医疗或医疗保险，在现代化医院就医；农村居民基本自费医疗，在简陋的卫生所或个体经营的医疗点就医。农村地区还有40%的乡镇卫生院业务用房不达标，有824个村没有卫生站，其中欠发达地区为632个村。2007年，广东省平均每千农业人员乡村医生和卫生员数0.82人，低于山东的1.68人、河南的1.31人、湖北的1.11人、江苏的0.9人和广西的0.89人。农村卫生医疗技术人才缺乏，卫生院2/3从业人员未取得执业医师资格；高校毕业生不愿到农村就业，农村就业人员普遍存在老龄化、专业水平低的状况。在农村地区，儿童保健工作还仅仅限于儿童的生长发育测量及评价，而珠三角地区，尤其是城市地区，儿童保健工作已从生长发育监测、疾病综合管理，扩大到儿童心理卫生保健范畴，包括神经行为发育监测、儿童早期发展促进、儿童行为心理疾病的筛查、诊断和干预等。

（二）经济发展差距导致区域不均等

当前，广东区域差异系数达到0.77，高于全国0.67的平均水平，东西两翼和粤北山区的人均地区生产总值只有珠江三角洲的1/4，区域差异大带来的最直接的影响就是区域财政收入不均衡，使不同区域公共卫生资源配置有较大差异，因而，珠三角基本公共卫生服务能力远远超过东西两翼和粤北地区。

珠三角地区政府人均卫生支出远远高于两翼地区和北部山区。例如，2006年在广东省最富裕的城市之一深圳，人均卫生支出已达到了247元，是各城市中最高的，而在广东最贫困的城市之一汕尾，政府人均卫生支出仅为19元。值得注意的是，贫穷的地市往往政府人均卫生投入较低，但其卫生支出已占了政府预算相当的份额，它表明贫困地区已没有多少空间来增加政府卫生投入以赶上发达的地区。从这个意义上讲，为了减少区域差异，政府间财政转移支付具有重要意义。

不同地区疾控机构投入不公平性明显，珠三角地区和非珠三角地区之间市级疾控机构财政投入的基尼系数分别为0.61和0.35。人力资源方面，不同级别疾控机构现有人员综合素质呈现省级高于市级、市级高于县级、珠三角高于非珠三角地区的现象。

（三）流动人口数量巨大导致人口不均等

从全国来看，广东是流动人口数量最多的省，2009年，全省外来常住人口数达1272万人。如此庞大的一个群体，其基本公共卫生服务水平的高低不仅在相当大程度上决定了广东省公共卫生服务的整体成效，也对省公共卫生服务的公平性产生重要影响。在国家层面宏观卫生政策开始注重和强调卫生公平性的导向下，广东省结合自身社会经济发展水平以及可资利用的卫生资源，在提供公共卫生服务能力和外来人口基本卫生服务水平方面取得了较为重大的成效，但离实现均等化还存在一定差距。外来人口的健康素养相对比较缺乏，受教育程度比较低，传染病防治知识相对不足，且生活、居住环境不良，劳动强度较大，营养状况欠佳，因此成为传染病的高发人群。但在实际工作中，很难准确、全面掌握外来人口的基本人口学特征并预测其公共卫生服务需要，外来流动人口的从业状况、居住环境、家属情况等信息，难以通过常规统计报表获取，这就大大增加了准确评估该群体的公共卫生服务需要量并及时提供足够的基本公共卫生服务的难度，从而导致公共卫生服务均等化的继续推进受阻。外来人口的公共卫生服务需要量高，但可及性不足。

流动人口就业不稳定，居住条件、卫生条件、能享有的医疗服务都处于较差的水平，无法保障其健康，同时，受政策、经济条件等多因素的影响，管理较困难，不能享有常住人口一样的公共卫生服务。如何有效管理流动人口，提高其健康水平，是一项重要而又困难的工作。

（四）公共卫生总投入不足

公共财政是基本公共服务的供给保障。尽管广东省经济总量、财政收入等位居全国第一，但从全国各省市基本公共服务投入的评价情况来看，广东在公共卫生方面的排名仅为第6名，这和广东省的经济实力是非常不符合的，说明广东省基本公共卫生服务水平还不高，投入不足。从财政支出结构看，出现了较严重不平衡状况，偏重经济建设投资与行政支出，轻社会公共服务，偏重城市轻农村。财政收支对实现社会公平正义、激励发展与效率、缩小社会平复差距所具有的再分配额杠杆作用未能得到很好的发挥。财政对医疗卫生的支出严重不足，转移支付制度的公平性、有效性与制度化都有待增强。

另外，地方可支配财政不足严重制约着基本公共卫生服务均等化推进，不仅是经济欠发达地区，在经济相对发达地区，问题也同样突出。目前，广东省面向落后农村的基本医疗保障经费是通过转移支付方式，由省财政承担大半比例，市县（镇）需在自身财政中承担一部分，而相当一部分地区经费来源中，只有省级财政资金能到位，地方配套资金往往不能保证到位。

（五）公共卫生人力资源短缺

随着经济的发展和人民生活水平的提高，群众对公共卫生服务将会有更高的要求。工业化、城镇化、人口老龄化、疾病谱变化和生态环境变化等，都给公共卫生工作带来一系列新的严峻挑战。公共卫生任务相当繁重，迫切需要一支高素质的队伍，切实担当起社区居民健康管理的"守门人"。目前，广东省平均每千人口卫生技术人员数为4.29人，执业医师数仅为1.62人。特别在基层医疗卫生机构，每间社区卫生服务中心的卫生技术人员数平均为21.20人，社区卫生服务站平均为5.32人，卫生院平均为48.49人，乡村医疗点的卫生技术人员数平均为1.21人，远远不能满足9638万常住人口的医疗卫生服务需求。

在总量不足的情况下，还存在一定的结构性短缺，如城市基层和农村乡村医生队伍后继乏人等。形成这一局面的主要原因有两个方面。第一，卫生事业单位编制管理制度限制了人员向公共卫生领域的流动。随着公共卫生服务内容的拓展，工作量激增，按编制配备的人员数量已经远远不能满足需要。由于政府对人员工资福利、社会保障经费等的投入都与编制数紧密相连，对于实行全额拨款的疾病预防控制中心等公共卫生专业站所来说，他们没有经费扩充人员队伍。对于差额拨款的医疗机构来说，财政负担编制内职工的人员经费，另外则通过自筹经费的方式来招录编外人员，但基本公共卫生服务的提供难以产生经济效益，编外人员的招录缺乏经费支持。在经费不足的情况下，各机构给编外人员的薪酬待遇往往低于编制内职工，造成"同工不同酬"的现象。这大大影响了编制外职工的职业认同感、归属感和工作积极性，这部分人员往往流动性大、能力不强，影响公共卫生人才队伍的整体素质和稳定。第二，现有教育模式不能为基层提供充足的公共卫生人才。目前，我国公共卫生人才培养还是沿袭精英教育模式，培养出来的本科生、硕士生往往不愿到农村及社区等较为基层的地方去。近年来推行了全科医生的培养制度，但其力度小，这些人员是否能到基层去也存在问题。

四、新加坡模式对广东省实行公共卫生均等化的启示

新加坡医疗卫生保障制度具有覆盖率高，一人投保、全家受益，对贫困人口和经济困难人群有所侧重，向大病、重病患者倾斜的特点。各种医疗保险基金之间相互补充，确保人人享有基本医疗服务。卫生服务网络完善，分工明确，病人就医有序，卫生服务机构形成公平、良好竞争机制，服务效率高，其公平性不但体现在个体获得公共卫生服务机会均等上，而且体现在服务机构准入上。此外，给我们印象深刻的是，新加坡以医疗服务公益性、均等化为主来带动公共卫生服务的均等化。新加坡模式更多体现在社会经济动态化、精细化管理上，在医疗卫生管理制度方面却是一如既往，几十年来坚持不懈，这点也是其医疗卫生保障体系成功的原因之一。尽管新加坡模式有诸多优点，但新加坡的社会制度、经济状况和国民素质与广东省有很大的差别，简单地生搬照抄也不一定适合广东省的情况，应该深入了解、对比和借鉴。新加坡完善医疗卫生保障制度、公平医疗保险基金筹集方法和卫生服务体系精细化管理的经验都值得我们学习，对广东省进一步实行公共卫生均等化有很好的助推作用。

借鉴新加坡医疗卫生保障模式，根据广东省公共卫生均等化的实际情况及遇到的困难和问题，建议措施如下。

（一）加快立法进程，将基本公共卫生服务均等化纳入法制轨道

目前，广东省在关于基础医疗卫生的内容与结构、范围与规模、水平与标准、数量与质量，以及基本公共卫生服务所需的公共资金与公共来源、数量与分配结构等方面，缺少法律法规；同时，当不少决策、目标与法律在贯彻实践中遇到障碍，如有法不依、执法不严时，并没有相应的措施予以纠正、追究与惩罚。借鉴新加坡保健储蓄计划强制性得以实行，是有法律制度作为保障的经验，必须尽快着手制定全省基本公共卫生服务均等化的法律法规，建立健全基本公共卫生服务的地方法律法规体系。应以《宪法》对公民基本权利的规定为依据，围绕公共卫生与基本医疗，形成比较完善的具有广东地方特色的地方基本公共卫生服务体系规章；要整合现有法律法规体系，提升基本公共卫生服

务的法律层次；要加快基本公共卫生服务重大项目立法进程，将基本公共卫生服务纳入法制化轨道，为城乡基本公共卫生服务体系营造良好的、平等的政策制度环境。

（二）改革城乡二元制度，实现城乡均等

利用大部制改革的机会，积极探索归并有益于城乡一体化管理的行政机构及整合行政资源。借鉴新加坡医疗各种保险相互补充的经验，建立健全多层次的医疗保障体系，逐渐实现城乡一体化的全民医疗卫生保障制度。通过非保险机制重点保障基本医疗，建设覆盖城乡居民的基本卫生保健制度。向全体居民提供安全、有效、方便、价廉的公共卫生和基本医疗服务，免费提供公共服务；按成本收费提供基本医疗服务。在农村地区，发展新型农村合作医疗制度，通过非保险机制重点保障基本医疗，引入商业保险解决大病风险问题，鼓励珠江三角洲等地区的富裕农民参加。健全医疗救助制度，不仅应将农村最低生活保障对象和"五保户"纳入救助范围，还应逐步把贫困农户纳入医疗救助范围。部分贫困农户在遭遇大病后，即使在合作医疗资金补偿后仍存在较大经济困难，可以通过健全大病医疗救助制度得到救济。要加大对医疗救助资金的投入，建立医疗救助与慈善事业的衔接机制，充分发挥医疗救助的平台作用，积极引导和协助慈善机构通过医疗救助平台，开展多种形式的慈善医疗救助。在新型农村合作医疗制度的建设过程中，还应考虑逐步缩小与城市医疗保障制度的差距，逐步与城市医疗保障制度建设接轨，实现医疗保障城乡一体化，建立覆盖全民的医疗保障制度。

建立完善促进城乡卫生服务均等化的制度和政策。第一，以实施财政补贴制度加强乡镇卫生院、村卫生站管理和考核，加大规范化建设力度，完善管理和考核制度，不断扩大服务内涵，提高服务质量，引导卫生院、卫生站向社区卫生服务中心、站发展，逐步实现农村卫生服务社区化、城乡卫生一体化。第二，完善财政投入考核制度，明确地方政府责任，特别是加大市、县两级财政投入，探索建立卫生横向财政转移支付机制。第三，制定实施人才培养（定向培养、定向分配、学历教育等）、培训、引进制度，落实职称评审倾斜制度和城市医疗卫生技术人员、管理人员到农村医疗卫生机构帮扶锻炼制度，研究制定农村卫生人才配备标准，提高农村卫生工作者工资福利待遇。第四，完善城市医院对口帮扶农村卫生院、县医院机制。第五，加快推进新型农村合作医疗门诊补偿，提高筹资标准，减少资金结余。逐步实现由县到市统筹，由市到省统筹，与城镇居民医疗保险制度并轨，减小与城镇职工医疗保险制度的差距。

要整合新型农村合作医疗、城镇医疗保险、医疗救助等职能，由政府职能部门统一管理，从而整合资金资源、人力资源、信息网络资源，构建管理平台，科学设定城乡统一的、可衔接的保障标准。要努力减少行政层级，扩大"省管县"体制试点范围，争取在减少行政层级方面有新的突破。不断探索完善适应城乡统筹发展要求的行政管理体制，为基本公共卫生服务均等化提供体制保障。

（三）调整完善转移支付制度，推动区域均衡

实现基本公共卫生服务均等化，最基础的保障条件是区域间政府基本财力的相对均衡。但由于各地社会经济发展水平及资源占有的非均衡性，基本公共卫生服务严重短缺的地区也是经济落后、财政困难的地区，如果仅依靠其自身财力，不仅难以有效消除区域间、城乡间既有基本公共卫生服务差距，甚至可能进一步扩大。因此，要实现基本公共卫生服务的均等化，必须进一步推进财政体制改革与调整，构建以基本公共卫生服务均等化为导向的财政投入及保障机制。

在各级财政加大医疗卫生投入的基础上，调整投入结构，重点向农村倾斜。加大财政转移支付力度，支持经济欠发达地区农村卫生基础设施、基本装备、基本人力建设，按国家标准在3～5年内完成农村卫生机构规范化建设。完善农村改革卫生和基本医疗筹资机制，探索农村医疗卫生服务收支两条线管理，保证农村医疗卫生机构人员和工作经费，使农村医疗卫生人员工资收入和生活待遇不低于教师和同级事业单位工作人员水平。把经济欠发达地区的农业镇改成街道的卫生院纳入广东省乡镇卫生院建设和改革当中，享受省财政补贴。同时，动员社会力量，拓宽筹资渠道。建立稳定的筹资机制和财政扶持资金增长机制，不断提高新型农村合作医疗筹资水平和保证水平，包括逐步提高农民缴费水平和保障水平，包括逐步提高农民缴费水平，力争到2015年接近城镇居民医疗保险筹资水平，在乡镇卫生院住院费用报销比例应达到70%以上，补偿封顶线达到5万元以上，扩大大病统筹补偿范围，推行门诊统筹制度，切实提高合作医疗受益面。门诊统筹的补偿标准达到基本门诊费用的30%以上，有条件的地方达到50%以上。

政府要根据实现基本公共卫生服务逐步均等化的目标，完善政府对公共卫生的投入机制，逐步增加公共卫生投入，政府对乡村医生承担的公共卫生服务等任务给予合理补助。要进一步明确省、地方政府事权，完善转移支付机制及完善收支两条线管理制度。在财政分权体制下，应根据公共卫生服务产品和服务效用等明确各级政府的公共卫生事权。

（四）加强公共卫生机构改革，建立健全公共卫生服务体系

促进基本公共卫生服务逐步均等化，关系到广大人民群众的切身利益，关系到千家万户的幸福安康。政府部门要把促进基本公共卫生服务均等化作为落实科学发展观的重要举措和关注民生、促进社会和谐的大事，纳入经济社会发展总体规划，切实加强领导。

优化公共卫生资源配置，完善以基层医疗卫生服务网络为基础的医疗服务体系的公共卫生服务功能，加强专业公共卫生机构和医院对城乡基层医疗机构的业务指导。借鉴新加坡卫生体系管理经验，加快推进公立医院改革，降低社会机构、民资进入医疗行业的门槛，形成多元办医格局，通过公平竞争，提高服务效率。

积极稳步推动各级疾病预防控制机构参照《公务员法》管理（以下简称"参公管理"）的事业单位分类改革。2008年，有关部门批准省疾控中心和湛江市疾控中心实施参照《公务员法》管理，率先在全国实施疾病预防控制机构参照《公务员法》管理的体制改革。参公管理的实施将为广东省疾病预防控制体系的发展提供更加坚实的法律保障，强化政府在公共卫生服务中的职责，其公益性和公共物品属性将更加充分得到体现；有利于解决长期困扰广东省疾病预防控制机构人员准入制度的建立问题，有利于广东省疾病预防控制机构公共卫生服务职能的明确和履行，有利于广东省公共卫生资源的合理配置，将大大推动广东省疾病预防控制等公共卫生服务资源分布均等化进程。但在推动参公管理的过程，应根据当地社会经济发展状况，保证人员编制，保障财政在疾控机构人员经费、办公经费和工作经费的投入，不能以精减人员为目的一"参"了之。

（五）大力发展以农村、欠发达地区及流动人口为重点的基层公共卫生服务

建立区域协调发展、城乡帮扶机制，实现区域基本公共服务均等化。一是建立健全合作帮扶机制。定期召开区域协调联席会议，促进珠三角发达地区与欠发达地区结对帮扶，形成以城带乡、以沿海带山区、珠三角带东西两翼和粤北山区协调发展新格局。二是建立区域之间生态补偿新机制。结合主体区域功能区规划，探索建立珠三角与东西两翼、粤北山区区域之间生态补偿新机制，协调区域间基本公共服务均衡发展。

强化农村卫生服务体系基础设施，提高新型农村合作医疗保障水平和受益面。第一，实施"一村一站""一镇一院""一县三院"建设。加大省级财政

转移支付力度，支持经济欠发达地区农村卫生基础设施、基本装备、基本人力建设，在2010年前完成每村一个卫生站建设和欠发达地区乡镇卫生院全面改造建设，2012年前完成欠发达地区县人民医院、县中医院和县妇幼保健院改造建设。第二，建立农村卫生人才培养和引进专项资金，制定实施农村卫生人才培养和引进规划，争取在3～5年内实现乡镇卫生院有2～3名以上本科毕业生。第三，建立稳定的筹资机制和财政扶持资金增长机制，完善新型农村合作医疗制度。不断提高新型农村合作医疗筹资水平，力争到2015年接近城镇居民医疗保险筹资水平；全面提高新型农村合作医疗保障水平，在乡镇卫生院住院费用报销比例应达到70%以上，补偿封顶线达到5万元以上，扩大大病统筹补偿范围，推行门诊统筹制度。门诊统筹的补偿标准达到基本门诊费用的30%以上，有条件的地方达到50%以上；加强县（市、区）、乡（镇）两级新型农村合作医疗管理机构建设，落实工作经费。加强监督检查，保证资金安全；加强医疗机构管理，确保基金支出合理；加强信息化管理，全面实现县内定点医疗机构住院费用即时补偿。

建立农村卫生队伍保障制度，应出台优惠政策，招聘执业医师到乡镇卫生院工作，吸引人才流向农村基层卫生院。要通过开展招聘职业医师试点工作，使每个乡镇卫生院至少有3名职业医师。要开展农村卫生技术人员学历教育，允许他们分阶段完成学业，满足农村在职卫生技术人员的学历教育需要，探索实行农村卫生定向招生、定向分配。要加强对农村卫生技术人员的考核和评估，制定落实农村卫生人才职称优惠政策，在专业实践能力考试、职称评审等方面给予倾斜，开展人才帮扶。可参照教育部门的做法，通过返还大学学费等优惠措施，引导和鼓励高校毕业生到农村基层工作。要进一步完善城市医院对口帮扶农村卫生院机制，继续组织做好二级以上医院派出医师对口帮扶县医院、乡镇卫生院工作。

（六）建立基本公共卫生服务均等化绩效评价和监督保障机制

要科学界定和建立公共卫生服务均等化评价指标体系，建立预警机制，分阶段立法，保障公共卫生均等化的可持续发展。为有效推进全省公共卫生服务均等化工作，我们必须加快公共卫生服务均等化的评价指标体系及其法制、体制和机制建设的研究和建立。研究探索建立公共卫生均等化科学全面和灵敏有效的评价指标体系，并建立公共卫生服务均等化预警机制。按立法层级逐步提升，制定财政和公共卫生政策（规范性文件的先行）；在有了实验和积累后，形成各地的地方性法规或政府规章；提升为各地的普遍行为准则后，形成全省的地方性法规或规章，由省人大及省政府推动，形成统一的政策体系，从法律和制度层面上保证疾病预防控制等公共卫生服务均等化的可持续发展。

建立基本公共服务绩效评价和监督机制，坚持绩效导向，提高政府资金使用效益。按照"体现政府职能，公平配置资源；科学编制预算，强化预算约束；提高资金使用效率，增强公共支出透明度"的要求，以效益为导向，围绕预算管理、资金分配、资金支付、资产管理、绩效评价、监督问责、结果反馈等环节，不断拓宽各项财政改革的广度和深度，保障基本公共服务的建设。在公共财政分配领域引入一次性分配竞争机制，对资金利用率高、服务效率高、服务网络健全的地方给予鼓励，提高财政资金使用效益。建立省级对地方严格的基本公共服务财政投入与保障的问责制。应当尽快把基本公共服务数量和质量指标纳入政府绩效考核体系，并且大幅度提高其权重；将基本公共服务绩效评估与干部选拔、任用和内部激励联系起来。

各级卫生、人口和计划生育行政部门要会同有关部门建立分级督导和评估机制，完善考核评价体系和方法，明确各类医疗卫生机构工作职责、目标和任务，考核履行职责、提供公共卫生服务的数量和质量、社会满意度等情况，保证公共卫生任务落实和群众受益。要充分发挥考核结果在激励、监督和资金安排等方面的作用，考核结果要与经费补助以及单位主要领导的年度考核和任免挂钩，作为人员奖惩及核定绩效工资的依据。要注重群众参与考核评价，建立信息公开制度，考核情况应向社会公示，将政府考核与社会监督结合起来。

（七）提高群众的公共卫生服务均等化意识

强化健康教育，提倡健康生活方式，推动全民的健康意识和防病治病知识，是推动公共卫生服务均等化的重要抓手。应将全民健康宣教工作作为卫生工作的重大项目来抓，将生理卫生知识和疾病防控知识纳入中小学生的教学大纲，全面提升全民健康意识，推动公共卫生服务均等化。

公共卫生均等化是指不同个体或群体之间进行公平的资源分配或公平对待，合理的卫生服务应具有广泛的、同等的可及性，并且在不同收入阶层之间对卫生筹资的负担进行公平分配。但均等化并不等于绝对平均，并不是强调所有人都享有完全一致的基本公共服务，而是在承认地区、城乡、人群存在差别的前提下，保障所有国民都享有一定标准之上的基本公共卫生服务，其实质是"底线均等"。均等化将使地区间、城乡间和个体间享有大致一样的基本公共卫生服务，平等得到对待。新加坡的完善医疗卫生保障制度是建立在其特有的国情之上，其国土面积小，人口少，人均GDP高，很容易做到公平对待，但广东省不能完全照搬，要立足于国情、省情，取其精华，结合广东省的具体情况，制定符合广东省的公共卫生均等化的政策，并在实践过程中注重公平与效率,坚持社会公平正义是均等化的理论依据,这样,广东省公共卫生均等化的目标才能更快、更好地完成,人民群众才能享受到机会均等、结果大体相等的公共卫生服务,健康水平和生活的幸福指数才能得到提高。

参考文献

[1] 林名健,周海沙. 新加坡卫生保健体制的变迁[J]. 国外医学·医院管理分册,2010,71(1).

[2] 扬红燕. 中国与新加坡医疗保障制度比较研究[J]. 卫生经济研究,2004(7).

[3] 高和荣. 风险社会下农村合作医疗制度构建[M]. 北京:社会科学文献出版社,2007.

[4] 郑普生,田柯. 新加坡医疗保障模式对我国医保制度的借鉴[J]. 中国初级卫生保健,2009(23).

[5] 穆怀中. 社会保障国际比较[M]. 北京:中国劳动出版社,2002.

[6] MK Lim. Transforming Singapore health care: public – private partnership[J]. *Annals-Academy of Medicine Singapore*,2005,34(7).

新加坡医疗保障制度之经验借鉴
——谈我国职工医保个人账户的改善方向

李 颂

我国现行城镇职工医疗保险制度，设计之初参考了新加坡的国民保健储蓄个人账户的做法，形成了有中国特色的统账结合模式。实施10多年以来，取得了明显的成效，但也存在个人账户未达到应有作用的问题。针对取消医保个人账户的呼声，本文经过与新加坡医疗保障制度的对比、借鉴，认为我国医保个人账户存在的问题，主要是作为社会保险基金，但缺乏社会互济功能，必将难以起到应有的作用，并由此引起一系列的副作用。为解决存在的问题，建议通过激活医保个人账户，允许使用个人账户资金购买商业医疗保险作为基本医疗保险的补充，从而把个人有限的资金引入社会互济，在基本医疗保险的基础上，解决更高的医疗需求。

医疗个人账户最早产生于新加坡。新加坡独立之初实行的是与原宗主国英国相类似的医疗保障制度。20世纪80年代初，新加坡政府鉴于医疗费用的飞速增长，政府逐渐不胜重负，于是重新设计了医疗筹资以及付费模式，强制人们把一部分钱存起来，建立保健储蓄账户，专门用于支付自己以及家人的医疗费用，这就形成了新加坡的医疗个人账户，在此基础上建立了一系列的医疗保障制度。由于多年来在医疗保障方面取得的成就，新加坡人的平均寿命从1965年的70岁增加到2008年的81岁；婴儿死亡率从1965年的26.3‰下降到2008年的2.1‰，现为世界最低。我国借鉴新加坡实行保健储蓄个人账户的成功经验，在试点的基础上，从1998开始建立以统账结合为特点的城镇职工基本医疗保险制度。这次改革，完成了从原来公费医疗和劳保医疗的福利型向社会医疗保险型的体制转变，并实行了社会统筹与个人账户相结合、费用分担、医疗服务竞争、费用控制及社会化管理等新的运行机制。应该说，从10多年的实践来看，职工医疗保险的改革从总体上是值得肯定的。但作为改革的主要内容之一的统账结合制度，其个人账户的作用却是差强人意，有学者甚至指出，医保个人账户运行效率低下，费用控制功能有限，建议取消我国目前的医保个人账户。取消个人账户的意见涉及我国现行医疗保险制度的重大调整，事关全国1亿多位已建立医保个人账户的职工的切身利益，稍有不慎，后果恐难以预见。本文不主张这种大刀阔斧式的做法，而主张借鉴新加坡的逐步拓展式经验，在原有基本结构不变的前提下，激活个人账户，使之发挥更为积极的作用。

一、城镇职工医保个人账户的建立与面临的挑战

所谓的统账结合的医疗保险制度，"统"指的是社会统筹账户（Social Pooling Accounts，SPA），"账"指的是医疗个人账户（Medical Saving Accounts，MSA），一般被称为"个人账户"。

根据《国务院关于建立城镇职工基本医疗保险制度的决定》（国发〔1998〕44号），基本医疗保险基金由统筹基金和个人账户构成。职工个人缴纳的基本医疗保险费全部计入个人账户。用人单位缴纳的基本医疗保险费分为两部分，一部分用于建立统筹基金，一部分划入个人账户。划入个人账户的比例一般为用人单位缴费的30%左右。个人账户支付的范围，主要可用于参保人本人因病住院发生的列入医保范围，但统筹基金不予支付的费用，如统筹基金起付标准以下的费用，起付标准以上、最高限额以下费用需个人自付部分的费用等。参保人本人到定点医疗机构门诊治疗，以及到定点药店购买医保药品目录内的药品也可用个人账户支付。

我国实行个人医疗账户的初衷是通过对劳动者在职期间的强制性储蓄达到部分医疗自我保障，抑制医疗费用的过快增长和医疗资源的浪费。具体来讲，首先，实现职工基本医疗保险基金的纵向积累，使职工在年轻、健康时能为年老、患病时储蓄医疗费用。其次，对职工基本医疗保险缴费产生激励作用，增强职工缴纳基本医疗保险费的积极性和主动性。再次，增强职工基本医疗保险费用控制意识，抵制职工在消费基本医疗服务时过度需求的道德风险。

但在实践中，个人账户的作用并未如其初衷，而有着众多"硬伤"。国务院发展研究中心课题组在报告中指出：第一，个人账户的设立降低了医疗保险的互济功能。个人账户属于个人所有，没有互助互济。按照现行职工基本医疗保险制度安排，个人账户基金占到整个职工基本医疗保险基金的47.5%，将近一半。让这么多的职工基本医疗保险基金归个人所有，不能在群体之间分散医疗风险，大大削弱了职工基本医疗保险基金的社会互济功能。第二，现行个人账户制度规定的支付范围很不合理，这不仅会导致当期基金供给减少，统筹压力加大，也不能让个人账户在参保人医疗风险出现时发挥更有效作用。第三，个人的医疗卫生服务需求是随机性的，不可能先积累后消费，引入积累制并不符合医疗需求规律。第四，个人账户支付的只是门诊费用，是小额的医疗

费用，这都不是个人医疗费用风险所在。而医疗保险基金主要是用来防御疾病风险，所以作为基金之一的个人账户是不符合保险原理的。

面对我国职工医疗保险个人账户制度面临的不足，我们有必要从其发源地新加坡着眼，重新了解其医疗保障制度的发展情况。

二、新加坡医疗保障制度发展基本情况

新加坡人现在享受的医疗服务水准与很多发达国家相当，取得这样的成效，与新加坡建立了较为完善、高效的医疗保障制度是分不开的。一般认为，新加坡的医疗保障制度主要由保健储蓄计划（medisave）、健保双全计划（medishield）、保健基金计划（medifund）三部分组成。其中，保健储蓄计划是其核心内容。

（一）保健储蓄计划

新加坡从20世纪80年代初开始，实行全民保健储蓄计划。保健储蓄面向全体公民，根据年龄来确定卫生费用的提取率，并以银行的储蓄方式进行管理，即个人账户。35岁以下为本人工资总额的6%，36～44岁为7%，45岁以上为8%，均由雇主和雇员各承担一半。公积金会员可以使用保健储蓄账户的资金支付本人及其家人的住院医疗费、日间外科手术费以及部分病种的门诊费用，并且依据不同情况规定使用保健储蓄账户资金的限额。这种储蓄保险模式的特点是：将筹集医疗保险基金提升到法律的高度，强制性地把个人消费的一部分以个人公积金的方式储蓄转化为保险基金；医疗账户用于住院费支出和获准情况下的医疗项目支出以及支付健保双全计划的保险费。

（二）健保双全计划

自1990年起，新加坡开始实施一项名为"健保双全计划"的医疗保障制度，实际上是以保健储蓄为基础，由政府组织实施的一项医疗保险计划，主要用于保障国民大病和慢性病的医疗需求，帮助那些患慢性病或重病患者支付高额医疗费用。中央公积金局选择符合资质要求的保险公司具体受理和承办健保双全计划所对应的医疗保险业务。保费每年从参加者的保健储蓄账户中自动扣除，每年缴费按照年龄的不同，从33新元至1123新元不等。按照所缴费率的高低和病种的不同，其每年赔付的金额由2万～7万新元不等，一生最多能获8万～20万新元。同时它还规定了起付线以上的共付比例，投保人超过起付线的医疗费用，可按80%左右的比例报销。与保健储蓄的强制性参加不同的

是，健保双全计划属于自愿性质，允许公积金会员自主决定自己及其家属是否参加这项计划，不愿意参加的国民可以选择退出。据新加坡中央公积金局的信息，大约有98%的公积金会员购买了健保双全计划所提供的医疗保险。

（三）保健基金计划

新加坡的医疗保障制度除包含自我积累和社会互济两种保险制度外，还建立了专门的社会救助制度——保健基金计划，它的覆盖对象为那些没有参加保健储蓄和健保双全计划或那些已经不符合参加上述两种计划条件的人。政府建立保健基金，将利息收入分配给经批准的国立医院和其他医疗机构，这些医疗和医疗机构中都设立了医院保健基金委员会，它们负责审核申请者的资格条件以及可以提供医疗救济资金的数额。这项基金属于留本基金，目前积累的总额已超过17亿新元，计划逐步增加到20亿新元为止。

除上述计划外，新加坡还针对不同人群及不同需要制定了多项计划，如增值健保双全计划、乐龄健保计划、基本护理合作计划等，还对普通病房医疗费用提供津贴，不断加大对医疗保障的财政投入，实现人人享有医疗保障的目标。

三、对个人账户功能的思考及启示

通过对新加坡医疗保障制度的观察，可以发现，其健保储蓄个人账户作用是多方面的。

第一，可实现纵向积累自保。1999年，保健储蓄计划实施15周年时，账户累积资金总额已达208亿新币。相当于当年该国医疗总支出的4倍，平均每个账户储蓄约7760新元，对于防范职工老年时的疾病风险来说是一支举足轻重的力量。会员在任何一间公立或重组医院以及获准的18家私立医疗机构住院时，都可以动用自己的保健储蓄账户的存款。其支付的范围是住院手术及部分慢性病门诊治疗。

第二，可实现家庭互济。最初保健资金只能用于支付会员本人的医疗费用，稍后，公积金局规定，会员可以从自己的账户中为其直系亲属支付住院开销，从而使保健储蓄计划具了家庭成员间互保的特征。

第三，可实现社会互济。主要是允许通过储蓄个人账户资金缴费，建立健保双全计划及购买商业保险，使有限的个人账户资金实现社会互济。考虑到对于某些重病、慢性病患者，如癌症和肾衰竭患者等，保健储蓄计划可能不足以支付他们的医疗费用，开始对大病、大手术作保险，规定超过自存部分的支出由中央公积金局以保险方式（即健保双全计划）支付。1994年7月1日，中央公积金局又推出了增值健保双全计划，分A和B两种，保费较健保双全计划高，待遇也相对较高。同时，为了鼓励商业医疗保险的发展，同时也为了发挥商业保险的管理、融资方面的优势，1994年政府批准公积金会员可以动用保健储蓄账户的资金投保新加坡工会举办的医疗保险；2000年8月1日，政府进一步放松控制，允许公积金会员动用保健储蓄账户的资金投保友邦保险公司的商业医疗保险，而且规定受保人可以动用保健储蓄的资金来支付商业医疗保险中住院护理的共付部分（约10%）。

我国职工医保个人账户目前存在的种种不足，关键不在于是否应设立，而是应如何进行制度设计的问题。在制度设计上，我国职工医保个人账户固化了近一半的缴费资金规模，但仅实现了低水平的自我纵向积累，只起到一定程度的职工个人自我保障作用，而且效率不高的问题较为突出，与其本身占用资金规模以及为管理个人账户而耗费的管理成本相比显得极不相称。2009年起推行新一轮医改时，作为措施之一，一些地方进一步扩大了医保个人账户的使用范围，允许医保个人账户可供家属使用，使个人账户在一定程度上起到家庭互济的作用，进步是显然的，但因其资金有限的客观局限性，仍未能从根本上使个人账户的作用起到质的改变。

社会保险的基本原理之一就是大数法则，强调的是社会互济功能。作为社会保险基金的医保个人账户，其功能设置一旦与此相违背，就从根本上决定了其作用是难以有所作为的，并容易引发一系列的副作用。新加坡从1984年实施的保健储蓄计划，原来也没有社会互济功能，因而很快就暴露出其局限性，新加坡政府从1990年实施健保双全计划，以及1994年推行的增值健保双全计划及允许参加商业医疗保险，就是使个人账户通过各种医疗保险的方式，逐步实现并不断强化社会互济的过程。通过比较，我们认为，与其取消个人账户，不如重新定义医保个人账户的功能，通过政府积极引导，参保人自主决策，推动个人账户资金在实现个人自保、家庭互济的同时，以适当方式进入社会互济，立足于保大病，是激活个人账户、破解目前医保个人账户存在问题的一个可行办法。

四、进一步完善医保个人账户的初步构想

必须看到，虽然我国职工医保个人账户的设立是受新加坡健保储蓄计划的影响，但受各方面的因素所决定，两者存在着巨大差别。新加坡的健保储蓄计划而建立的个人账户，在新加坡的医疗保障制度中起着基础性作用，是其他各

项计划的支撑平台。而我国职工医保个人账户只是医疗保险制度中的一部分，与统筹基金相比，处于次要的地位，起到补充作用。因此，从政策的延续性考虑，目前不能也不必过分地夸大个人账户的作用，即便是把个人账户引入社会互济功能，也不应与统筹基金的社会互济功能相冲突，而应立足于其为参保人个人所有的本质属性，强调由职工本人自主决策参与社会互济，对统筹基金起到最大化的补充，从而使其保障功能达最大化。要达到这样的目的，必须从以下几个方面努力。

（一）允许个人账户所有人自主决策

商业补充医疗保险的保障范围可以是多层次、多形式的。从受益对象来说，既可是保障其本人的，也可以是保障其直系亲属的；从保障范围来说，既可用于支付统筹基金最高支付限额以上的医疗费用，也可用于支付基本医疗保险共付段（起付标准以上、最高支付限额以下）的自付部分费用，甚至可支付重大疾病、常见慢性病门诊等的费用。应当允许职工根据可能存在的风险，使用个人账户资金，自主选择适当的商业补充医疗保险产品，作为基本医疗保险的补充。这需要决策者转变观念，在医疗保险政策上予以确认。

（二）积极发挥政府引导作用，确保个人账户引入社会互济功能有序开展

强调由职工本人自主决策，并不否定政府的积极引导责任。政府应在以下几方面发挥积极的引导作用：

第一，制定商业保险公司准入条件和标准，对符合标准的商业保险公司准入资格进行确认。具体可通过公开招标的方式确认经办个人账户相关业务的商业保险公司。为了保证服务的高效率，应引入竞争机制，可同时确认多家符合条件的商业保险公司共同经办相关业务，让参保人有充分的自主选择权，选择服务好、效率高的商业保险公司承办商业补充医疗保险。应建立退出机制，优胜劣汰，确保服务质量和水平。

第二，指导商业保险公司根据社会需要，开发适应不同群体、不同需要的商业补充医疗保险产品，并对这些产品的可靠性进行审核。商业补充医疗保险产品的保障范围，必须符合"三个原则"，即与基本医疗保险相衔接原则，对基本医疗保险形成合理补充原则，不对基本医疗保险制度中的费用约束机制构成损害原则。

第三，对职工使用个人账户资金购买商业医疗保险的申请进行审核，确保其用途的正确性和有效性。对一些重要的商业补充医疗保险，如支付统筹基金

最高支付限额以上费用的补充医疗保险，可参考新加坡的经验做法，实行"默认自动购买，可选择退出"的办法，提高参保率，增加抗风险能力和支付能力。

（三）合理控制统筹基金支付水平，为商业补充医疗保险营造合理的发展空间

近几年来，基本医疗保险待遇支付水平急速提高，职工的医疗保障水平有了大幅的提高。以广东省为例，为了配合医改的开展，全省统一规定2009年度职工基本医疗保险统筹基金最高支付限额不低于10万元，2010年度不低于12万元，到2011年度则不得低于16万元。在大幅提高参保人待遇水平的同时，也存在值得关注的问题，过快的增长水平脱离了一部分地区医疗保险基金的承受能力，导致了当期基本医疗保险基金出现赤字，这种势头应予以适当控制。我们应树立由政府提供基础服务，通过市场提供更高水平服务的理念。医疗保险统筹基金支付水平不应再作大幅度的提高，在达到适当水平时应保持相对稳定。这样将有利于在减轻统筹基金支付风险的同时，留出更大的空间由商业保险发挥其融资和管理方面的优势，为职工提供更高水平的服务。

（四）加快医疗卫生体制改革步伐，扭转医疗机构的趋利性状态

医疗机构目前存在严重的趋利性状态，必将进一步推动医疗费用的增长步伐，所形成的风险压力对任何一种医疗保障制度的威胁都是严峻的。这在西方福利型国家是十分明显的，对新加坡这样的非社会福利型国家也存在同样的问题。在新加坡，"医药费不断上涨对国人的冲击，尤其是中等收入阶层感受更是深刻，因为低收入者原本就受到政府的照顾，医药成本的上涨表示政府对低收入者的津贴成本跟着加重，政府首先照顾低收入者，而中等收入者在很大程度上必须自己应付额外的医药开支"；"我国医疗体系下的3M（即保健储蓄、健保双全医疗保险和保健基金）成为不少国家的参考对象，尽管如此，新加坡的医疗体系还是难免有顾此失彼的疏漏之处，夹心层的医药负担越来越是沉重，中等收入家庭一旦有家人患上慢性病，几乎马上陷入经济的窘境"（新加坡《联合早报》2011年6月28日社论《强化医疗体系的"可负担"原则》）。可见，如果医疗费用过快增长的趋势得不到有效控制，无论多么完善的医疗保障体制，都难免会有捉襟见肘的问题。

国务院办公厅《关于印发医药卫生体制五项重点改革2011年度主要工作安排的通知》（国办发〔2011〕8号）要求，支持商业健康保险发展，鼓励企

业和个人通过参加商业保险及多种形式的补充保险解决基本医疗保障之外的需求。我们有理由相信，通过激活医保个人账户，允许使用个人账户资金购买商业医疗保险，作为基本医疗保险的有益补充，从而把个人有限的资金引入社会互济，有利于充分利用商业保险的特有优势去提高医疗保障服务水平，有利于减轻医保统筹基金的压力，也有利于为商业保险的发展提供足够空间，形成多赢的局面，符合改革发展趋势，必将有力地促进和谐社会的建设。

参考文献

［1］张洪涛，孔泾源. 社会保险案例分析——制度改革［M］. 北京：中国人民大学出版社，2008.

［2］连瀛洲纪念奖学金理事会及项目办公室. 新中社会发展对比研究［M］. 新加坡：八方文化创作室，2010.

［3］曹晓兰. 医疗保险理论与实务［M］. 北京：中国金融出版社，2009.

［4］黄朝翰，赵力涛. 新加坡社会发展经验［M］. 新加坡：八方文化创作室，2009.

［5］施雪琼，岳浩然，程元. 论医疗保险中个人账户的出路［J］. 现代商贸工业，2009(10).

［6］刘国恩，唐艳，刘立藏. 城镇职工医疗保险政策研究：个人账户与医疗支出［J］. 财经科学，2009(1).

从新加坡社会保障制度看其公共政策的价值取向

余晓娟

公共政策是以政府为主的公共事务管理部门用来处理或解决"公共问题"而制定的政策。公共利益是一切公共政策的最根本出发点和最终目的,而要实现公共利益,就必须坚持公平、正义和效率的基本价值取向。作为东亚乃至世界范围内社会保障制度成功运行的典范,新加坡中央公积金制度在最大意义上体现了现代政府公共政策的价值取向,它是基于公共政策的根本要义和价值取向,并结合新加坡自身社会经济发展水平、传统文化与伦理道德,探索形成迥异于福利国家模式的另一种社会保障模式,且在其60多年的运作过程中日趋成熟、完善,成功解决了新加坡国民养老、住房、医疗等社会难题,带来了良好的社会和经济效益,值得现代政府在制定公共政策时学习和借鉴。

一、现代政府公共政策的本质属性和价值取向

公共政策是以政府为主的公共事务管理部门用来处理或解决"公共问题"而制定的政策。"公共性"是公共政策的本质属性,也是公共政策形成与发挥作用的逻辑基础。从政策的起点来看,公共政策总是为解决特定时期的特定问题或某种需要而制定和实施的,但是这些问题或需要必须是公共性的,而不是个人性的、小集团性的。同时,公共政策最终要达成的目标也是实现社会公众的公共利益。公共事务、公共问题和公共利益的"公共性"决定了公共政策必然具有公共性的色彩。从价值取向上看,公共利益是公共政策的价值向度和核心目标。公共利益是一切公共政策问题的出发点和最终归宿,也是公共政策的灵魂和目的。公共政策必须以公共价值为基础,以确保公共利益的增进和合理分配为坐标,以公共利益的实现为其效果的衡量标准。从目标选择上来看,公共政策关系到绝大多数人的利益,它是公众选择的结果。维护公共利益是一切公共政策的出发点和目的,公共政策的目标直接指向公共政策制定者所领导或所代表的国家、社会或共同体的利益最大化。这就要求公共政策的制定者要始终把政策过程置于公共的视角之下,在对各种层次、不同性质的利益要求进行综合平衡的基础上,确定公共利益,并形成政策方案。

民选基础上产生的现代政府，其公共政策必须以维护、发展和实现公共利益为最终目的。公共利益的实现包含着三个层次的内容：维护公共利益、增进公共利益和分配公共利益。政府要通过公共政策的制定、实施和评估，来进行利益选择、利益综合、利益分配、利益落实，以达到不断发展公众利益的目的。公共利益是公共政策的制定者、执行者、评估者信守的诺言和行动的信条。不管是谁的政策，不论是何种政策，公共利益都是公共政策的最初出发点和最终目的。正是因为对公共利益的追求、实现、维系和保障，公共政策才能形成个人偏好和集体选择的制度安排，成为公共的、好的政策。而要维护、发展和实现好公共利益，公共政策就必须坚持公平和正义为基本价值取向。如果忽略了对公平正义价值的理性追求，公共政策就会成为一种纯粹的工具，它的制定和实施也就失去了合法性基础。从法源上讲，作为一项政治产品的公共政策所依赖的公共权力来源于公众的意志，其本身即具有公共性。广义上讲，公共政策的主体，既包括政府，也内含公众。作为一种弥补市场不足的制度安排，公共政策当然要追求效率。一定的效率提供了公正、公平的物质保证，但是从总体上讲，效率应当服务于公平，效率应当是公平基础上的效率。从现实来看，政策过程中是否坚持公平正义的价值取向，关系到政策主体能否博得公众的信任和拥戴。

(一) 公平正义是公共政策最重要的价值标准

作为政府权威输出的公共政策，其价值偏好是对社会期望的适当回应，社会大多数人期待公平正义，公共政策就必须将公平正义作为首选价值目标。美国政治学家戴维·伊斯顿指出："公共政策是对全社会的价值作有权威性的分配。"公共政策之所以具有权威性、社会性和公共性，一个重要的原因就在于它的分配功能。公共政策的权威性根源于它以效率为前提，承认、维护并增进了社会的公共利益，因而得到了公众的普遍认同和支持。公共政策的社会性在于它以促进全社会的进步和正义为宗旨，维护和增进的是社会公共利益，而不是某些个人或集团的私人利益；公共政策的公共性表现为制定公共政策的主体表面上看是握有公共权力的政府，实则为社会公众。在宪政背景下，尽管公共政策的作用对象是作为客体的社会公众，但因为主权在民，政府也仅仅是在授权治理而已。公共政策的这三个特点都是以经济效率为其存在基础，以社会公平为其根本目标的。公共政策没有促进效率，就会丧失其有效性、权威性；不维护、不保障社会公平，社会成员就会抵制它，公共政策就会失去存在的基本价值，更难以得到有效执行。公共政策的公平正义应体现在公共政策过程的各个环节上，寓于公共政策的全过程。除满足大多数人的利益外，还应考虑或兼顾社会弱势群体的利益，这也是公共政策道德性要求的必然结果。

（二）公共政策要在效率与公平之间寻找最佳的平衡点

在市场经济条件下，市场机制与公共政策作用范围的不同，规定了市场机制主要解决效率问题，而政策机制主要解决公平问题。市场机制作为一种基本的调节手段，在资源配置中发挥基础性的作用。市场机制的竞争性为效率的实现提供了保障。但是，市场机制也有其自身克服不了的缺陷，这些缺陷归结到底就是使社会失去公平，进而可能有损效率本身。公共政策作为一种正式的制度安排，为弥补市场缺陷而登场，其本质功能也就在于维护一个公正、有序、健康的公共秩序和提供市场提供不了的公共产品。要完成这个使命，公共政策就必须在效率与公平之间寻找一个合适的平衡点。首先，公共政策要强调效率效应。要在科学发展和可持续发展思想的指导下，追求高效率的政策产出，把"蛋糕"做大，为公平的实现提供基础。政策的效率效应的高低实际上是政府能否对社会进行有效管理的一个衡量标准，如果公共政策的效率效应很低，那么久而久之，将会使社会陷入无序状态，进而造成资源的极大浪费，这不但无法实现公平，甚至会破坏公平。其次，有了较高的政策产出效率效应，并不必然导向社会公共福利的增长与良好社会秩序的维持。要考察政策产出效率效应的转化结果，还需要引入另一个变量，即公平。只有当一个公共政策承认、维护并增进了社会的公共利益时，它才能得到公众的普遍认同和支持。这就要求在追求政策产出高效率的同时，还要充分贯彻公平原则，兼顾个人、集体、国家等不同主体的利益主张，统筹短期利益和长期利益、微观和宏观等因素，平衡与之相关的利益冲突，使政策的效率产出最终导向公共利益实现的方向。

（三）公共政策将公平正义作为首要价值目标的重要意义

从市场经济运行和公共政策作用的实践经验来看，现代政府公平职责的发挥，不仅有利于维护市场公平，而且可直接实现社会公平。市场公平是"场内公平"，靠市场本身的运作来实现，但在许多情况下，它也需要政府在遵循市场规律的前提下加以维护；而社会公平是"场外公平"，只能靠政府通过公共政策机制来实现。政府利用经济、政治、行政、法律等公共政策杠杆，调节收入差距，才能使整个社会维持相对的公平。如果公共政策将效率放在公平正义之前，政府就会像企业那样追求自身利益的最大化，就会对除经济以外的其他公共性职能丧失兴趣，就会忽视甚至放弃维护社会秩序、提供公共产品和公共服务的职责。这样，不仅由政府承担的非营利性公共事业将处于全面衰败之中，腐败现象也会愈演愈烈。与传统政府习惯于单纯追求公平的"分配型思维"相比，现代政府越来越注重既承认效率又重视公平的"生产型思维"。这种新的价值取向，既有利于维护市场公平，为提高效率提供最起码的保证，又可以直接、有效地实现社会公平，完成政府的特定职能和社会分工。

二、新加坡社会保障制度体现了现代政府公共政策的价值取向

新加坡政府遵循公共政策的基本价值取向，并基于本国特定的社会政治制度、经济发展水平以及传统文化基础，探索建立了独具特色的社会保障体系。新加坡政府社会保障体系由社会保险和社会福利两部分组成。其中，社会保险由国家强制实施个人储蓄的中央公积金制度构成，是新加坡社会保障体系的主体部分；社会福利指政府对无法维持最低生活水平的成员给予救助，如对低收入家庭发放住房补贴、生活救济和救助金等，是社会保障制度的辅助部分。

1955年7月，新加坡中央公积金制度正式建立并实施，同年成立了专门负责管理公积金的中央公积金局。建立中央公积金的最初目的是通过公积金这种强制储蓄制度，预先筹集个人养老资金以解决国民的养老问题，为雇员退休后或不能继续工作时提供一定的经济保障。1965年新加坡独立以后，为适应社会和经济发展的变化，在公积金的使用范围和用途上进行了积极的探索，不断调整放宽对公积金用途的限制，扩大了公积金的社会保障功能。1968年9月，新加坡政府推出了"公共住屋计划"，允许会员退休前支取公积金存款购买政府建造的组屋，标志着中央公积金的使用范围开始放宽。此后陆续推出了医疗保健、家庭保障、教育、投资理财等一系列保险计划。这样，中央公积金制度就由最初的仅提供退休养老保障，发展成为集养老、医疗、住房、家庭保障、教育、资产增值等多项功能为一体的综合性社会福利保障体系，其社会保障功能愈益显现出来，成为一项行之有效、成绩卓著的社会保障制度。

（一）老有所养——独具特色的养老保障制度

退休养老是中央公积金制度设立的最初动因，也是这一制度最基本的功能。早在1955年7月，中央公积金局便推出了养老储蓄计划。新加坡的养老保险采取全部缴纳的制度，即雇主和雇员分别按一定比例为雇员存储退休金。当公积金会员年龄达到55岁并且退休账户达到最低存款额这两个要求后，可一次性提取公积金。若最低存款未达到规定数额，可选择推迟退休以继续增加公积金账户积累，或用现金填补差额，或由其配偶、子女从各自的公积金账户中转拨填补。政府鼓励已达退休年龄但身体健康的会员继续工作，以使他们积蓄更多的公积金存款。

随着中央公积金使用范围的逐步放宽，为避免公积金过多地用于住房、医疗、教育等其他项目支付而影响养老金的积累，确保会员有足够的存款保障晚年生活，1987年中央公积金局推出"最低存款计划"，规定公积金会员在年满55岁提取公积金存款时，必须在其退休账户中保留一笔存款作为最低存款。此外，新加坡政府还利用东方人孝悌文化的传统道德，在养老保险上注重家庭养老保险。1987年，中央公积金局同时推出了"最低存款填补计划"，规定公积金会员可在父母年龄超过55岁而公积金存款少于最低存款额的情况下，自愿填补父母的退休户头，填补金额是最低存款额和他的父母年龄达55岁时退休账户结存额之差。从1995年7月起，会员也可以为配偶填补差额，以保障其晚年生活。

（二）病有所医——独具特色的医疗保障制度

新加坡的医疗保障制度是世界上最为完善的医疗保障制度之一。20世纪80年代以来，中央公积金局制定了多项医疗保健计划，主要包括"保健储蓄计划"（Medisave）、"健保双全计划"（Medisheild）和"保健基金计划"（Medifund），简称为"3M"计划。

1. "保健储蓄计划"

1984年4月，中央公积金局推出"保健储蓄计划"。在该计划下，公积金会员每月须把部分公积金存进保健储蓄账户。缴费比例因投保年龄的不同而不同，年龄越大，相应缴费比例越高。公积金会员可以动用保健储蓄账户的存款，为本人或是任何一个直系亲属如配偶、子女、父母和祖父母支付在当地的医疗费用，主要支付公立医院和获准私人医院的住院费和某些门诊费。1992年7月，中央公积金局还推出自雇人士保健储蓄计划，以保障自雇人士在急需时有能力支付其医疗费用。

2. "健保双全计划"

"保健储蓄计划"对产生一般医疗费用的居民来说已经能有所保障，但对因患重病或慢性病等花费多的国民来说，账户资金可能不够。为此，从1990年7月开始，中央公积金局又实施了"健保双全计划"。这是一项大病医疗保险计划。它允许会员以公积金保健储蓄账户的存款投保，确保会员有能力支付重病治疗和长期住院而保健储蓄不足的费用。自1990年开始，所有75岁以下的保健储蓄储户除非明确选择不参加这项医疗保险，否则都被自动纳入该保险计划。1994年7月，中央公积金局又推出了"增值健保双全计划"。与"健保双全计划"相比，"增值健保双全计划"须缴付的保费稍高，相应的支付待遇也较高。

3. "保健基金计划"

尽管"保健储蓄计划"和"健保双全计划"覆盖了新加坡绝大多数人口，但仍有少部分贫困国民无力支付医疗费。为此，1991年新加坡提出了由政府拨款建立专项基金的设想。1992年1月，《医疗基金法案》获议会批准。1993年4月，医疗保健基金正式设立，以援助参加"保健储蓄计划"和"健保双全计划"仍无法支付医药费用的贫病者，实际上是对他们实施医疗救济。

上述三重医疗保障安全网，确保了新加坡国民获得基本的医疗保障。

（三）居者有其屋——富有成效的低收入者住房保障制度

新加坡是一个城市国家，国土面积狭小而人口密度很大。1959年自治时面临着严重的"屋荒"，当时200万人口中有40%的人居住在贫民窟和窝棚内，恶劣的住房条件导致公共卫生状况恶化和一系列社会问题，成为社会不稳定的重要因素。为解决居住及其引发的社会问题，1960年新加坡政府宣布成立建屋发展局。1964年又推出"居者有其屋"的政府组屋计划。其具体做法包括以下几个方面。

1. 政府主导组屋的开发与建设，提供强有力的土地和资金保障

新加坡是市场经济国家，但住房的建设与分配并不完全通过市场来实现，而是由政府主导。新加坡政府十分明确自身在解决住房问题上的责任，制定了符合其国情的住房政策和分阶段建房计划，采取了一系列行政、法律、金融和财政手段，大规模兴建公共住房。1966年，新加坡政府颁布了《土地征用法令》，规定政府有权征用私人土地用于国家建设，可在任何地方征用土地建造公共组屋；政府有权调整被征用土地的价格。根据该项法令，新加坡政府协助建屋发展局以远低于市场的价格获得土地开发权。在资金方面，新加坡政府以提供低息贷款的形式给予建屋发展局资金支持，支付大笔财政预算以维持组屋的顺畅运作。

2. 实行"公共住屋计划"

为解决低收入者无力购房的难题，1968年9月，中央公积金局推出了"公共住屋计划"。在这一计划下，低收入会员可以动用其公积金普通账户的存款作为首期付款之用，不足之数由每月缴纳的公积金分期支付。如果普通账户的存款不足支付，可向建屋发展局贷款，用将来的公积金偿还。

3. 以家庭收入水平为依据，实行公有住宅的合理配售政策

新加坡自1968年大力推行政府组屋出售政策以来，购房者日益增多，如何搞好公房合理配售，保障低收入家庭的合法权益，确保住房分配的公平、有序，成为建屋发展局的重要课题。为此，新加坡政府制定了缜密而严格的法律

法规，对购房人的条件、购买程序、住宅补贴等均作出严格规定，按照公平原则进行合理分配。政府制定了不同收入水平居民的购屋准入政策，并随着生活水平的提高不断调整收入上限。在 20 世纪 70 年代，规定只有月收入在 1500 新元以下者才可申请购买组屋；80 年代提高到 2500 新元，随后提高到 3500 新元，目前放宽至 8000 新元，以接纳更多人购买。这样基本保证了 80% 以上的中等收入家庭能够购买到廉价的组屋。

4. 出台法律严格限制炒卖组屋，确保组屋政策顺利实施

政府采取了一系列措施严格限制炒卖组屋的行为。建屋发展局的政策定位是"以自住为主"，限制居民购买组屋的次数；规定新的组屋在购买五年之内不得转售，也不能用于商业性经营，如果确实需要在五年内出售，必须到政府机构登记，不得自行在市场上出售；一个家庭同时只能拥有一套组屋，如果要再购买新组屋，旧组屋必须退出来，以防投机多占，更不允许以投资为目的买房；等等。由于严格执行了上述一系列措施，新加坡政府有效地抑制了"炒房"行为，确保了组屋建设健康、有序地进行。

据建屋发展局 2011 年的统计，自 1960 年以来，建屋发展局共兴建组屋 990320 套，约有 85% 的新加坡人口居住在政府组屋中，组屋政策真正成为"普惠性的政策"。

（四）学有所教——新加坡教育计划

1989 年 6 月，中央公积金局推出教育计划。会员可动用其公积金户头里的存款，为自己或子女支付全日制大学学位或专业文凭课程的学费。可动用的款项是扣除最低存款额之后总公积金存款的 80%。学习毕业后一年需还本付息，分期付款的最长年限为 10 年。这项计划使公积金功能扩大到教育保障，有利于国民教育水平的提高，促进了新加坡教育事业的发展。

（五）家庭保障计划

1982 年 1 月和 1989 年 5 月，中央公积金局分别推出了"家庭保障计划"和"家属保障计划"。"家庭保障计划"的目的是保障公积金会员和其家庭成员在遭遇意外或失去工作能力时，避免因为没付清的住屋贷款而失去住屋。在"家庭保障计划"中规定，凡会员动用公积金存款购买政府组屋、中等入息公寓，均须购买抵押递减保险（保费的多少是根据未付清的住房贷款、需偿还年限和利息等来计算的），以确保当会员遭遇意外时，由中央公积金局代其付清剩余的房屋贷款。而"家属保障计划"是一项为 60 岁以下会员而设的定期人寿保险计划。如果会员在保障期间逝世或是终身残疾，他们的家属就会获得相应赔偿，以协助其渡过难关。

（六）投资计划

中央公积金局还实施了一系列投资计划以促进公积金资产的保值增值，如"新加坡巴士有限公司股票计划""非住宅产业计划""基本投资和增进投资计划""填补购股计划"等。会员可以自主选择投资于各种类型的金融工具，包括股票、基金、政府债券、房地产、保险等，也可以委托政府进行管理以获取稳定的收益。中央公积金局在鼓励会员积极参加国家建设投资的同时，为降低投资风险，还订立了一系列核准投资保护办法，以防会员的辛苦积蓄付诸东流。公积金存款大部分用于购买政府发行的公债或部分能确保收益的股票，并以政府实际持有的资产储备作担保。

三、新加坡公共政策的价值取向

中央公积金制度是新加坡结合自身社会经济发展、传统文化与伦理道德，探索形成的迥异于福利国家模式的另一种社会保障模式，充分体现了现代政府公共政策的价值取向。

（一）注重发挥政府、个人和社会三者的积极性

新加坡政府主张"人民的事由人民自己掏钱"，从保障资金的来源上强调个人对自己的福利保障承担足够的责任，坚持"强调个人责任，激发个体发展"。因此，新加坡社会保障制度的一个突出特点是强调个人责任，建立合理的分担机制。从发挥政府、个人和社会三者的积极性出发，政府有所为有所不为，积极介入，但不包办代替，在以政府责任为主的传统社会保障中强调更多的个人责任。也就是说，新加坡国民社会保障水平取决于个人的工作收入。中央公积金制度属于个人账户储存基金制模式，每个人的公积金存款与本人的工作收入紧密相连，而享受到的保障待遇又与其个人账户上的存款直接挂钩。也就是说，会员的薪金收入越高，其公积金存款就越多，相应的社会保障待遇也就越高，从而充分地激发了全社会每个个体的发展，并通过个体的发展推动国家的发展。

（二）通过国家力量给予低收入阶层适当的照顾

李光耀强调指出："如果从工作和进步中所取得的成就和利益，没有公平地让全体人民分享，我们就不会得到他们全心全意的合作和参与。"因此，新

加坡社会保障制度既注重普惠，又适当地对中低收入阶层予以照顾，坚持"公平正义，扶弱济困"。如前文所述，新加坡政府建造组屋就是为了保障中低收入阶层的普通老百姓能够居者有其屋，其售价是政府根据中低收入阶层的承受能力来确定，而不是靠成本来定价的，因此远远低于市场价格，政府每年都从财政预算中给予补贴。据统计，从政府开始拨款计算，至 2011 年，累积的政府补助金总额已达 159 亿新元。同时，新加坡政府实施的社会福利制度对无法维持最低生活水平的成员给予救助，如对低收入家庭发放住房补贴、生活救济和救助金等。

（三）在以关注公平为主的传统社会保障模式中加入效率机制

新加坡的社会保障制度是按照"效率优先，机会平等"的价值理念设计的，在以关注公平为主的传统社会保障模式中加入更多的效率机制。新加坡政府高度重视协调社会发展的公平和效率之间的关系。李光耀强调"不能听任自由竞争造成社会不公引致局势紧张"，同时又谨记效率是社会发展的根本，"重新分配不能过头，以致造成浪费和滥用，卓越者不再奋发图强"。正是抱着这一理念，新加坡政府虽然主张通过国家的力量给予低收入阶层一些照顾，扶弱济困，以缩小社会的贫富差距，但却反对实行欧洲福利国家的社会福利制度，以避免"泛福利"现象的发生。

这一价值导向在新加坡的医疗保障和住房保障制度中得到了鲜明的印证和体现。医疗保障制度通过实施"3M"计划，不论公务员或私人企业雇员，不论富有者还是贫困者，都有能力负担自己和家庭的医疗保健费用，从而得到最基本的医疗保障，保证了社会公平。同时，划入个人医疗保健储蓄账户的资金以会员的工资为基数，这使得医疗保健储蓄与个人工作收入紧密相连，会员越是努力工作，医疗保健储蓄存款就越多，所享受的医疗服务就更好，这又体现了效率原则。而住房保障制度在对社会较脆弱阶层给予补贴、满足了中低收入人群的基本居住需求、实现了"居者有其屋"的同时，也不是人人享受同样的福利、买到同样的房子，而是根据自己的能力，选择购买大小、档次、舒适程度不同因而造价也不同的住房。

此外，新加坡中央公积金制度坚持家庭本位，强调家庭互助共济，具有浓厚的儒家文化色彩。由于历史文化原因，新加坡深受传统儒家文化思想的影响，儒家文化中的孝悌观念在新加坡社会不断传承。新加坡十分注重发挥家庭的社会功能，强调以家庭为中心来维护社会稳定，要求国民充分履行对家庭和社会应尽的义务，鼓励家庭成员互助共济。这一价值取向充分反映在中央公积金制度中。多数公积金计划都涉及一家三代人，鼓励全家人守望相助、互相支持。其中,"保健储蓄计划"是指会员储蓄以保障个人、配偶、子女以及父母的医疗费用。会员不但可以保障自己,而且惠及配偶、父母和子女,尽到孝道与责任。"最低存款填补计划""家庭保障计划""家属保障计划"的推行,强化了家庭保障功能,使家庭成员之间的社会保障利益相连,增强了子女对父母、国民对家庭及社会的责任意识,从而密切了家庭成员之间的关系,增强了家庭凝聚力,提高了社会稳定性。

总之,基于现代政府公共政策理论和本国国情的新加坡社会保障制度,其成功经验为许多国家进行社会保障制度改革提供了很好的思路和富有价值的借鉴,同时也充分彰显了现代政府制定公共政策必须遵循的基本价值取向,对我国政府公共政策的制定和出台具有重要的启示。

参考文献

[1] 陈庆云. 公共政策分析 [M]. 北京:中国经济出版社,2000.

[2] 张彦. 社会保障概论 [M]. 南京:南京大学出版社,1999.

[3] (新) 李光耀. 经济腾飞路:李光耀回忆录(1965—2000)[M]. 北京:外文出版社,2001.

浅析新加坡中央公积金制度对广东社会保险体系建设的启示

陈鲁彬

新加坡中央公积金制度是由新加坡政府通过立法强制执行的储蓄制度，目的是使职工在退休后或不能再工作时享有经济上的保障。经过多年的实践和不断完善，新加坡中央公积金由开始时的养老储蓄制度逐步演变成一种完善的社会保障制度，它不但顾及公积金会员的退休、住房及医疗保健等方面的需求，同时也通过保险计划给会员及其家人提供经济上的保障，成功地解决了新加坡国民住房、医疗、养老等社会保障问题，为新加坡的经济发展和社会稳定发挥了积极作用，被认为是东亚乃至世界范围内社会保障制度成功运行的典范。研究新加坡的中央公积金制度，对广东省社会保险体系建设具有积极的启示意义。

一、新加坡中央公积金制度的概述

20世纪50年代，新加坡面临着失业、住房紧缺、缺乏必要的社会保障等突出问题。在国家没有雄厚的经济实力快速提高社会保障水平的条件下，新加坡政府坚持自力更生、适度保障的理念，在体察国情的基础上，本着务实精神立法，建立了独具特色的社会保障制度——中央公积金制度。1955年7月，新加坡正式实施中央公积金制度，并成立了专门负责管理公积金的中央公积金局。伴随着新加坡60年的经济社会发展，中央公积金制度就由最初的仅提供退休养老保障，逐步发展成为集养老、医疗、住房、家庭保障、教育、资产增值等多功能于一体的综合性社会保障体系，其社会保障功能愈益显现出来，成为一项行之有效、成绩卓著的社会保障制度。新加坡社会保障制度的主要内容、管理与运作主要有以下几点。

（一）养老保险制度

中央公积金制度实行养老储蓄计划，为国民提供养老保险，确保国民退休后基本生活得到保障。其制度安排是由雇主和雇员分别按一定比例为雇员存储公积金，雇员年龄达到 55 岁并且退休账户达到最低存款额这两个要求后，可一次性提取公积金。若最低存款未达到规定数额，可选择推迟退休以继续增加公积金账户积累，或用现金填补差额，或由其配偶、子女从各自的公积金账户中转拨填补。政府鼓励已达退休年龄但身体健康的公民继续工作，以使他们积蓄更多的公积金存款。

随着中央公积金使用范围的逐步放宽，为避免公积金过多用于住房、医疗、教育等其他项目支付而影响养老金的积累，确保会员有足够的存款保障晚年生活，1987 年中央公积金局推出最低存款计划。规定公积金会员在年满 55 岁提取公积金存款时，必须在其退休账户中保留一笔存款作为最低存款。此外，新加坡政府还利用东方人孝文化的传统道德，在养老保险上注重家庭养老保险，规定公积金会员可在父母年龄超过 55 岁而公积金存款少于最低存款额的情况下，自愿填补父母的退休户头，填补金额是最低存款额和他的父母年龄达 55 岁时退休账户结存额之差。从 1995 年 7 月起，会员也可以为配偶填补，以保障其晚年生活。

(二) 医疗保险制度

新加坡通过实施保健储蓄计划（Medisave）、健保双全计划（Medisheild）和保健基金计划（Medifund），简称"3M"计划，建立了三重医疗保障网，确保了新加坡国民获得基本的医疗保障。

1. 保健储蓄计划

1984 年 4 月，新加坡推出保健储蓄计划。在该计划下，公积金会员每月须把部分公积金存进保健储蓄账户。缴费比例根据会员年龄确定，年龄越大，缴费比例越高。公积金会员利用保健储蓄存款为自身或直系亲属如配偶、子女、父母和祖父母支付医疗费用，包括公立医院和获准的私人医院住院费和某些门诊费。1992 年 7 月，新加坡又针对未就业人员、自由职业者、个体营业人员等自雇人员出台了自雇人士保健储蓄计划，为自雇人士提供医疗保障。

2. 健保双全计划

正常情况下，保健储蓄计划基本可以满足居民的一般医疗保障需求。重病和慢性病患者等特殊病人的医疗费用较大，保健储蓄账户资金无法完全保障。为此，新加坡于 1990 年 7 月开始实施了大病医疗保险计划——健保双全计划。该计划规定，公积金会员可以利用公积金保健储蓄账户的存款投保，确保会员有能力支付重病治疗和长期住院而保健储蓄不足的费用。为方便公积金会员办理手续，自 1990 年开始，所有 75 岁以下的保健储蓄储户除非选择不参加这项医疗保险，否则都被自动纳入该保险计划。1994 年 7 月，为了适应更高的医疗保障需求，新加坡在健保双全计划的基础上，又推出了缴付的保费稍高的增值健保双全计划，参加该计划的会员通过多缴费可以获得更高的支付待遇。

3. 保健基金计划

尽管保健储蓄计划和健保双全计划覆盖了绝大多数新加坡人口，但仍有少部分贫困民众无力支付医疗费。新加坡出台了《医疗基金法案》，从1993年4月正式设立医疗保健基金，以援助在保健储蓄计划和健保双全计划外仍无法支付医药费用的贫困居民，对他们实施医疗救济。

除了养老保险和医疗保险以外，新加坡通过中央公积金建立了富有成效的低收入者住房保障制度，实施公共住屋计划，有效地解决了广大民众住房问题，成为世界上土地紧缺国家解决民众住房问题的典范；实施了新加坡教育计划，使公积金功能扩大到教育保障，促进了新加坡教育事业的发展；实施了家庭保障计划和家属保障计划，保障公积金会员和他们的家庭成员在遭遇意外或失去工作能力时，仍有住房和生活的保障。

（三）新加坡中央公积金的管理体制

新加坡中央公积金管理体制主要包括三个层次：

1. 健全的制度保障

科学完善的制度是新加坡公积金成功运行的前提保障。新加坡于1953年颁布了《中央公积金法令》，后来根据国民对社会保障的需求，结合新加坡经济社会发展实际情况，逐步颁布了与中央公积金各项计划运行相配套的法律法规，确保了整个公积金制度在严格周密的法律规范下有条不紊地施行。

2. 执行到位的基金征缴机制

新加坡的公积金制度实行会员制，即所有受雇的新加坡公民和永久居民都是公积金局的会员，无论是雇主还是雇员，都必须按雇员月薪收入的一定比例缴交强制性的公积金，公积金局每月收缴的款项经过计算记入每个会员的个人账户中，专户专储。任何违反规定不缴纳公积金的雇主和雇员，都将受到法律的严惩。

3. 规范高效的管理机制

负责中央公积金日常管理的是新加坡法定机构——中央公积金局。该局以国家立法为前提，在劳工部制定基本方针政策的基础上，负责整个公积金的管理运行，对公积金实行规范化、制度化和企业化管理。这包括公积金的汇集、结算、使用和储存等，对公积金的管理独立于新加坡政府的财政之外，单独核算，自负盈亏。公积金各项费用的收支、管理、运营的情况透明度很高，有利于监督、管理和宏观调控。因此，尽管中央公积金规模庞大，提供的服务众多，管理难度很大，但中央公积金管理局却以其健全的职能、科学的管理以及高效的服务赢得了信誉与成功。一直以来，基金管理规范，运作良好。

二、新加坡中央公积金制度的特点

新加坡中央公积金的各项具体计划充分反映了新加坡政府推行社会保障的理念特点，主要表现在以下几个方面。

（一）政府有所为有所不为，厘清政府、个人、社会的责任

新加坡政府主张"人民的事由人民自己掏钱"，政府有所为有所不为，积极介入，但不包办代替，在以政府责任为主的传统社会保障中强调更多的个人责任。在中央公积金征缴上，强调保障资金的来源由个人对自己的福利保障承担足够的责任。这一点与西方国家盛行的福利型社会保障，即政府每年要提供大量补贴和拨款截然不同。新加坡政府从本国实际出发，对社会保障制度的设计在总体上遵循"低供给"的原则。政府用于社会保障的支出占财政支出的比重很小，主要用于保健基金和社会救济金，只有真正的贫困者才由国家发放津贴和救济金。另外，政府作为雇主只承担占全国人口较小比例的公务员公积金的一半，绝大多数公民属于私人企业雇员、个体经营者和自由职业者，公积金主要来自企业主和公民个人。因此，新加坡的中央公积金制度使政府不必支付巨额的社会福利费用，最大限度地降低了政府的社会福利开支，减轻了政府的财政负担。

新加坡国民社会保障水平取决于个人的工作收入。中央公积金制度属于个人账户储存基金制模式，每个人的公积金存款与本人的工作收入紧密相连，而享受到的保障待遇又与其个人账户上的存款直接挂钩。也就是说，会员的薪金收入越高，其公积金存款就越多，相应的社会保障待遇越高。

（二）强调家庭互助共济，具有浓厚的儒家文化色彩

由于历史原因，新加坡深受传统儒家文化思想的影响，儒家文化中的"孝悌"观念在这里打上了深刻的烙印。因此，新加坡十分注重发挥家庭的社会功能，强调以家庭为中心维护社会稳定，要求国民充分履行对家庭和社会应尽的义务，鼓励家庭成员互助共济。这一理念充分反映在中央公积金制度中。多数公积金计划都涉及一家三代人，鼓励全家人守望相助、互相支持。其中，保健储蓄计划是指会员储蓄以保障个人、配偶、子女以及父母的医疗费用。会员不但可以保障自己，而且惠及配偶、父母和子女，尽到孝道与责任。最低存

款填补计划、家庭保障计划、家属保障计划的推行，强化了家庭保障功能，使家庭成员之间的社会保障利益相连，增强了子女对父母、国民对家庭及社会的责任意识，从而密切了家庭成员之间的关系，增强了家庭凝聚力，提高了社会稳定性。

（三）建立全方位的国民社会保障，为国家经济社会发展保驾护航

新加坡集退休养老、医疗、住房、教育、投资等多功能于一体的综合性社会保障制度体系，为国民提供了多样化的社会保障：养老保障制度使会员在退休时有一笔可观的公积金存款，确保其退休后能有较高的收入安享晚年；面向低收入者的住房保障制度，使广大中低收入阶层能拥有自己的住房，人们安居乐业；医疗保障的"3M"计划为会员及其家人提供了所需医疗费用，使国民享受到良好的医疗保障；家庭保障计划和家属保障计划为会员的意外事故提供家庭保险，保证了家庭和社会的安定。此外，中央公积金的用途扩大到教育支出，有助于促进会员及家庭的智力投资，提高国民整体文化素质。中央公积金制度满足了国民多样化的社会保障需求，促进了国民健康与福利，解决了危及稳定的重大社会问题，对维护多种族和谐相处、保持社会稳定、建立良好的社会秩序起到了积极的促进作用。

此外，中央公积金制度使新加坡政府获得了巨额的储蓄基金。中央公积金局将归集的公积金除用于支付公积金费用开支和利息外，其结存款项的大部分用于购买政府的有价证券，从而有效地解决了资金短缺问题，保证了国家有大量资本可以投入基础设施建设，成为国家建设与发展的重要资金来源，对新加坡经济的长期持续快速发展起到了积极的推动作用。此外，公积金制度的运行，大大加强了新加坡政府调控宏观经济的能力。新加坡政府根据经济发展的变化情况，通过调整公积金缴费率，引导个人消费，影响有效需求，进而抑制通货膨胀，促进了国民经济的稳定和持续发展。因此，中央公积金制度成为新加坡政府对国民经济进行宏观调控的有效手段。

（四）效率与公平相结合，在保障公平的基础上注入了效率机制

新加坡的社会保障制度是按照"效率优先，机会平等"的价值理念设计的，在以关注公平为主的传统社会保障模式中加入更多的效率机制。新加坡政府高度重视协调社会发展的公平和效率之间的关系。李光耀强调指出："如果从工作和进步中所取得的成就和利益，没有公平地让全体人民分享，我们就不会得到他们全心全意的合作和参与。""不能听任自由竞争造成社会不公引致局势紧张"，但同时又谨记效率是社会发展的根本，"重新分配不能过头，以致

造成浪费和滥用，卓越者不再奋发图强"。正是抱着这一理念，新加坡政府虽然主张通过国家的力量给予低收入阶层一些照顾，扶弱济困，以缩小社会的贫富差距，但却反对实行欧洲福利国家的社会福利制度，以避免"泛福利"现象的发生。

这一价值理念在新加坡的医疗保障和住房保障制度中得到了鲜明的印证和体现。医疗保障制度通过实施"3M"计划，不论公务员或私人企业雇员，不论富有者还是贫困者，都有能力负担自己和家庭的医疗保健费用，从而得到最基本的医疗保障，保证了社会公平。同时，划入个人医疗保健储蓄账户的资金以会员的工资为基数，这使得医疗保健储蓄与个人工作收入紧密相连，会员越是努力工作，医疗保健储蓄存款就越多，他所享受的医疗服务就更好，这又体现了效率原则。而住房保障制度在对社会较脆弱阶层给予补贴、满足了中低收入人群的基本居住需求、实现了"居者有其屋"的同时，也不是人人享受同样的福利、买到同样的房子，而是根据自己的能力来选择购买大小、档次、舒适程度不同因而造价也不同的住房。

当然，中央公积金制度并非尽善尽美，也存在一些问题和不足。中央公积金制度是政府将储蓄这种传统的个人保障方式上升为国家行为的产物，是一种强制储蓄计划，没有社会资源再分配的互济性。而社会成员责任共担、互助共济恰恰是社会保障的本来意义。正因如此，中央公积金制度曾受到国际上的非议，甚至把它等同于居民的长期储蓄存款。同时，由于国民个人收入的差别，很容易导致会员之间在公积金存款上差距悬殊，进而导致保障待遇的不平衡。此外，相对较高的缴费率，使大量国民财富被强制储蓄在公积金账户内，致使国民用于社会消费的资金减少，必然导致社会消费及有效需求不足，对经济发展也有一定负面影响。因此，近年来，新加坡政府不断修改调整中央公积金制度，使其更好地发挥作用。

三、新加坡公积金制度对完善广东社会保险体系的借鉴意义

改革开放30多年来，广东率先在全国推行社会保险制度改革，社会保险事业取得了令人瞩目的成就。社会保险制度安排由保障职工向保障全体公民延伸，覆盖范围由从业人员向非从业居民扩展，保障区域由城市为主向城乡统筹转变，社会保险法规政策体系日趋完善。与人民群众日益提升的社会保障需求相比，广东省社会保险事业发展仍存在不少突出的困难和问题。社会保险覆盖面仍然较窄，非公有制企业、城镇个体工商户和灵活就业人员参保率仍然不高，有相当一部分人群还没有纳入养老保障范围，新型农村养老保险和城镇居

民养老保险待遇仍然不高,有部分人员未能享受医疗保障;社会保险待遇水平总体偏低,企业退休人员养老金水平与广东省的经济发展水平和物价水平不相适应,医疗费用个人负担较重;城乡之间、区域之间、人群之间社会保险发展不均衡,农村社会保险制度建设相对滞后,粤东西北地区的社会保险缴费负担重、待遇水平低、基金支付能力薄弱;社会保险公共服务能力不足的问题突出,不能适应社会保险业务快速增长的需求。这些问题如得不到有效解决,就不能真正提升广东省城乡居民社会保障综合水平,就不能真正实现社会的公平正义。新加坡社会保障制度的成功经验为许多国家进行社会保障制度改革提供了很好的思路和富有价值的借鉴,对广东省社会保险体系建设尤其具有启示和借鉴意义。

(一)扩大社会保险制度覆盖范围,推进全民参保

新加坡社会保障制度建立的最根本理念,是面对所有居民建立制度,突出制度的公平性。目前,广东省要适应人民群众的社会保险需求,根据城乡各个群体的社会保障实际需要和实现能力来规划整个社会保险制度体系,在社会成员的需求和能力之间寻求适应机制,努力使社会保险制度覆盖到每一位城乡居民,实现人人享有社会保障。

1. 强化社会保险扩面征缴工作

强化社会保险费征缴管理,完善地税全责征收机制,推动各类用人单位依法履行全员参保和足额缴费义务。全面贯彻《劳动合同法》,强化执法监督,切实维护城镇各类劳动者的参保权利。建立健全参保激励机制,提高企业和劳动者参保积极性,推动非公有制经济组织从业人员、城镇个体工商户和灵活就业人员自觉自愿参保。建立社会保险扩面征缴工作目标责任制,将各地社保扩面征缴工作目标完成情况列入省政府对各地政府工作考核的重要内容,强化地方政府责任,确保已有制度覆盖的人群应保尽保。

2. 全面推进新型农村养老保险和城镇居民养老保险

全面推进新型农村社会养老保险,其中珠三角等先行地区率先实现新农保制度人群的全覆盖。其他地区要创造条件积极开展新农保试点,及时研究解决试点工作中存在的问题,全面建立新农保制度并实现人群的全覆盖。不断完善新农保政策,建立稳定的资金筹集机制,加大财政补助,建立健全多缴多得、长缴多得的参保激励机制,鼓励农民特别是中青年农民自觉自愿参保。探索以财政贴息、税收优惠等方式鼓励龙头企业、村集体经济组织资助农民参保。加强组织引导和政策宣传,逐步将符合条件的农民都纳入新农保制度的保障范围。制定出台城镇无养老保障居民的社会养老保险政策,以新农保制度为基本

框架，结合已实行的城镇无保障老年居民的社会保障政策，建立城乡居民社会养老保险制度，将农村居民和城镇无养老保障居民纳入统一的社会养老保险制度。逐步建立城乡居民社会养老保险制度，覆盖全体城镇无养老保障居民。

3. 加快推进全民医保

通过设立适当的参保方式，分类解决重点人群的参保问题，加快实现全民医保。加强与教育等部门的配合，做好宣传教育和组织引导，将在校大学生和中职、技校学生全部纳入城镇居民医保。建立强制性参保机制，将已签订劳动合同并与企业建立稳定劳动关系的农民工纳入城镇职工医保。完善选择性参保政策，引导灵活就业人员和尚未建立稳定劳动关系的农民工参加基本医疗保险。加大各级财政投入力度，充分利用基金结余，统筹解决困难企业退休人员的医疗保障问题。引导因企业困难无法参加城镇职工医疗保险的困难职工参加城镇居民医疗保险。

（二）不断完善制度设计，稳步提高社会保险待遇水平

综观新加坡的养老保险制度和医疗保险制度，都是从较低层次保障起步，按照当前可承受、未来可持续的要求，既抓紧解决当前制约国民社会保险最迫切、最突出、最重大的问题，协调平衡各类社会群体利益关系，又根据经济社会的发展客观情况逐步完善，整体设计，稳步推进，再不断提高社会保障待遇水平。当前，广东省社会保险制度已积累了30多年的发展基础，必须根据现实条件，完善制度设计，稳步提高社会保险待遇水平。

1. 逐步提高城镇职工基本养老金

健全城镇职工基本养老金正常调整机制，参照在岗职工工资增长和物价指数的变动情况，逐步提高城镇职工养老保险待遇水平。在国家政策范围内，进一步完善基本养老金计发办法，解决部分企业退休人员养老金水平相对偏低的问题。采取分类设定的办法，建立与最低工资标准相挂钩的最低养老金制度，提高养老金偏低人群的保障水平。

2. 稳步提高城乡居民社会养老保险待遇

建立健全城乡居民社会养老保险待遇调整机制，根据城乡居民收入水平、物价变动和财政支付能力等方面的因素，定期调整基础养老金水平。通过建立缴费年限养老金、提高缴费财政补贴比例、增加养老待遇支出项目等方式，逐步提高新农保养老待遇水平。制定支持计划生育家庭、被征地农民、复员退伍军人参加新农保的优惠政策，加大对农村重度残疾人、"低保户"、"五保户"等特殊群体的补助力度。

3. 合理确定医疗保险缴费标准和待遇水平

加大基本医疗保障财政补助力度,科学设定个人缴费标准,研究建立国家、单位、家庭和个人责任明确、分担合理的多渠道筹资机制。在确保基金可持续发展的前提下,逐步提高报销比例和年度最高支付限额,适当降低统筹基金起付标准,进一步扩大门诊特定病种范围,全面开展普通门诊医疗费用统筹,逐步缩小城镇职工医保、居民医保和新农合医保的待遇水平差距。

(三) 推进城乡社会保险制度融合衔接

新加坡中央公积金的一个显著特点是建立了既公平又有效率的社会保险制度。当前,广东省社会保险发展要突出公平性,让城乡全体居民都享有社会保障,不断缩小城乡之间、区域之间以及居民群体之间的差距,实现社会保险均等化;同时兼顾效率,完善激励机制,防止"养懒人",鼓励发展补充性社会保险,建立多层次社会保障体系。

1. 整合、建立全省统一的城乡居民社会养老保险制度

首先,按照全省农村社会养老保险基本制度和主要政策相对统一的原则,逐步将原有的被征地农民养老保障、村干部养老保险、计划生育家庭养老保险等整合、并入新农保制度,从而在农村形成统一的农村社会养老保险制度。其次,在新农保制度的基础上,整合、统一部分城镇已实行的居民养老保障政策,在全省建立统一的城乡居民社会养老保险制度,并覆盖城乡居民。

2. 建立城乡养老保险制度间的衔接转移通道

制定、完善新农保与城镇职工基本养老保险制度衔接、关系转移的政策措施,已经参加新农保的农民转为参加城镇职工养老保险时,可将其新农保个人账户资金转入城镇职工养老保险个人账户,并按适当方式折算缴费年限。已经参加城镇职工养老保险的农民回乡参加新农保的,可将其城镇职工养老保险个人账户资金转入新农保个人账户,缴费年限合并计算。制定出台城乡居民社会养老保险关系转移接续办法,参保人跨地区转移时,其保险关系及个人账户资金可转入新参保地,按新参保地规定继续参保缴费并享受待遇。

3. 融合城乡基本医疗保障制度

整合管理资源,尽快将城镇居民医保、新农合医保纳入同一部门统一管理,逐步建立统一筹资标准和待遇水平的城乡居民医疗保障制度。整合城乡居民医保和城镇职工医保两大体系,逐步建立不分户籍、无论职业的社会基本医疗保险制度。开展基本医疗保险和生育保险制度整合试点,逐步实现基本医疗保险和生育保险有机融合。

4. 巩固和完善城镇职工养老保险省级统筹

在不断规范市级统筹的基础上，按照养老保险政策、缴费基数和比例、计发办法和统筹项目、业务经办机构和规程、信息管理系统等"五个统一"的标准，进一步巩固和完善养老保险省级统筹。强化养老保险基金预算管理，明确各级政府责任，调整财政支出结构，确保养老保险基金收支平衡和待遇按时足额发放。加强费率调控，逐步实现全省企业职工养老保险单位缴费比例基本统一和缴费基数下限全省统一。严格执行国家有关规定，完善养老保险关系转移业务经办规程，推动养老保险关系省际、省内的顺畅转移接续。探索建立基础养老金由省级养老保险调剂金发放的制度。

5. 加快推进基本医疗保险区域一体化

按照政策、标准、基金和管理"四统一"的模式，实现基本医疗保险市级统筹。建立健全基金预算管理制度，探索建立省级基本医疗保障风险调剂金制度。利用社会保障卡系统，逐步实现参保人在全省范围内直接刷卡就医购药。建立珠三角医保共同体，率先实现珠三角九市之间参保人资格互认、转诊治疗直接结算。在此基础上，出台统一办法，在全省范围内实现无障碍的医保关系转移接续和异地就医结算。逐步统一全省基本医疗保险主要政策和服务管理标准。

社会保障类个人账户综合管理模式的探讨
——基于新加坡中央公积金制度的经验借鉴

曾 瑾

新加坡中央公积金的管理模式和特点，及其做法和经验的确值得我们认真学习和借鉴。本文对我国现行的社会保障类个人账户管理模式存在的问题进行了分析，介绍了新加坡中央公积金制度的主要内容和特点，通过与我国的社会保障类个人账户制度的比较，分析了中央公积金制度的特点和不足，最后提出了我国实行社会保障类个人账户综合管理模式的思路。

一、我国社会保障类个人账户管理模式存在的问题

从1994年起，我国已分别建立了基本养老保险个人账户、基本医疗保险个人账户和住房公积金，形成了社会统筹与个人账户相结合的养老和医疗保险制度、个人积累的住房公积金制度。随着居民社会保障类个人账户规模日益壮大，管理制度的日益完善，个人账户已经成为我国居民生活中不可或缺的组成部分，但社会保障类个人账户基金继续分散运作与管理的模式存在的问题已越来越严重。

（一）个人账户与统筹基金的混账管理问题

我国基本养老保险实行社会统筹基金和个人账户基金"混账"管理，在社会统筹账户不足以支付时，就直接动用个人账户基金，没有从根本上分离两个账户。在这种借用没有数额方面的规定，也没有借款利息和偿还期限的规定的情况下，个人账户仅仅成为记录社会保险基金数额的工具，个人账户的实际积累额远远低于名义积累额，到当代职工退休时，个人账户空账又成为下一代需要偿还的沉重历史债务。个人账户空账运营严重威胁到我国养老保险制度的安全。广东是全国养老基金结余最大的省份，2011年末，职工养老保险结余3108亿元，但社会统筹基金结余仅有231亿元，若分地区来看，粤北、粤西和粤东等一些城市，统筹基金结余其实是负数。据统计，全省统筹基金占用个人账户基金的总量即统筹基金赤字在2011年达到418亿元，比上年上升了70

亿元,随着未来人口的老龄化,这种趋势将延续下去,且结果更为严重。

(二) 住房公积金支付的流动性不足问题

我国现行的住房公积金制度具有"低存低贷""存易贷难"和"专款专用"等特点,但由于使用方式单一,仅用于住房个贷和提取,造成了住房公积金的沉淀资金非常大。这一点,可以从深圳住房公积金管理中心的相关数据中得到佐证。截至2011年12月30日,深圳市公积金累计约187亿元,累计开户将近400万人,但已提取资金累计仅26亿元,剩余约161亿元。也就是说,大量无力购房的低收入家庭以及工薪阶层,面对虚高房价,已从根本上丧失了使用住房公积金的机会,住房公积金正变相沦为"定期存折"。截至2011年底,全国这张"定期存折"的存款余额已经超过2.1万亿元。更可怕的是,在通胀压力下,这张"定期存折"上沉睡的巨额资金还在时刻贬值。

(三) 社会保障类个人账户结构性失调

各种社会保障项目之间相互独立,缺乏联动性,各类个人账户使用灵活性受到限制。由于职工在不同时期对住房、医疗、养老的需求是不一样的,各类个人账户难以根据需要进行集中使用或调剂,造成资金的紧缺或闲置。因而,名义上各个项目都有保障,实际上每个项目都不能得到及时足额的保障。例如,全国住房公积金使用率一直徘徊在50%左右,而且低收入群体因高房价而无力使用,只有17%的缴纳人享受到公积金贷款,另外80%以上的缴纳人的住房公积金仍然存淀。然而,根据《住房公积金管理条例》,参加住房公积金的职工一般只有出现离休、出国、调离本地、失业下岗等情况,方可一次性提取其名下住房公积金,其他情况下,即便生病、上学急需用钱,也无法提取公积金。这样一来,住房公积金的保障功能也就无法得到有效发挥。这不仅使绝大部分缴纳人权益尤其是低收入缴纳人的权益受损,而且造成了很大的社会福利损失。

(四) 社会保障类个人账户的综合缴费率过高

由于我国的基本养老保险、基本医疗保险基金均由统筹部分和个人账户部分构成,再加上我国养老保险转制的历史成本,因而我国目前社会保险缴费水平较高,再加上住房公积金交费水平,我国企业的社会保障负担非常高。如表1所示,目前我国企业的各类社会保障缴费总额为企业工资总额的38.8%~46.2%,企业与个人的综合缴费水平为缴费工资额的57.8%~70.2%。而实施完全积累的公积金制度的新加坡,同期雇主缴费率为13%,远远低于目前我国企业的社会保障缴费水平。高额的社会保障缴费使得企业的人力成本增大，不利于中国吸引投资和企业竞争力的提升。

表 1 中国各类社会保障缴费水平

	企业缴费率	个人缴费率	综合交费率
基本养老保险	20%	8%	28%
基本医疗保险	8%～10%	2%～3%	10%～13%
失业保险	2%	1%	3%
工伤保险	0.3%～1.2%	0	0.3%～1.2%
生育保险	0.5%～1%	0	0.5%～1%
住房公积金	8%～12%	8%～12%	16%～24%
总计	38.8%～46.2%	19%～24%	57.8%～70.2%

（五）社会保障类个人账户资金的分散管理的低效率问题

由于基本养老保险个人账户基金积累、基本医疗保险个人账户基金积累、住房公积金积累只能用于银行存款和购买债券，因此收益率很低。从政府角度来说，作为社会保险制度的最终负责人，必须按照制度规定的利率给个人账户计息。根据我国社会保险个人账户计息办法，基本养老保险个人账户积累额按照居民储蓄存款1年期利率计息；基本医疗保险个人账户和住房公积金按照三个月期整存整取利率（上年结转的基金本息）。基金运营实际收益率低于名义支付率则需要政府承担最后的支付压力。据资料显示，2009年广东省企业养老保险基金1782亿元的累计结余中，用于债券投资的只有31亿元，仅占1.7%，其余全部是银行存款（主要是一年定期）。2009年利息收入为32亿元，年平均收益率1.8%，比个人账户规定的一年期银行定期存款利率2.25%还低0.45个百分点，基金收益实质贬值。另一方面，个人账户基金收益相对于通货膨胀率，保值压力更大。自1996年以来，银行存款利率连续8次下调，一年期存款利率由10.8%到2009年降为2.25%，而我国2004、2007、2008年通货膨胀率分别为3.9%、4.8%、5.9%，两者对比，个人账户存款实际上在大幅度缩水和贬值。

由于基本养老保险个人账户的实际支付将发生在职工退休后，非购房的住房公积金实际支付也主要是发生在职工退休时，因此基本养老保险个人账户积累资金和住房公积金积累资金进行投资运营的可行性较高。随着基本养老保险个人账户逐渐做实，个人账户部分巨大的资金积累要实现保值增值必须进行安全、稳健的运作。住房公积金个人账户目前的积累规模已经非常庞大，未来随着人们收入的提高和住房公积金覆盖面的扩大，基金的积累规模也将日益增加，因此住房公积金的沉淀资金也需要进行保值增值运作。如果仍然采取当前分散管理各类个人账户资金的模式，对于养老保险个人账户和住房公积金个人账户分别由不同的机构进行投资运作，则必然会增大基金的管理成本，不利于基金投资盈利的实现。

二、新加坡中央公积金制度借鉴

新加坡1955年建立中央公积金制度，并成立了中央公积金局，负责整个公积金的管理运行。从本质上看，中央公积金制度是独立于政府预算之外，由政府立法规定的强制性国民储蓄计划，即雇主与雇员分别按薪资一定比例抽出一部分薪资存入个人公积金账户并按期结息。1965年新加坡独立后，新加坡政府把健全和完善中央公积金制度作为本国经济社会发展的战略重点，公积金用途从制度初创时期的退休养老金逐步延伸到国民购房、医疗保险、子女教育甚至到目前已经是投资工具。中央公积金制度已经成为区别于西方发达国家的福利政策，充分体现"东方特色"的集养老、医疗、住房和家庭保障等多种功能为一体的综合性社会保障体系。

（一）新加坡中央公积金概述

新加坡中央公积金是一种完全积累制的社会保障，雇主和雇员的缴费全部进入公积金会员的个人账户，不具备社会保险的互助共济功能。新加坡中央公积金的缴费率各年不同，根据社会经济发展的需要灵活设置，最高时期达到雇主雇员各缴工资额的25%。目前的雇员缴费率为20%，雇主缴费率为13%。且缴费率随着雇员年龄的增长而递减（表2）。

表2 2007年新加坡中央公积金账户缴费率分年龄段情况

年　　龄	雇主分担	雇员分担	合　　计
50岁及以下	13%	20%	33%
50～55岁	11%	19%	30%
55～60岁	6%	12.50%	18.50%

续上表

年　　龄	雇主分担	雇员分担	合　　计
60～65岁	3.50%	7.50%	11%
65岁以上	3.50%	5%	8.50%

资料来源：CPF. Composition of CPF Balances, April 2008.

新加坡根据不同年龄层次的需求特点而不同分配公积金各类账户比例。会员的个人账户又分为普通账户、保健账户和特别账户三个账户，55岁以上还多一个退休账户（表3）。普通账户里的资金可以用于购房、购买住房保险、支付教育费用以及投资。新加坡中共公积金制度中对55岁以下的缴费人的普通账户比例设置较高，这使得会员可以自由地持有较高份额的资金，并根据实际需求灵活使用。新加坡的公积金会员在55岁以后的账户以退休账户为主，退休前必须使得退休账户和普通账户积累额达到一定水平，以保障退休后的生活。新加坡中央公积金制度在提高会员的购房能力方面贡献最大。公积金中可用于住房消费的比例较大，会员的普通账户存款占其全部公积金存款的50%以上，会员可用普通账户存款购买政府组屋或者私有房产以及缴纳住房保险费。相比较而言，我国住房公积金虽然可以全部用于购房，但是可用于住房消费的住房公积金占整个社会保障缴费的比例仅占30%左右，可动用住房基金明显小于新加坡。

表3　2007年新加坡中央公积金账户分布情况

中央公积金账户	35岁以前	35～44岁	45～54岁	55岁及以上
普通账户（OA）	50%	46%	51%	35%
保健账户（MA）	31%	30%	25%	24%
特别账户（SA）	19%	24%	24%	1%
退休账户（RA）	0%	0%	0%	40%
合　　计	100%	100%	100%	100%

资料来源：CPF. Composition of CPF Balances, April 2008.

新加坡于1989年推出了教育计划（Educati on Scheme），即中央公积金账户储蓄可用来在财务上支持子女及会员本人在本土的九所学院接受教育的费用支出。后来，这项计划不断改进，可以动用的资金额和适用的高等学府也有所增加。在该项计划实施数十年之后，新加坡又推出了住房"倒按揭"养老方案，即个人养老账户上的钱已经基本用完的老人可以将自己的住房抵押出去，换取养老津贴。

新加坡中央公积金可以用来投资，投资分为两类，一类是新加坡公积金管理局的集中投资，另一类是个人分散投资。新加坡公积金管理局的集中投资由新加坡货币管理局（the Monetary Authority of Singapore）和新加坡政府投资管理公司（the Government of Singapore Investment Corporation）两个机构负责，前者负责中央公积金对国债和银行存款的投资管理，后者负责把积累的基金投资于国内的住房和基础设施建设、外国资产等投资。公积金会员可以分享投资收益。个人分散投资按照公积金投资计划进行约束，会员的普通账户和特别账户保留最低存款后的余款可进行自主投资。可投资项目有获批准的政府公债、单位信托、公司债券、黄金、储蓄人寿保险等，但有严格的投资产品限额规定。

（二）新加坡中央公积金制度的特点

1. 集中式管理模式，降低了企业的负担

从以上可以看出，新加坡的公积金综合缴费率远低于我国社会保障类个人账户的缴费率。新加坡的公积金制度能在综合缴费水平远低于中国社会保障制度下持续有效地运转，主要归因于其公积金的集中管理模式，使得公积金实现生命周期内的有效分配，也使得各类社会保障基金有效调剂，从而减少了分项目管理的多种风险准备成本，最终降低了社会保障缴费总水平。

我国的社会保障目前采取的是各项社会保障单列的多渠道管理方式，各类社会保险由社会保险经办机构管理，住房公积金由住房公积金管理中心管理。新加坡中央公积金实行养老、医疗、生育、失业、住房等基金一体化管理。公积金总的交缴率在国家规定的范围内，一揽子解决员工医疗（生育）、养老、住房、失业救济等各项社会保障内容，体现了公积金制度的综合性。同时，这种综合性社会保障相对于多渠道管理方式，降低了管理成本，也提高了管理效率。

2. "存贷分离、高存低贷"，实现住房金融创新

新加坡的中央公积金在支持购房方面，可以用来支付房款、归还房贷，以及申请低息贷款（相当于我国的公积金贷款）。但与我国不同的是，新加坡强调"存贷分离"，即中央公积金局作为公积金的管理部门，只有资金征缴、支付、管理和保值职能，并不能向公积金缴存人发放低息住房贷款。相应的，向组屋购买人发放购房贷款的职能由隶属于国家发展部的建屋发展局承担，建屋发展局在公积金存款利率的基础上浮 0.1 个百分点发放低息购房贷款。在公积金的运作机制方面，实行"高存低贷"，即中央公积金局付给公积金缴存人相对市场化的存款利率，而公积金缴存人又可以向建屋发展局申请相对市场化贷款利率低很多的组屋贷款。由于存贷分离，中央公积金局的运作并不依赖于贷款收益，而是有 GIC 等专业投资和政府债券稳定收益保证，能够向公积金缴存人支付具有竞争力的存款利率，即新加坡国内四家主要银行的一年期定期存款的算术平均值，且不低于 2.5%，确保公积金期存款的算术平均值，且不低于 2.5%，确保公积金不存在存款贬值现象。根据介绍，目前公积金投资收益率 6% 左右，付给缴存人的存款利率 2.5%，缴存人申请组屋贷款利率 2.6%。

新加坡在解决国民住房问题上从三方面入手：一是在房屋供应方面，政府限价或政府有补贴的组屋是主体；二是在消费能力方面，通过中央公积金的较高缴存率，实现了会员个人积累；三是在支付能力上，通过住房金融的大量创新，增强住房保障能力。与我国住房公积金的单纯住房信贷功能相比，首先，新加坡中央公积金的支付能力更强。由于新加坡公积金实行存贷分离，因此组屋购买人既可以提取公积金支付购房首付，又可以向建屋发展局申请低息贷款。也就是说，依靠政府的政策性金融支持，公积金缴存人完全可以解决住房问题。其次，放贷人与担保人责任一体，实现了责任与权益的统一。作为中央公积金的会员，向建屋发展局申请购买组屋贷款必须参加家庭保障计划，向建屋发展局一次过付保费（可用公积金普通账户支付）。若投保者不幸残疾或过世，建屋发展局将负责支付未还清贷款。而我国住房公积金贷款普遍采用的置业担保模式下，担保人与放贷人作为两个独立主体，具有不同利益追求，难以完全防范贷款风险。最后，从 2009 年开始，新加坡实行组屋屋契回购计划，通过售后回租的金融创新实现以房养老，很好地同时解决了老龄社会下"老有所依，住有所居"难题。

3. 注重资产建设，使个人公积金成为一项自己的资产

新加坡的中央公积金强调住房资产与养老金储蓄的重要性。作为东南亚的一个富足而人口迅速老龄化的城市国家，新加坡以资产为基础的社会政策被尝试用于资助退休金而不是扶贫。可以说，新加坡是唯一依靠单一的强制性存款来资助退休的富裕且迅速老龄化的国家。数十年来，新加坡一直有意识地鼓励个人通过全国性的强制存款而积累资产。退休金完全依赖于一个强制储蓄阶层，中央公积金局作为其法定管理部门，具有管理其成员资产积累行为的显著能力，并且创造出许多优惠政策使会员获得资产的机会，特别是在房产方面。

如前所述，在新加坡中央公积金的制度安排中，退休养老时的收入问题已经不再是考虑的重点，资产建设，尤其是对于不动产（住房）的投资和建设成为这项制度的核心。这样，对于劳动者来说，公积金就不再是一笔完全由政府控制只能用于老年生活保障的"死钱"，而是一笔属于自己的资产，甚至是

可以用于向住房、教育等方面投资的资本。这个变化具有革命性的意义，因为其完成了"以收入为本"到"以资产为本"的飞跃。同时，因为房产的使用价值和市场价格的变动较小，因此具有保值的意义。而在遭遇风险时，房产完全有可能再次转换为资金。譬如年老多病急需用钱时，则可以将房屋抵押、变卖或租赁，兑换出急需的现金。

另外，在这种以资产建设为核心的制度安排中，资产对社会、心理和经济效应的积极作用也充分发挥出来。例如，中央公积金与就业状况及工作表现相联系，因此社会目标的结果是推动人们不停地工作且具有积极的工作热情。

（三）问题和挑战

然而，新加坡的住房和中央公积金制度并不是没有受到任何批评。批评大体上来自三个方面。其一，有人指责新加坡住房制度是由国家建立其政治合法性的需要推动的，它的本质是政治而不是福利或资产。然而，不可否认的是，这项好政策使国家88%的人口拥有住房成为可能。其二，中央公积金并不是一个财富再分配的福利机制。中央公积金不鼓励同一阶级或同一代人内部的转支，它充其量只是个大型的国家储蓄并且只有符合条件才可以取回存款。其三，过度储蓄抑制了人们的消费，对经济发展不利。

总之，新加坡的中央公积金制度在取得令人瞩目的成就的同时，也受到来自各方面的批评和指责，但从总体上来说，新加坡中央公积金制度在社会经济发展的贡献来看，在集中管理、资产建设方面的运用还是很成功的，并成为各国学习借鉴的典范。

三、我国社会保障类个人账户改革的思路

（一）统一管理体制，实现省级监督、市级管理、区县级集中经办

要使社会保障类个人账户实现综合、统一管理，必须彻底改变现行的个人账户管理体制。具体思路可以是：

通过对各个险种的社会保险经办机构、住房公积金管理中心等行政事业单位进行整合，实现社会保险业务、住房公积金的分类型经办向集中险种共同经办转变，构建涵盖城乡养老、城乡医疗、失业、工伤、生育和住房公积金的综合型管理体制，成立社会保障公积金管理局，将省级、市级和县级各级社会保障经办机构的职能重新进行定位，实现省级监督、市级管理、区县级集中经办的管理模式。

省级公积金管理局负责全省各地业务的监督和系统维护，市级公积金管理局负责业务管理，不直接面向公众提供服务。原区、县一级经办机构整合为区县级公积金服务机构，不再承担社会保障类个人账户业务的管理职能。

省市级公积金管理局要打破现在的行政架构，逐步向法定机构过渡，即建立现代法人治理结构。由于现行的社会保险经办机构和住房公积金管理中心作为我国的事业单位，不具有独立的法人治理结构，而又独立承担了社会保障基金的保值增值职能，因此根据《社会保险法》和《住房公积金管理条例》的要求，要社会保险经办机构和公积金管理中心独立承担风险难以实现。因此从风险防范角度出发，必须强调新成立的公积金管理局作为管理人的风险防范职能，对公积金管理局进行现代管理机构改造，建立现代法人治理结构，实行相应绩效考核，增强机构风险预防能力和人员的运营管理能力。

另外，再建立一个全省性的社会保障基金投资管理中心，职能等同于新加坡的政府投资管理公司，专职负责社会保障类个人账户的投资管理。省级公积金管理局将个人账户余额通过向省财政购买政府债券等产品，省财政再将此笔专项基金拨付给此中心，此中心再负责把基金投资于国内的住房和基础设施建设等。

（二）统一运营社会保障类个人账户基金

新加坡中央公积金制度能够实现低缴费有效运作、应对通货膨胀风险，得益于较高的普通账户比例及用途灵活设置。由于公积金账户的灵活设置，公积金积累基金被用于住房、教育、医疗等消费，一方面促进了居民住房支付能力的提升，另一方面也减轻了巨额基金增值的压力。如果将社会保险个人账户与住房公积金账户调剂使用，在居民年轻时将养老保险个人账户和过剩的医疗保险个人账户存款提取用于购房，那么住房基金占总缴费总额的比例可提高到43%，必然有助于提高居民的购房能力，也有助于减轻基本养老保险资金的贬值风险。

本研究提出的基本思路就是将基本养老保险个人账户、基本医疗保险个人账户与住房公积金账户实现对接，盘活社会保障类个人账户基金。将公积金置于整个社会保障制度的范围下予以设计和整体把握，将养老、医疗、住房个人账户归于一体，设置较为灵活的调剂使用手段。从整个生命周期的角度考虑，允许缴存人在某一时期专项用于一项消费支出，如青年时期可以购买住房，中老年时期用于养老、医疗，即消除不同时期有不同的消费重点而收入有限的矛盾，又加强了资金规模效应，保证了职工社会保障长期资金的来源。

具体实施方案的要点为：

（1）将社会保障社会统筹部分，如养老保险社会统筹基金、医疗保险社会统筹基金、大病统筹基金等通过一定的名义账户制改造，合并入个人账户综合管理计划当中，从而实现个人账户公积金计划的收入再分配功能，弥补公积金的不足。

（2）养老保险个人账户持有人在年轻时可以将个人账户余额的一定比例与住房公积金余额一起用于支付购房支出，医疗保险账户持有人将个人账户额的一定比例与住房公积金余额一起用于支付购房支出。

（3）个人账户持有人必须在退休之前将养老保险个人账户中已经提取的金额的本息补足。

（4）个人账户用途可以扩展到支付房租、医疗支出、支付本人和子女大学和幼儿园教育期间的学费。

（5）统筹区域内公积金贷款可利用余额为住房公积金个人账户积累与其他个人账户积累乘以可提取比例。

（6）条件适宜时，实行住房回购计划，通过售后回租的金融创新实现以房养老。

四、结语

社会保障类个人账户基金统一运营的思路有助于各类个人账户资金互相调剂，一方面解决了住房公积金面临的流动性不足风险，另一方面也节约了各类制度分开设置所需要的风险准备金，同时还有助于降低基金的管理成本。这些作用均使得综合个人账户的缴费比例低于现行的个人账户总比例，能够降低社会保障的缴费水平。另外，实施社会保障类个人账户基金统一运营后，还使得个人账户的灵活性增大，可以适当扩大个人账户的用途，如借鉴新加坡的经验，将个人账户用途扩大到支付房租、学费等，既有利于使个人账户资金得到最有效的利用，又有助于减轻中低收入家庭的医疗、教育、住房等负担。因此，这种思路对我国以资产为基础的社会建设提供了新途径、新方向，为以后社会政策的发展起到了积极的作用，为理论界提供一种崭新的观念和有益的启示。同时，这也对广东省正在进行的行政审批制度改革提供了一种新思路。

参考文献

[1] 徐华庭，李明力. 我国养老保险机制转轨后存在的问题及改革思路[J]. 南京航空航天大学学报（社会科学版），2003(3).

[2] 叶卫东. 住房公积金制度安排及运行的低效率[J]. 经济论坛，2008(4).

［3］文林峰.创新住房公积金使用制度 充分发挥住房保障作用［J］.北京房地产，2006(12).

［4］奕卉.新加坡中央公积金制度及借鉴——基于资产建设理论的探讨［J］.天水行政学院学报，2010(3).

［5］朱启文.新加坡中央公积金制度与我国住房公积金制度的比较与启示［J］.中国房地产金融，2011(4).

［6］王芳.改革住房公积金制度势在必行［J］.浙江经济，2008(7).

新加坡经验对保障社保基金安全及规范运作的启示

林山鹰

据人力资源和社会保障部统计，2009年我国城镇5项社保基金总收入1.59万亿元，总支出1.24万亿元，社保基金累计结余已达1.87万亿元。目前，广东省社保基金结余超过3000亿元，惠州市已超过100亿元，这笔巨款的存在直接关系到人民群众的切身利益，它的安全事关国计民生、经济发展和社会安定。多年来，贪污、欺骗、挪用社保基金的各种违纪案件不仅频频发生，而且涉案的金额越来越大，人数越来越多，涉案官员级别越来越高。据记载，1986—1997年，全国有上100亿元社会保险基金被违规动用。2006年，仅上海市挪用社保基金一案，涉案金额就达30多亿元，涉案人员达30多人。社保基金违纪案件不断出现令人担忧，能否有效防治腐败确保基金安全，已成为国内外广泛关注的焦点，也是纪检监察部门和人力资源和社会保障部门当前急需破解的一个重要课题。作为一名纪检监察干部，又是驻在人力资源和社会保障部门工作的公务员，笔者在这次为期两个月的广东省公务员公共管理新加坡公共政策专题研究班学习培训过程中，始终带着这一课题认真学习研究，新加坡运用科技手段对公积金实施有效监管的经验，给笔者破解这一命题提供了有益借鉴。

一、科技手段在新加坡公积金管理领域应用的成功经验

运用现代科技手段和方式提高管理能力、管理效能和防止犯罪，是人类文明发展的普遍趋势。20世纪80年代中期以后，西方发达国家针对财政负担沉重、政府效率低和公众对政府不信任的现实情况，普遍将现代信息技术应用与行政改革有机结合起来，降低了政府的运作成本，提高了政府的工作效率的信任度。新加坡是最早把当代先进手段应用于公积金管理领域的国家之一，有着非常丰富的经验。目前，信息化在新加坡公积金管理中已形成一套成熟的系统，并在社会保障、推进经济发展、调控经济和防止犯罪等方面取得显著成效。

1953年，新加坡颁布了《中央公积金法令》，1955年，新加坡政府设立

中央公积金管理局，作为公积金制度的管理机构，采用现代公司结构——董事会领导下的总经理负责制。

新加坡政府规定，所有雇员都是中央公积金局的会员，必须将其工资的一定比例缴交中央公积金局，同时雇主也必须替雇员缴交占其工资一定比例的公积金，统一存入雇员的账户，政府对公积金不收税，公积金的所有权属于会员个人，对于拒交、滞交公积金者，除补交外，还将受到法律的制裁。例如，一个雇员月薪15000元人民币（相当3000新元），按2010年缴交标准，每月薪金的36%即5400元人民币，必须上缴到政府公积金管理局，若从26岁受雇至60岁退休，共34年就可积累220万元人民币的公积金。雇员在职时如果有犯罪行为，法律规定，除罚款最高不超过约50万元人民币、判刑不超过5年监禁或两者兼施外，雇员一生所积累的220万元公积金将全部被撤销，充公到国家公积金总账户，这一规定已成为新加坡遏制犯罪的"撒手锏"。

为确保不出现重复，每位公积金会员开设一个公积金账户并与身份证编号绑定。公积金账户分为三个户头，即普通户头、保健储蓄户头和特别户头，雇员和雇主缴交的公积金按比例分别存入三个户头。目前，普通户头占89%，可用于购置政府组屋、支付获准情况下的投资、保险和教育支出以及转拨款项填补父母或配偶的退休户头；保健储蓄户头占7%，主要用于支付本人及直系亲属住院医疗费用；特别户头占4%，只限于养老和特殊情况下的应急支出，一般在退休前不能动用。会员年满60岁时，普通户头和特别户头向退休户头转换，此时的个人账户就由两个户头组成，即退休户头和保健储蓄户头。会员除保留一笔最低存款留在退休户头以备晚年之用外，其余存款可全部提出。会员如果终身残疾或永久离开新加坡，可以提前提取公积金存款。如果会员在规定年龄前不幸去世，那么他的公积金存款可移交指定受益人继承。

《中央公积金法令》的规定，会员缴交的公积金年利率最低为2.5%。政府在中央公积金投资运营与管理方面采取了管理与投资分离的办法，即中央公积金局将归集的公积金除用于支付公积金费用开支和利息外，其结存款项大部分用于购买指定的政府债券进行投资，由政府担保给予高于法定利率2.5%的回报，以确保公积金的保值增值。新加坡政府不允许中央公积金局直接动用公积金进行投资，中央公积金局只能将公积金存入银行或购买政府专门为公积金局发行的政府债券。对于采取上述发行政府特别债券的方式所筹集的资金，通过财政预算调拨给政府设立的国有投资公司，如新加坡政府投资公司（GIC），由这类国有投资公司将所筹集的资金进行投资运营，在这种投资模式的基础上，政府能够给公积金较高的投资回报。这种投资方式实际上是在中央公积金与资本市场之间设置了一道防火墙，使中央公积金既规避了直接进行投资的风险，又能获得较高的、稳定可靠的间接投资收益。目前，除公积金普通账户的基准利率是2.5%之外，公积金的保健户头、特别户头的利率都在2008年4%的基础上提高到5%。

新加坡运用现代科技手段对公积金实行电子监察，雇主雇员每月缴交的公积金、每笔开支、留存余款以及利息收入、全国公积金的收缴、拨付、结存基金运行增值情况都通过公积金管理网络阳光运作，让全体公积金会员一目了然，它如同一张"安全网"，保证了公积金的规范使用、保值增值和安全。20世纪90年代以来，新加坡公积金管理领域不但没有出现案件，而且在国家发展、社会安定和遏制犯罪等方面作出了重要贡献。

二、惠州市社保基金管理的现状、存在问题及对策

（一）社保基金运行的现状

据统计，截至2011年7月，惠州市参加基本养老保险的总人数为1715697人，失业保险496786人，职工基本医疗保险909051人、灵活就业人员基本医疗保险29902人，工伤保险631388人，生育保险909051人。社保基金累计结余超过100亿元。目前社保基金管理实行"地税征收、财政管理、社保核发、审计监督、银行服务"的社会保险管理体系，社保基金采用"征、用、管"三分离、收支两条线的总体运作模式。从2009年开始，社保资金的征缴业务由地税全责承担，地税收缴回来的社保基金统一由市财政局管理，财政局负责向社保支付日常的社保开支和基金余额的保值和增值等工作。具体的社保待遇核定和发放由社保局负责，社保发放过程的财务审计、监督由审计局负责，社保基金的流转过程都是通过银行来实现。

惠州市社保局的社保业务管理系统采用全市大集中的模式，由市社会保障基金管理局组织开发、管理和支持，部署于惠州市人社局信息中心，现已建立起一个纵向贯通全市6个县区、75个乡镇社保管理经办机构和近1000个业务相关的医疗定点单位，横向覆盖全市各领域与社保相关部门的社保管理网络。地税局税费征收系统采用全省大统一的模式建设，由省地税局组织开发，部署于佛山市南海区的省地税数据中心，为实现地税征管业务和社保核发系统的对接，通过建立中间库连接两个系统接口的方式，实现了数据的自动交换。社保业务管理系统与银行、审计、公安、工商等部门的信息系统还没有建立联系，信息化程度比较低。

（二）社保基金监管存在的主要问题

在收入环节上：一是社会保险费征收率低，原因是政策宣传不够，群众自觉参保意识淡薄，征收政策落实不坚决，存在人情征收，业主为减轻企业成本，存在逃缴或少缴；二是工商、地税、社保三个部门信息不互通，应征缴人员是否全员征收、是否按征缴标准征收，应缴、已缴数量难以掌握；三是征收的社保基金滞压，不及时上缴财政专户，财政补助资金拨付不及时。

在支付环节上：一是违规出借社保基金；二是不同的险种之间基金相互挤占；三是虚列、扩大支出，平衡财政预算；四是中介机构、社会保险服务机构和参保人员贪污、套取、冒领社保基金；等等。

在存储运营环节上：一是用社保基金违规购建固定资产和投资；二是未按规定实行收支两条线管理；三是保值增值没有达到最大化。

在管理环节上：一是违规动用基金，进行抵押、担保；二是相关票据传递不及时；三是会计核算不规范；四是在非银行金融机构存款；五是严重失职渎职造成基金损失；等等。

在监督手段上：一是监管方法缺乏科学性。目前，监管还停留于事后审计、定期检查、举报查处等传统的监管方式，落后的监管方式不能适应、也不可能有效全面监管每天庞大繁杂、全程信息化的业务运作。二是多个环节划转缺乏安全性。经过多年建设，金保工程卓有成效，业务运作已经实现信息化，有效支撑了覆盖全市的社保业务高效运作。但因历史问题，系统的数据完整性、一致性未全面系统校验，待遇核发缺乏信息化的稽核、预警机制，只依靠人工审核，存在一定的内部隐患和风险。三是监管工作流程繁杂，缺乏时效性。就医保为例，它的业务模式复杂，涉及面广，资金量大，专业性强，社保基金管理机构与医疗机构形成博弈局面，信息不对称，道德风险高，医疗费用难以控制，严重影响医保的健康持续运行。四是信息不能共享，缺乏全面性。社保基金管理与公安、工商、卫生、计生等多个部门信息相关，但目前未能实现跨部门信息共享，容易造成漏洞。

（三）解决社保基金监管存在问题的思路和技术方案

近年来，惠州市经济和社会发展迅猛，信息化网络基础设施建设逐年完善，电子政务服务应用日益广泛，异地医保结算光纤通信线路也不断增加，社保管理网络已趋成熟。鉴于目前的条件，解决社保基金监管存在问题的思路是：建立并实施"社保基金电子监察系统"，通过电子监察手段对社保基金进行全天候、全程监察，构筑一个社保基金安全网。技术方案是：依托惠州市政府电子政务网，将全市与社保部门有相关业务联系的各领域信息系统和社保业务管理系统进行无缝对接。通过"社保基金电子监察系统"，对社保基金的收缴、管理、支付实施网上监察。对任一时间发生的业务进行监控，对任一地点办理的审批进行扫描，对每名工作人员的行为进行记录，对每笔资金的流向进行跟踪。通过预先设定关键监督环节，运用信息网络技术实时抓取基金管理的关键数据，对基金运行全过程进行动态、实时监控，发现不良操作及时报警，督促整改，防范问题的发生，实现基金监督从事后监督向事中和事前监督的转变，形成事前、事中、事后的全新风险控制和防范机制，保证这些基金的安全和规范使用。

三、新加坡经验的应用实践

建立"社会保障基金电子监察系统"，实现以科技手段从源头防腐，破解社保基金安全管理和规范动作难题。新加坡的成功经验告诉我们，要保障项目工程按时按质完成，首先要认真做好项目策划；其次是与企业进行友好合作，实行外包，充分发挥企业专业优势；再次是聘请项目监理，对项目工程建设实行专业化管理。

学习期间，笔者虚心请教中山大学、新加坡公共管理学院的专家、教授，细心思索，精心谋划，极力推介建立"惠州市社会保障基金电子监察系统"项目。项目建设申请报告很快得到了广东省人力资源和社会保障厅、惠州市纪委的重视，同时得到驻在单位的认可。惠州市人社局经多方筹集，现已投入了近300万元资金，开启了"惠州市社会保障基金电子监察系统"工程项目建设。该工程经市经济和信息化局论证同意立项建设，并报市财政局审批通过，经政府采购中心在国内公开招标，中山大学软件研究所为项目中标单位，惠州市亿信通公司为项目的监理单位。中山大学软件研究所承接这项工程后，派出精英技术团队进行调研、反复分析整理项目需求，运用前沿的web等先进技术进行软件开发，目前，系统软件工程已基本成型，硬件设施已安装完毕，通信线路已全线开通，正式投入使用。

"惠州市社会保障基金电子监察系统"主要由基金监督、业务监管、基础设置、综合查询、预测分析、政策法规库和监察督办七大模块组成。成功运作后，社保基金电子监察系统将与地税局的社保资金收缴系统、财政局的社保财政专户、银行系统的账户、卫生局医疗机构信息系统、工商局企业用工单位的信息系统、公安局的人口信息系统、社保局登记核发业务系统等有关联单位进行数据对接，电子监察系统通过主动抓取或业务系统主动推送等方式，进行数据采集和交换，各相关社保单位将及时、准确为社保基金电子监察系统提供详细的资金流数据、操作过程数据、操作结果等数据内容，电子监察系统将通过智能判断欠费类别，及时发现欠缴情况，对有能力缴费的单位及时发出催缴信号。通过对社保基金运行情况、社保基金财务情况、社保业务系统运行、社保基金常规情况、养老保险、医疗保险、工伤保险、失业保险等社保系统运行情况的全面监管分析、监控、风险评估，对每天的上万笔业务进行电子扫描对比排查，对过去很难发现的虚报冒领、违规核销、待遇计算出错等问题，及时作出预警。电子监察平台还对监控、监管过程中产生的不同程度的告警事件进行分级处理，建立违规事件的督查督办理机制，规范化违规事件的分析、查处、问责，实现违规事件处理常态化、制度化。

在此基础上，我们还创新建设领导决策系统，通过对社保基金可持续、良性运转提供社保基金收支趋势、支付情况等数据的分析，评估社保基金运作的可能风险，及风险产生的原因和概率等信息，为领导提供制定社保基金的收缴制度、增保值管理、支付标准等提供科学的依据。

"惠州市社会保障基金电子监察系统"试运行的实践证明：运用科技手段对社保基金管理进行监察，实现了权力"阳光运行"，让管理者、监督者、使用者通过网络了解权力运行的全过程，解决过去权力运行内部难监督、外部不公开的问题，克服传统手段弹性过大的弊端，减少人为操作的空间，最大限度地增强制度执行的刚性。同时，实现监督关口前移、预防前推，使权力运行全过程网上留痕，可追踪、可追溯，增强监督的威慑力，为事后惩处犯罪提供有效证据。

第三部分 有效政府与廉政机制

新加坡廉政建设特点及其对我国的启示

陈焕生

腐败是一种社会历史现象,也是一个世界性的痼疾。腐败现象是否得到有效遏制,关系到社会的长治久安,关系到国计民生,是每个执政党都十分关注的问题。新加坡把廉洁从政上升为国家战略,倾力打造廉政机制并且确保制度执行到位,旗帜鲜明地开展反腐败斗争的成功经验,可以为我国加强廉政机制建设、构建和谐社会提供一些学习和借鉴。

一、新加坡概况

新加坡是东南亚的一个岛国,也是一个城市国家。1959年摆脱英国殖民统治自治,1965年脱离马来西亚成为独立国家,截至2010年6月,国土面积712.4平方千米,总人口508万人,其中华人占74.2%。新加坡的经济传统上以商业为主,独立后的新加坡经济发展引起世人瞩目,20世纪80年代,新加坡基本实现工业化,被誉为"亚洲四小龙"之一。2010年,国内生产总值为1240亿美元,人均国内生产总值30228美元,经济增长率为14.7%。

建国之初,新加坡贪污腐败问题相当严重,并渗透到社会各个层面。然而至20世纪70年代后期,经过近20年坚持不懈的努力,基本上遏制住了贪污腐败的趋势;到20世纪90年代后期,新加坡不仅经济建设成效显著,而且廉政建设硕果累累;现在的新加坡是世界上最廉洁的国家之一。

二、新加坡廉政建设的特点

(一) 坚定的反贪意志

从一个贪污贿赂横行的社会，一跃成为以法治文明著称的国家，新加坡在多年实践中，坚定不移地将反贪意志转化为建立健全惩治腐败的法制体系。

新加坡历来把贪污受贿视作腐蚀国家价值体系和投资者信心、破坏国家稳定和经济发展的严重罪行，强调以法律为依据，采取严刑峻法、赏罚分明的制度。贪污对象的界定非常宽泛，几乎囊括了所有的财产性利益和非财产性利益。对贪污受贿者实行严刑峻法。规定了贿赂推定制度，只要行贿或受贿任何一方提供证据证明对方受贿或行贿，而对方又提不出可辩驳的证据，贪贿罪即可成立，显示其立法惩治腐败的坚定意志。

1952 年，新加坡成立了贪污调查局（Corruption Practices Investigation Bureau，CPIB），作为新加坡的反贪污执法机构。该机构享有广泛的职权，拥有逮捕权、调查权、搜查权、扣押权、秘密跟踪权、监视权、不明财产检查权，在反贪过程中可以不必借助警察局等执法机关的力量，就能够独立对贪腐案件进行立案和侦查。其局长由总统根据总理的提名任命，工作由总理直接领导，对总理负责。此举显示了执政者惩治腐败的决心。

(二) 健全的反腐制度

新加坡是一个法治国家，政府公共管理的法制化水平非常高，且立法周密、严明。新加坡建有一整套严格具体、切合实际、操作性强、责任严厉的法律体系，可以说是"重典治国""以法治事"。1959 年，新加坡人民行动党上台后，为彻底扭转贪污贿赂的风气，将反腐败法制化作为国家廉政建设的战略部署。第二年就颁布了《反贪污法》，此后又根据实际多次修订、不断完善，确保将贪污罪犯行为纳入法律制裁范围。1989 年制定了《没收非法所得利益法》，对没收贪污受贿所得作出了详尽的规定。此外，还制定了多项要求公务员严格守法的条例和手册，如《公务员惩戒规则》《公务员指导手册》等。这些法律法规完备详尽，相互配套，为反腐保廉提供了充分的法律依据和保障。

(三) 高效的反腐效率

制止犯罪不仅在于它的法律严厉，还在于犯罪者受处罚的概率。如果违法者受处罚的概率很小，即使再严厉的处罚都不足以制止犯罪。在贪污犯被抓概率低的情况下，贪官往往心存侥幸；如果犯罪被发现的概率很高，而且震慑作用是巨大的，就能使一个人从开始贪污就终日惶惶。新加坡贪污犯被抓的概率高出一些国家几十倍。对于贪污者，不论其职位多高，都要受到严惩，概莫能外。高额的违法成本、严苛的反贪举措，让贪污者承担巨大的心理压力、舆论压力。

贪污调查局工作的高效率也足以令贪污分子闻风丧胆。"通过迅速和肯定、坚决但公正的行为取缔贪污罪行"是贪污调查局的使命和宣言。对于实名投诉和举报，贪污调查局必须在一个星期内给予正式答复；一旦决定调查的案件，必须在确定查案官员后48小时内展开调查；除非案情复杂，所有的贪污案件必须在3个月内调查完毕。这些举措显示了反贪机构惩治腐败的高效能。

（四）系统的监督机制

新加坡的廉政监督机制包括机构保障、媒体监督和财产申报制度等几项。在机构保障方面，除了上级对下级的监督、政府内部的监督外，还成立了公共服务委员会，独立于政府之外，负责对公务员的招聘、审查、纪律处分等事务的监督。新加坡执政党（人民行动党）非常重视在野党的监督，强调通过在野党的监督，不断加强执政党的自身建设，形成在野党对执政党及其政府的严密监督及制约机制。

贪污调查局每查处一个重大案件，都会主动联络媒体进行公开宣传报道，充分保障人民的知情权、监督权、参与权。由于群众、媒体等社会舆论制度透明，通过曝光，使得贪污行为一旦被发现，就再也不会有人雇佣该贪污者，该贪污者就被社会唾弃了，这使得很多人不敢以身试法。曾经轰动新加坡甚至国际社会的郑章远事件就充分说明了这一点，这位前国家发展部部长收受了80万新元的贿赂，事情被揭发后，由于不能面对法庭和舆论压力而自杀。

财产申报制度是新加坡防止公务人员贪污受贿的一个亮点，所有公务人员任职前必须如实申报个人财产，任职后，如财产有所变动，要及时主动申报，并说明变动原因。申报财产的范围很广，既包括个人的动产、不动产，也包括银行存款以及股票证券等，个人申报财产后还必须由贪污调查局不定期进行核实。除此以外，新加坡实行的行政跟踪制度，对公务人员的公务和私人活动也起了很好的监督作用。

三、对我国当前反腐败工作的思考

新加坡的国情及廉政建设的成功经验告诉我们，腐败不是不治之症，关键是必须寻求并建立一套适合国情的治理机制。自中华人民共和国成立以来,中国共产党和中国人民政府就以旗帜鲜明的立场和态度反对腐败,着力加强廉政建设,坚持综合治理,标本兼治,注重机制建设,建立从源头拒腐防变的长效机制。2010年12月29日,国务院发表了《中国的反腐败和廉政建设》白皮书,这是中国人民政府第一次比较全面、系统地向全世界介绍新中国成立后、特别是改革开放以来廉政建设的基本情况,同时也阐明了中国人民政府反腐倡廉的坚决立场和鲜明的态度。

但由于新中国成立只有几十年时间,一些机制还需要进一步完善。当前,随着市场经济的深入发展,某些领域的社会矛盾加剧,腐败现象也日渐凸显。同时,随着社会、经济、科技等各领域的迅猛发展,腐败行为日趋隐蔽化、手段智能化、关系复杂化,反腐败形势严峻,建立、完善反腐倡廉新机制刻不容缓。在这两个月的新加坡公共政策学习考察过程中,笔者认真研究了新加坡公共管理和廉政建设的理念和思路,结合我们国家的社会制度和国情,提出了以下三点建议。

(一) 以德引路,法治国家

纵观中国的历史发展进程,"德治"可以说是一个永恒的标准,道德标准在每个时期都默默地衡量着一个人的社会价值,领导干部为官是否"公正廉明",不仅是其职业道德的体现,也引领着整个社会的道德标准。新加坡是一个华人聚集的地方,李光耀将儒家道德归纳为"忠孝仁爱礼义廉耻"八德,"廉耻"与廉政直接关联,其他六德也与"廉耻"相辅相成。胡锦涛同志提出了"八荣八耻",目的就是要倡导主流的优良道德价值观,实现廉洁从政。

1. 切实解决思想问题

腐败行为的产生原因是复杂的,但总的来讲,政治信仰滑坡、理想信念动摇、道德情操沉沦等都是极其重要的原因,这些都根源于思想问题。腐败程度的高低,除了部门权力的大小外,更在于掌握权力的干部的自我放纵和贪心欲念程度。因此,解决思想问题必须从小抓起,从校园抓起,人人参与。当前,我国廉政教育的社会氛围还不够浓烈,人民群众对与己无关的腐败行为总觉得事不关己,民主监督冷漠,校园、家庭、社区等领域的廉政教育更是处于空白地带。

另外,我国正处在市场经济转型时期,受一些外来不良思想的影响,人们更容易被各种思潮侵蚀,因此,反腐败工作必须依靠推进政治信仰、理想信念和道德建设,坚持以德为先,德才兼备,构建廉政文化,培育清正廉洁的政治环境,形成以廉为荣、以贪为耻的良好风尚。

2. 加强廉政法规建设

新加坡坚持"法律之上没有特权,法律之内人人自由,法律面前人人平等"的法治理念,建立了严密的廉政制度。改革开放以来,我国对廉政法规建设也十分重视,相继出台了《监察法》《廉政准则》等一系列法律法规,廉政建设初步形成体制,但还是存在亟待完善的地方。

以财产申报为例,新加坡法律严格规定了财产申报的程序,并对拒不申报、谎报、漏报以及提供虚假信息的行为,建立了完善的惩处机制。新加坡的成功经验已经证明,财产公开申报是反腐倡廉最为根本的制度保障。

在我国,财产申报制度的建立由来已久,并且走过了一条崎岖艰难之路。1994年,第八届全国人大常委会就将《财产申报法》正式列入立法规划。2006年8月,中共中央召开政治局会议,研究党员领导干部个人有关事项的规定,《关于党员领导干部报告个人有关事项的规定》(以下简称《有关事项规定》)作为党内重要的法规颁布实施。2010年5月26日,中共中央办公厅、国务院办公厅印发了《关于领导干部报告个人有关事项的规定》,要求县处级副职以上(含县处级副职)的领导干部,应当定期报告其收入、房产、投资以及婚姻变化和配偶、子女移居国(境)外、从业等十四大类情况。

然而这一制度的实施在现实中存在诸多弊端和困难,如金融实名制覆盖不了现金交易;不动产登记变更制度、信息流通与共享制度还有待完善;只对特定的组织机构申报而未能在一定范围公开,同时也未能得以在社会上建立一个信息共享监督机制;除此以外,境外资产、珠宝、古董等财产,现有技术与配套制度更无法轻易摸清;领导干部申报后,只有受到举报并进入调查程序才视情况进行核实。另外,由于官员财产申报涉及面广,即牵涉到家属、近亲,从我国的国情看,公务员个人财产与其家庭财产相互融合,二者界限难以区分,如何确保公务员申报财产又不侵犯其他公民的私有财产权,就成了接下来我国廉政建设亟须解决的问题。笔者认为,必须结合我国的实际,进一步完善领导干部财产申报法律制度,规范申报的范围、程序和违规处罚制度,全面完善廉政法规机制建设。

3. 切实提高执行力

法制建设要坚持立行并重,全面维护法制的公信力和权威性,确保廉政法规落到实处。不断提高反腐制度执行力,确保反腐倡廉有法必依、执法必严、违法必究,是当前法制建设的重点和难点问题。强势执行要从思想建设入手,充分调动人的积极性、主动性和创造性,凝聚强大的执行合力。要不断创新方法方式,完善工作制度,探索形成责任分解机制、督查督办机制和考核追究机制等强势执行的新方式。要狠抓队伍建设,着力打造拼搏有为的干部队伍,为决策执行提供坚强的组织保障。领导干部要成为反腐倡廉的领头羊，自觉接受社会各界的监督，做到先行动、高标准、严要求。

（二）密切党群关系，发挥群众监督

密切联系群众是党的成功经验之一，同时也是加强党风廉政建设的根本保证。

1. 牢固树立群众观，积极引导群众参与反腐廉政建设

要自觉实践群众利益高于一切的理念，始终站在群众立场上想问题、办事情，坚持把群众的评价作为衡量工作成效的第一尺度，重民意，恤民情，察民愿，使反腐倡廉工作具有更大的群众基础，更好地贴近生活、服务群众。譬如这几年广东省创新开办的"行风热线""政民直通车"等社会类节目就是搭建政府与群众沟通的桥梁，推进行风、政风、党风建设，加强民主监督，倾听百姓呼声，维护群众利益，拓宽政府与群众的沟通渠道。让人民群众深入了解党风廉政建设的必要性、可行性以及执行情况，积极引导人民群众参与反腐倡廉建设中来，真正让群众拥有知情权、参与权与监督权，使人民群众切身感受反腐倡廉建设的意义，从而更加积极关注和支持廉政建设的深入开展。

2. 牢固树立以人为本、执政为民的理念

民生问题无小事，百姓冷暖最关情。胡锦涛同志在第十七届中央纪委第六次全会上深刻阐述了切实把以人为本、执政为民贯彻落实到党风廉政建设中的重要性，强调要把实现好、维护好、发展好最广大人民群众的根本利益作为一项工作的出发点和落脚点。民生问题是人民群众最关心、最直接、最现实的利益问题，真正把以人为本、执政为民落实到反腐倡廉各项工作中，切实解决好民生问题，最大限度地保障广大老百姓的根本利益，才能取信于民。所以，各级领导干部要转变观念，牢固树立以人为本、执政为民的理念，关注民生热点问题，着力解决人民群众反映最强烈的突出问题，才能从根本上将反腐倡廉落到实处。

3. 牢固树立以化解矛盾、维护稳定为重点，着力推进基层党风廉政建设

要加强调查研究，化被动为主动，切实把群众"上访"变为干部"下访"，认真分析群众反映强烈但整治效果不明显的热点、难点问题，查找问题的关键所在，找准工作的切入点和着力点，结合实际情况研究制定方案，逐个解决，逐项落实。按照第十七届中央纪委第六次全会的工作要求，进一步加大专项治理的工作力度，对当前工程建设、"小金库"、公务用车等领域的突出问题进行专项整治，切实治理和解决发生在群众身边的腐败问题。

（三）重拳出击，强劲查处腐败案件

查处腐败案件是廉政建设的最直接手段，震慑性、遏制性很强大，保持强劲查处案件的势头可以从反应速度、查处准度和惩处力度三方面着手。

1. 狠抓反应速度

建立健全工作协调和跟踪问效制度，确保群众诉求问题得到及时有效的解决，避免群众反映的腐败问题受到职能部门的相互推诿和无限期的搁置。对群众反映的问题建立查结工作限时制度；对一些管理职能交叉、久拖不决的难点问题，协调有关部门联合检查、联合办案，实行多部门联动合力解决问题，以反腐倡廉建设的实际成果取信于民。

2. 提高查处准度

建立违纪违规案件线索筛选机制，优先查办侵害群众利益、直接关系到基层社会稳定和发展的案件。充分发挥信访举报主渠道作用，对举报的涉及侵害群众利益的问题要优先受理、优先查处。要充分发挥纪委的组织协调作用，敢于和善于协调审计、检察、公安、财政等部门发挥各自的职能作用，敦促有关职能部门增强"民生无小事"的服务意识，形成办案合力，从而快速破案，让违纪违规者及时受到应有的处罚，从而达到震慑违纪违规行为的目的，同时以实实在在的反腐成果赢得广大人民群众的信任和支持。

3. 加大惩处力度

要加大惩治力度，重罚要不留弹性空间，让贪污的干部付出的代价比贪污得到的利益更大。例如，可以加大经济上的处罚力度，根据贪污的情节和程度逐步加大经济处罚，直至把贪官处罚为一个真正的穷光蛋，借鉴新加坡的做法，在刑法中增加"穷刑"。要加大对领导干部以权谋私、滥用权力，以及群众反映最突出、基层意见最大、社会影响最恶劣违纪违规行为的惩治力度，对欺行霸市、制假售假、医药购销、教育收费、食品安全、商业贿赂等重点行业的重点岗位要重拳出击，有效防范违纪违规问题的产生。要通过提高惩处力度，对侵害群众利益的违纪违规案件严查快处，直接震慑违纪违规行为，注重发挥查办案件中堵漏补缺、完善制度等方面的作用，对查处的典型案件进行深刻剖析，查找案发原因，以典型案件警示教育党员干部，制定具体有效的措施，防范类似问题的重复发生。实现查处一个、治理一域、管好一片的联动效果，从而减少违纪违规问题的发生，为社会经济的蓬勃发展营造良好的环境，切实构建良好市场运行规则和巩固改革开放市场取得的经济发展成果，更是实现社会和谐发展的需要。

参考文献

[1] 吕元礼. 新加坡为什么能 [M]. 南昌：江西人民出版社，2007.

[2] 卢正涛. 新加坡威权政治研究 [M]. 南京：南京大学出版社，2010.

[3] 陈新民. 反腐镜鉴的新加坡法治主义——一个东方版本的法治国家 [M]. 北京：法律出版社，2009.

新加坡公共管理创新视角下廉政建设的思考和启示

曾小仕

新加坡是一个华人占多数的东南亚岛国，截至 2010 年 6 月，国土面积 712.4 平方千米，是一个多元种族社会，总人口约 508 万，其中，华族约占 74.2%，马来族占 13.3%，印度族占 9.1%，其他种族占 3.4%。其执政的人民行动党自 1959 年以来连续赢得十余次大选，长期执掌新加坡政权。

新加坡最大的亮点就是廉洁、活力、和谐，被世人公认为很好地控制了贪污，其廉洁程度在世界名列前茅。总部设在德国柏林的"国际透明"组织每年定期发表贪污印象指数及全球贪污情况报告，截至 2010 年，新加坡已连续 16 年进入该组织的廉洁排行榜前 10 名，2010 年，新加坡、丹麦和新西兰都得 9.3 分，并列世界第 1 位。被誉为"东亚现代文明典范"和"世界上最有规矩的城市"的新加坡，经济繁荣发展，社会秩序井然，这与新加坡政府长期致力于廉政建设，并建立了一整套比较完备的反腐倡廉机制密不可分。新型的公共管理模式、先进的反贪理念、严厉的反贪手段、独特的反贪格局，以及丰厚的促廉保障，是新加坡成为高度廉洁国家的"秘籍"，值得我们借鉴学习。

一、新加坡公共管理创新和廉政建设的主要做法

新加坡坚持把政治管制与经济自由相结合，把共同理想与多元文化相结合，把一党独大与争取民众相结合，社会安定，经济繁荣，政府廉洁高效、勤政务实，为大多数亚洲发展中国家树立了现代都市发展的典范。

（一）以"亲民"理念服务于人民，为廉政建设指明了目标

新加坡人民行动党执政后把廉洁上升为国家战略，明确提出"为了生存，必须廉政；为了发展，必须反贪"，旗帜鲜明地开展反腐败斗争。人民行动党领袖反贪污立场坚决、率先垂范。李光耀执政几十年，政敌颇多，非议不少，却从未有人指责他贪污受贿、生活腐化堕落。人民行动党把密切联系群众作为保持廉洁的重要渠道，执政几十年来，始终心系群众、关怀草根，努力做到"不让每一户家庭感到绝望"。实行议员接待日制度，所有本党议员每周必须

安排两个晚上的时间用于走访本选区选民和接待选区上访群众，处理各种事务，为民服务；建立完善的社会保障体系，政府制定了多种政策来"防止形成一个下层社会"；建立成熟的社区管理模式，政府通过对社区组织的物质支持和行为引导，把握社区活动的方向。通过一系列务实的举措，树立了"以民为本，心系群众，关怀草根"的"亲民"理念，并赢得了人民的支持，为廉政建设指明了方向。

（二）以"廉洁"定位政府形象，为廉政建设奠定了工作准则

新加坡公务人员把廉政勤政作为工作的准则，每位公务员真正把民众的利益放在首位，时刻不忘工作职责，严守廉洁制度，确保国家公务员的形象。新加坡的廉政贯穿政治理念、社会秩序、文化氛围、政府透明、严查机制、高薪养廉等方方面面。政府公开透明，杜绝了腐败之源；权力分配的分散化，堵塞了腐败的渠道，使得官员没有机会腐败；明确规定的犯罪条款，使公务员一旦触犯规定就必须给予处罚，不再考量各种因素；犯罪者受处罚的概率极高，体现法律的震慑作用；给予政府官员高薪，减少政治领导人和高级公务员与私营企业界高级人员之间的收入差距，不但吸引了人才，而且降低了腐败的刺激和诱惑，起到防腐的客观效果。

（三）以儒家文化为引领，为廉政建设营造了良好社会文化氛围

新加坡把儒家文化倡导的忠、孝、仁、爱、礼、义、廉、耻作为整个社会尊崇的道德准则和行为规范，使崇廉思想从国家意识潜移默化为国民的自觉行动。新加坡治贪的关键是"领导人的意志"，与儒家"为政在人"的思想一致，主要强调的是领导个人品质在防治贪腐上所起的重要作用。吴作栋曾提出"儒家基本价值观应上升为国家意识"，即把儒家思想作为国家意识、治国纲领，行动党领导人倡导君子作风，主张君子执政，即"文胜质则野，质胜文则史，文质彬彬，然后君子"，修己即所以成为君子，治人则必须先成为君子。君子的诚实是廉洁之本，君子的正直是廉洁之源，把为政清廉作为修身的重要内容。"修身、齐家、治国、平天下"，家庭是社会的细胞、根基，家庭稳定，社会就稳定了，新加坡的报纸没有很多政治宣传和教育，教育都是通过家庭教育进行。由于倡导儒家思想，主张君子执政，20世纪80年代，新加坡政府在李光耀的倡导下为中学生组织编写了迄今为止世界上唯一一本《儒家伦理》教材。该教材从意识形态入手，通过总结教育倡导廉洁之风，树立廉洁意识，在思想上抵制、根除贪污的念头，最终达到使人不想贪的效果。以儒家文化为引领，倡导儒家价值观，强调君子执政，同时注重净化环境，为廉政

建设营造了良好社会文化氛围，以德倡廉，使人不想贪。

（四）以高薪揽贤为条件，为廉政建设提供强有力的保障

新加坡公务员的待遇在世界各国中是较高的。实践证明，"高薪养贤，厚禄养廉"及给予公职人员符合市场水平的足够薪酬，有利于新加坡公共部门和内阁争取和选用到好人才，并保障政府保持高度的廉洁诚实和高水准的能力。新加坡是先有廉政，后有高薪，实行高薪制的主要目的不是养廉，而在于吸引人才。高薪是相对的，公职人员的工资与企业家、律师、医生等社会精英相比，并不算高，而且除薪金外不再享有住房、用车等额外待遇。高薪酬与严管理相辅相成，新加坡公务员管理之严举世闻名，通过实行高工薪、高待遇政策，同时辅以严格管理，达到了吸引优秀人才和促进公务员廉洁从政的目的。在新加坡上层领导人和高级官员中还实行养老金制度，养老金的数额约等于月工资的1/3，如果在职时廉洁奉公，没有贪污腐败和违法行为，退休后，全家生活富裕，安居乐业，对有贪污、受贿等违法行为的人，则一律全部撤销其公积金。以李光耀为首的人民行动党，保持诚实的态度，正确看待人性，既是"社会人"也是"经济人"，正视、理解和适应新加坡社会发展的变化；正确看待政治，既是让人献身的事业也是养家糊口的职业；正确看待收入差距，采取市场的做法，让市场决定公职人员的薪金，以高薪揽贤为条件，为廉政建设提供强有力保障，以俸养廉，使人不必贪。

（五）以规范法制为前提，为廉政建设提供法律依据

人民行动党一上台，就把反腐败纳入法制轨道，做到了有法可依，有规可循，先后制定了《反贪污法》《公务员指导手册》《有关财产没收的反腐败法规》《公共服务条例》等一系列法律法规和行为规范，其法律完备，系统性强，对各级公职人员形成一套严格管理的约束机制。所有的官员及其国民都必须严格遵守国家的各项法律法规，在法律面前人人平等，没有任何的特殊和例外等司法措施，执行严格，约束性强。《反贪污法》一共35条，内容全面具体、可操作性强，惩处严厉。对"腐败""报酬"等重要范畴都进行了明确界定；对犯罪的惩处也都作了详细的规定。通过严密的规定减少腐败机会，防患于未然，堵塞贪污漏洞。实行民选总统制的权力制衡，最终达到使人不能贪的效果。特别是增加权力之间的制衡，减少权力运作黑幕，减少权力运行环节，减少自行处理权力，减少公共权力涉足和减少势力网、关系网等。以规范法制为前提，为廉政建设提供法律依据，以规固廉，使人不能贪。

（六）以严格执法为手段，为廉政建设实施提供保证

为使贪污腐败问题能够得到及时有效地揭露和查处，新加坡政府于1952年设立了一个带有独立色彩的、拥有特殊权力的反贪机构——贪污调查局。贪污调查局直接隶属于总理府，只对总理负责，不受其他官员管制。贪污调查局官员都不属于公务员，身份有严格的法律保障，调查权力有严格的法律保证。贪污调查局秉公执法、有罪必罚，雷厉风行、精干高效，严于律己、以身作则。贪污调查局内部管理严厉，对于害群之马绝不袒护姑息。在设置"强权部门"查处腐败问题的同时，还建立了严密有效的监督机制。建立了严格的高层监督制度，推行了严格的公务员选拔和任用制度，实行了严格的财产申报制度，实施了严格的日常考核制度。通过立法严格、执法严厉，反贪调查局能将腐败分子绳之以法，为政府廉洁提供保障，最终达到使人不敢贪的效果。

二、我国廉政建设的思考

我国作为最大的发展中国家，经济社会发展也遭受着贪污贿赂等腐败行为的严重侵蚀。对此，我国有十分清醒的认识，把反腐败斗争摆到了关系到改革开放能否健康推进、社会主义现代化建设事业能否顺利实现和党的生死存亡的政治高度。在新的历史条件下提高党的建设科学化水平，必须坚持标本兼治、综合治理、惩防并举、注重预防的方针，深入开展党风廉政建设和反腐败斗争，始终保持马克思主义政党的先进性和纯洁性。他山之石，可以攻玉，结合我国国情，我们应在以下几方面加强工作。

（一）以科学发展观为引领，贯彻落实反腐倡廉工作

我国正处在"十二五"规划和全面建设小康社会的关键时期，必须毫不动摇地坚决贯彻落实科学发展观。科学发展观内涵十分丰富，它的基本要求是坚持以人为本，全面、协调、可持续发展。反腐倡廉是党的工作的重要组成部分，同样也面临着要发展、为什么发展和如何发展的重大问题。反腐倡廉与科学发展相互影响，相互促进，相得益彰。贯彻落实科学发展观，将从总体上解决我国发展中存在的各种矛盾问题，为反腐倡廉提供良好的基础。反腐倡廉工作的不断推进，将有力地保障科学发展观的贯彻落实，为促进科学发展打造组织基础、群众基础、体制基础。并且，反腐倡廉是实现社会公平正义的重要举措，是和谐社会的重要条件和基本特征。只有真正做好了反腐倡廉工作，构建和谐社会才可能实现，才能营造以廉为荣、以廉为乐、以廉为美、尊廉崇廉的

社会氛围。

（二）坚持与时俱进，创新反腐倡廉工作

在改革开放和发展社会主义市场经济的过程中，党风廉政建设和反腐败斗争遇到了许多新情况、新问题，应对形势和任务的变化发展，必须以创新的思路谋全局，以创新的举措抓落实，以创新的办法求突破，不断为反腐倡廉工作注入新的活力。

1. 创新理念

进入 21 世纪，党风廉政建设和反腐败工作既面临新的机遇，又遇到新的挑战。我们正处在政治、经济、文化建设和体制改革的进程中，诸多社会矛盾相互交织。在体制转轨、结构调整、社会变革的历史时期，反腐倡廉工作原有的思维观念、方法手段和运行模式亟须改革、调整和适应，必须与时俱进，在探索中求发展，在创新中争主动。

2. 创新理论

反腐倡廉理论创新要坚定不移地贯彻党的基本路线，坚定正确的政治方向，旗帜鲜明地宣传党中央关于反腐倡廉的决策部署。人民群众是我们党的立党之本、执政之基、力量之源，要做好反腐倡廉理论创新，必须深入实际，深入群众，坚持走群众路线，弘扬党密切联系群众的优良传统，始终坚持以人为本，执政为民。不断健全完善服务群众机制，健全联系群众制度，创新联系群众方式，改进健全信访制度，健全党和政府主导的维护群众权益机制，进一步加强基层党风廉政建设，认真整改党政机关和领导干部作风方面存在的突出问题。

3. 创新方法

创新教育方式，大力开展理想信念和廉洁从政教育，引导党员干部牢固树立正确的世界观、人生观、价值观，正确对待权力、地位和自身利益，认真解决好在廉洁自律方面的突出问题。创新责任机制，各级党委、政府要认真贯彻党风廉政建设责任制，党政一把手要切实履行好治本抓源头的领导责任。按照"谁主管谁负责"的原则，层层落实领导责任和工作责任；结合工作职责，制定相互关联、总体配套的改革方案和具体措施，整体推进廉政建设工作。

4. 创新实践

创新管理体制，一要改革行政审批制度，规范行政审批权力；二要改革干部人事制度，遏制选人用人上的不正之风；三要推进司法改革，规范执法行为。创新监督机制，一要加强专门机关的监督；二要充分发挥群众监督的作用；三要强化新闻舆论监督，拓展监督渠道，进一步拓展反腐败舆论监督的形式。

(三) 打造廉洁文化，推进廉政氛围建设

廉洁价值体系是社会主义核心价值体系的重要内容，只有用社会主义核心价值体系指导廉洁价值体系，用社会主义核心价值体系指导当前党风廉政建设的全过程和各个方面，才能真正形成核心的廉洁价值体系。通过培养提高国民的思想道德素质，从思想源头上预防腐败，增加民众对反腐败知识的了解，加强民众对腐败问题的认识，提高公民参与政治生活的能力和意愿，减少社会文化习俗产生的腐败。进一步扩大廉洁教育的范围，提高廉洁教育的实效性。廉洁教育不仅包括广大党员领导干部，而且包括广大群众，特别是青少年学生，从小向孩子灌输"俭以养德，廉以养身"的廉洁思想，培养他们"君子取财，取之有道"的是非观念，从小学到大学的教材里应该有反腐倡廉方面的章节内容。

(四) 从严治党，建立健全反腐败法律体系

改革开放以来，我国在反腐倡廉立法方面作出了不懈的努力。据统计，全国人民代表大会和国务院已通过有关惩治腐败方面的法律、法规230多件，党内还制定了其他专门规定。随着我国反腐败斗争逐渐深入，各种反腐倡廉法律法令以及有关规章制度日趋完备，但从总体上看，我国至今还没有专门的反腐败法，已有的反腐败的法律、法规法令还比较分散，并且相关制度不是很齐备，尤其缺乏配套机制，这在很大程度上制约了反腐败斗争的深入开展和总体效能。

我国反腐倡廉工作必须关注制度的建设问题，要从根本上遏制和清除腐败现象，关键是要加强法制和制度建设。许多情况表明，有了比较完善的规章制度，反腐败斗争就能够有章可循。领导者以身作则以及人民群众对领导人的监督，也就容易得到保证，因此，反腐败斗争必须逐步转向法制化轨道，既治标更治本。加强反腐倡廉国家立法工作，适时将经过实践检验的反腐倡廉具体制度和有效做法上升为国家法律法规，建立健全防治腐败法律法规，提高反腐倡廉法制化水平。

(五) 加大执行力度，构建预防腐败防线

邓小平说过，"好的制度可以把坏人变好，坏的制度可以把好人变坏"，一个好的制度如果不严格执行，也会把好人变坏。现在党风廉政建设的各项制度都比较健全，主要是执行的问题。无论是法制建设还是党风廉政建设，关键

是执行力。增强政府政策透明度,加大执行力度,对反腐败的执行要像新加坡贪污调查局的独立和与高效看齐。只有这样,反腐败工作才能上更高水平。

查办案件是惩治腐败的重要手段,是最直接、最有效的监督。只有惩处有力,才能增强教育的说服力、制度的约束力、监督的制衡力、惩治的威慑力和改革的推动力。加大预防工作力度,推行公开透明、阳光操作,凡是实行公开透明的就不容易出问题,凡是出问题的肯定是不公开透明的。以《中华人民共和国政府信息公开条例》实施为契机,着力推行阳光操作,着力打造阳光政府。

(六)整体推进,综合治理,促进廉政建设工作上新台阶

加强廉政建设,必须整体推进,综合治理,在当前,要按照党中央关于反腐倡廉工作部署和要求,标本兼治,综合治理,惩防并举,注重预防,深入推进党风廉政建设和反腐败斗争。

1. 加强党风廉政建设责任制建设,提升反腐倡廉整体合力

党风廉政建设责任制,关系到反腐倡廉建设各项工作的全面展开,关系到反腐倡廉领导体制和工作机制的全面建立,关系到各级党组织和领导干部反腐倡廉职责的全面落实,是推进党风廉政建设和反腐败工作的重要举措,当前和今后一段时期要继续贯彻好、落实好这一制度。首先,坚持和完善党委统一领导、党政齐抓共管、纪委组织协调、部门各负其责、依靠群众支持和参与的反腐败领导体制和工作机制。其次,党委、政府、纪委与有关部门要切实履行责任制,紧密结合业务工作,及时掌握和全面分析管辖范围内的党风廉政建设责任制落实情况,切实解决存在的突出问题,抓好所承担的反腐倡廉任务的落实,抓好本部门本系统的党风廉政建设和反腐败工作。再次,严格责任追究,维护责任制的严肃性。

2. 建立有效的权力运行机制,确保权力的正确行使

要积极推进行政权力的依法配置,科学规范职能,合理设置机构,优化权力结构。建立规范的权力运行机制,在权力运行的每一个环节上,涉及重大决策、重要干部任免、重大项目安排和大额度资金的使用,以及国有资产的重组并购等,都应作出程序方面的规定,明确规定行政机关行使权力的方式、方法和步骤,严格规范行政机关的行政行为,使权力运行的决策、执行、监督等环节在时间上相衔接、在功能上相协同,建立严密的权力制衡和监控机制。建立权力与利益脱钩机制,尽可能消除行政机关及其工作人员因利益驱动而产生的腐败问题,加强对权力的制约和监督,保证权力正确行使。通过科学配置权力,健全权力运行程序,完善监督措施,逐步建立健全决策权、执行权和监督

权既相互制约又相互协调的权力结构和运行机制,防止权力失控、决策失误、行为失范。

3. 加强公务员队伍建设,筑牢廉洁高效政府建设的基础

在推进公共管理体制创新和廉政建设过程中,要切实把提高公务员队伍整体素质和建设水平抓住不放,抓出成效。一是提高公务员选拔任用工作的公开和民主化程度,推进和完善公开选拔、民主选举和政府雇员制度。二是加强公务员队伍的教育和管理,建立健全思想道德自律机制;完善公务员管理配套制度和措施,健全完善公务员动态管理机制,研究制定公务员能力素质标准,建立健全公务员绩效考评机制。三是加大对公务员的惩处和激励力度。四是推进公务员薪酬改革。要注重运用经济手段调整人们的行为取向,用经济手段消除腐败现象滋生的经济诱因,建立起合理有效的利益调节机制;建立廉政公积金制度,激励和约束公务员廉洁从政。

4. 着力强化反腐败国际合作,严厉打击腐败犯罪行为

要通过有效的国际合作,形成坚决打击和遏制腐败犯罪携款外逃的局面,推动我国反腐工作向纵深发展。加大开展政府层面、政府部门以及反腐败部门层面的反腐败执法方面的国际合作。从实际出发,建立起与腐败资产流入国共同分享腐败资产的机制,最大限度地追回腐败犯罪资产,维护国家利益。

参考文献

[1] 吕元礼. 新加坡为什么能 [M]. 南昌:江西人民出版社,2007.

[2] 吕元礼. 新加坡治贪为什么能 [M]. 广州:广东人民出版社,2011.

[3] 王桃. 新加坡政府公共服务经验和理念初探//郑德涛,欧真志. 和谐社会构建和公共服务新探索 [M]. 广州:中山大学出版社,2010.

新加坡人力发展的经验和借鉴

彭 力

目前,国际上已逐渐认同新加坡在经济与政治上的发展模式。作为与其密不可分的人力发展是否也成为一种模式呢?笔者认为答案应是明确的。社会科学文献出版社发布的《人才国际竞争力:探寻中国的方位》指出,2006年全球人才综合竞争力排名中,新加坡人才竞争力综合指数位居第二,仅次于美国。2005年瑞士洛桑国际管理学院(IMD)在对外国高技能人才环境吸引力的评选活动中,也将新加坡列为世界第二位。

一、新加坡人才战略特点

新加坡的人力发展已取得了巨大的成效,具有三个鲜明的特点。

(一) 坚持理性实用的人力发展观,不断优化人力发展战略

理性实用思想是指导新加坡探索发展道路的核心哲学思想和方法论,体现出价值理性与工具理性的融合。从思维理路来说,这就是立足于不断出现的现实问题进行动态的措施调适,以求更有效地解决问题。李光耀曾谈到,"儒教并不是一种宗教,而是一种实际和理性的原则,目的是维护世俗人生的秩序和进展","对于任何理论或建议,我只问同一件事,就是行不行得通?我们是要解决问题,我不在乎理论漂不漂亮、优雅不优雅。如果没有用,就换别的来做"。理性实用思想的人力发展观主要体现在以下几方面:

1. 把人力发展当作经济发展的重要组成部分来认识和定位

新加坡的人力问题始终是在经济发展的范畴内,与国家竞争力相联系的核心问题。因此,他们树立和保持了人力发展与经济发展相协调的思维和敏感,把人力资源结构调整放置于产业转型升级的框架内考虑。

2. 强烈的人力资本观念

人力资源是第一资源、人才立国的观念已内化为国家的价值观,成为一种自觉的发展理念。人才资本是指导新时期发展的新思维。新加坡前人力部部长黄永宏提出,新加坡的下一波发展有赖于人才资本,特别是那些可以提供新概

念,并将概念变成产品的人才。

3. 精英人才观

新加坡敢于面对人的初始发展条件的差异,承认人的能力存在高低之分的现实。从资源稀缺、保持竞争力的角度提出了精英人才的观点。李光耀认为,人才是实现善治的核心,并提出了以品质、分析能力、现实感、想象力、领导能力、干劲来衡量人才的观点。在实际操作中,引入了荷兰皇家壳牌公司的招聘标准,强化对绩效和潜力的考核。特别是人才的潜力方面,提出了 HAIR 人才标准(如表 1 所示)。

表 1　HAIR 人才标准

H	"直升机"品质	用整体性和长期性的观点来审视问题的能力,不失去对最重要问题的洞察力
A	分析能力	高级智力、逻辑、理性分析和判断力
I	想象力	想法的独创性,想象和创新的能力
R	现实主义	考虑到实际条件和环境,以及解决方案的可行性

资源来源:引自梁文松、曾玉凤《动态治理——新加坡政府的经验》,中信出版社 2010 年版,第 147 页。

4. 实用人才观

新加坡并没有严格意义上的人才概念。新加坡学界一般认为为将来作出显著区别贡献的就是人才。而政策意义上的人才概念是动态的,目前可按三种标准来界定:第一种是学历标准,要求具有大专以上的学历;第二种是工资标准,要求月工资达到 2500 新元以上;第三种是工资加技术资格证书标准,即要求月工资不低于 1800 新元,有技术资格证书(新加坡大专毕业生的工资标准是 1800 新元)。这可以通过工作准证政策加以深化理解。Q 类准证规定,月薪不低于 2500 新元,拥有新加坡承认的大学文凭的人士可申请 Q 类准证,其权益包括可办理家属准证,不实行征税或外籍员工限额。S 类准证适用于基本月薪不低于 1800 新元,拥有相关文凭、技术资格和工作经历的专业工人或技师,其权益包括月薪不低于 2500 新元的可办理家属准证,月薪为 1800～2500 新元的要实行征税或外籍员工限额。随着经济社会的发展,新加坡在引进人才上逐渐淡化学历标准,例如,李显龙在 2006 年的国庆庆典上专门提到新加坡要吸引如有"美发天王"之称的颜天发之类的学历不高但技术出众的专业人才。

在理性实用的人才观指导下，新加坡政府不断地制定、调整切实有效的人力发展战略来规划、引导本国人力资源的开发。特别是把握人力资本是经济发展的内生变量的特质，重视通过制定规划来促进产业发展与人力发展相协调。20世纪70年代初的新工业化策略就强调要调整和引进训练、教育、就业、工资和劳动力市场政策；对高级、中级和初级技能的人力应有周详的计划，以适应产业升级的需要。1998年，新加坡政府制定了《"人力21"报告书》，明确提出了六大策略：综合人力发展；终身学习，提高就业能力；扩大人才来源；改变工作环境；发展蓬勃的人力行业；加强伙伴关系。为应对国际金融危机带来的就业压力和着眼于把握未来发展机遇的战略考量，2008年12月启动了技能提升与应变计划，加强对职工的技能培训的投入力度和对培训质量的控制。科学的人力发展规划有利于引导人力资本的投资和积累，创造更多的教育、培训的机会，为新技术、新产业的突破和升级积累条件和基础。

（二）坚持在人力资本投资的框架内推进人力资源精细化开发

1. 坚持人力资源开发的优先投入

新加坡把投资于人作为政府的主要工作来抓，保证在教育、技能培训、高端人才培养资金等方面的优先投入。政府部门通过直接拨款投入、征税设立基金资助以及税收减免等方式来引导整个国家对人力资本投资的重视，激发大家的投资积极性和主动性，形成了众人拾柴火焰高的局面。历年投入于教育、培训及人才方面的资金与国防支出排在政府总支出的前2位，总计达1/3强。政府还设立了多种基金和奖学金。"技能培训基金"设立以来的1979—2004年期间，政府共拨出19亿新元，提供了970万个培训机会，相当于每个新加坡人（含永久居民）接受培训2.29次。政府还设立了"终身学习基金"（Life-long Learning Fund），目前基金的总额达20多亿新元。在政府的带动下，有关单位和企业也设立了培训基金。例如，全国职工总会设立的"教育与训练基金"，仅2000年就资助了近2万个培训学额；资讯通信发展局也设立了资信业人才培训基金，连续5年投入1.2亿新元。

2. 实行教育的分流政策以培养高质量的人才

教育分流是根据学生的学习能力安排相应的学校和课程，通过小学、中学阶段的分流，引导学生分别进入理工学院、工艺教育学院、大学进行深造。分流后，半数以上的学生进入理工学院或工艺教育学院，即技术源流。理工学院毕业生获得文凭（相当于我国的大专），而不是学位；工艺教育学院毕业生获得证书。少数成绩优异的学生进入初级学院或高级中学后通过剑桥A水准考试进入大学，毕业后获得学位。而参加初次就业的毕业生的工资是与他们的学历和证书紧密相连的。通过分流的政策，一方面增强了学生的就业能力，另一方面减少了教育资源的浪费，也为一些在学术上有发展的学生提供更多的教育资源，促进他们成为国家的精英人才。

3. 建立以技能发展基金（SDF）为核心的职业培训政策体系

新加坡人力资源开发事业的三大支柱是：基础教育、职业教育、大学教育。职业教育又可以分为两大部分，一个是学历教育，一个是职业培训。新加坡的职业培训分为三种。第一种是由政府资助企业开展内部培训，并让企业承担部分社会培训项目。由企业主导并负责培训课程设计和实施，政府通过劳动力开发局给予资助。资助范围主要包括：课程费用（有的高达总费用的90%），对公司因员工接受培训而导致工作缺席的补贴，培训人员的生活补贴，等等。这种方式最为企业所接受，而且培训的效果很好。第二种是政府主导，培训机构承担培训的方式。由劳动力开发局来确定培训项目、课程设计，并给予资助（方式与第一种相同）。第三种是单位、企业自己独立开展的培训。

技能发展基金制度是职业培训制度体系的核心。其设立的目的是鼓励雇主为雇员的技能升级作投资。1979年，新加坡政府根据技能发展征税（SDL）法案设立了技能发展基金会，基金的来源是通过向企业征收技能发展税的拨款。2008年10月1日起，缴交标准是所有月总工资达4500以上新元的以4500新元的0.25%计缴，低于4500新元的以2新元计缴，每年收入约1亿新元。其运作的一般要求是：

（1）每项培训必须由企业提出申请，员工和失业者自己不能提出，以保证员工培训必须是企业和社会当前所急需的。

（2）基金不完全承担培训经费，企业至少要承担10%～20%的费用，避免企业滥用基金，有效控制了不必要的浪费。

（3）资助方式通过不断检讨调整而保持有效性，以充分发挥政策在调动企业、受训员工积极性的作用。例如，对于训练课程是在公司内部举办并由公司职员主持的，辅助额是每个员工每小时3新元；对于训练课程由其他机构所举办的，辅助额为课程学费的50%～80%，最高限额是每个员工每小时8新元；对于在海外举办的训练课程，辅助额是每个受训者每天80新元。

为了保证培训的质量和资金投入的效益，人力部建立了一个保障系统，包括对培训机构的认可、对课程的质量认证及培训效果的评估，以及对骗取培训资助行为的法律处罚。还在具体的实施方式上进行创新，如通过向培训机构购买培训名额以减少占用企业的流动资金、实施培训与资格证书认证相结合的项目等。

4. 大力培养和造就精英人才

新加坡没有对精英人才的范畴作出学术上的概念界定，一般可以理解为指能力超强，并具有巨大发展潜力的人才，主要包括政府高官及高级公务员、企业家、高层次的科研人员和大学教授。由于新加坡政府重视并通过超常规措施来吸收精英，因此，政府高官及高级公务员占了精英人才的大部分。目前，在政府部门任职的拥有学位的官员的10.6%是公共服务部门的奖学金获得者，而在法定委员会中这一比例为16%。行政官员是政府实行善治的中坚力量，其选拔和培养的做法充分体现了新加坡政府的精英人才政策。行政官员是等级最高的公务员，主要指常任秘书、副常任秘书和各部门主管等，他们的职责是协助政治领导人即总理、部长作出决策，并执行政策，是政治领导人和政府机构的接口。这一层次的公务员必须要选拔最优秀的人才体现了新加坡政府推行精英主义的内在逻辑。从数量上看，只有极少数的人能够升迁到这个级别。2006年统计数据为184人，占政府公务员总数的0.28%，占组别一（包括行政服务官和专业服务领域的官员，基本由具有大学毕业学历的人员担任，2006年统计数据为32412人，占政府公务员的50.2%）人数的0.57%。为了做好选拔和使用工作，新加坡从进口、"楼梯口"、出口等环节着手，建立了比较科学的选拔和使用机制。

一是按照定向培养的方式来保证候选人的素质。候选人的范围主要是从公共服务委员会的奖学金系统如海外优异奖学金、武装部队海外奖学金得主中进行选择，还有的从在职的专业服务项目奖学金得主中选择，从而确保了候选人的质量。

二是实施管理助手项目加潜力评估的方式进行聘用。为了能够有效地评价出候选人的能力，政府推行了为刚毕业的奖学金得主们量身定做的项目。他们协助资深人员和常任秘书开展工作，经过一定时间的考察后，具有行政官员潜力的管理助手将通过常任秘书的推荐接受公共服务署的面试。面试主要是按照潜力评估的标准进行。进入行政服务部门后，他们将按照培养高级公务员的路径进行发展。

三是坚持绩效和价值的升迁标准。为了挑选出最优秀的人才担任高级公务员，公务服务委员会建立了评估系统，主要是对官员的绩效和潜力进行评估，具体包括工作审查和发展评估。工作审查主要是对工作绩效进行定性的评价。发展评估主要是根据"当前估计潜力"（CEP）（见表2）、工作投入程度、团队工作等标准进行。根据这些标准评定官员相对于其他人的级别，并点评受评人成为常任秘书的可能性。当前估计潜力低于副常任秘书级别且年龄已达35岁左右的官员将被建议离开公共服务部门，而高绩效、高潜力的官员将会得到较快的升迁。

表2　对组别一的官员的潜力评估系统：影响当前估计潜力的品质

直升机品质	宽广的视野 长期视角
智力素质	分析力 想象力和创新 现实感
结果导向	成就动机 社会政治敏锐性 决断力
领导素质	激励能力 授权 交流和咨询

资源来源：引自梁文松、曾玉凤《动态治理——新加坡政府的经验》，中信出版社2010年版，第247页。

四是岗位轮换和持续培训发展。为了尽快使具有发展潜力的公务员成为行政官员，新加坡政府设计了专门的发展路径——岗位轮换。每一次的岗位轮换周期为2年，既让官员对各个专业领域有更全面的了解，也能够让公共服务署加深对官员的考察。他们还会承担政策执行、监管运作方面的工作，以及派到政府相关组织、联合国等国际组织、私人公司锻炼，以培养全面的工作能力。除此之外，他们还要参加政府部门开设的品牌培训项目和一个结构化的培训，学习有关战略设计、政策制定、领导艺术方面的课程，参加政策研讨、实地调研和海外考察。

五是建立精英人才的市场价格机制。对于人才特别是高级人才的工资，新加坡规定不受工资理事会发布的工资指导的影响，而是根据人才的市场价格来定价。一般行政官员的年薪达30万新元以上，最高可达150万～160万新元（新加坡2008年人均国民收入约4.2万新元）。

通过这一系列的措施，新加坡政府取得高效业绩，为具有高发展潜力的精英人才脱颖而出创造了充分的条件，从而保证公务员中坚力量的稳固和发展。例如，曾担任公务员首长的林祥源23岁进国防部，18个月后被任命为新加坡汽车工程公司总经理，34岁任国防部常任秘书；许多常任秘书都由30多岁的年轻人担任。如果说李光耀36岁便被选任总理是由于历史的特定条件使然，由其管理的政府出现人才辈出的现象则是精英人才观及相应制度安排的使然。

(三) 实施全方位的人才引进战略

新加坡政府从建国初始就把人才引进作为国家的基本国策。李光耀曾用两支火箭来比喻国内、国外人才的重要性。他说："我们一直都像美国的太空梭，应用两支火箭来推动进入太空。我们有一支新加坡自制的火箭，而为了有更大的力量，我们还有另一支用进口零件在新加坡装配的火箭，我们要努力继续拥有这两支火箭。"其发展史也是一部人才引进策略的演变史。今天，新加坡用胸怀全球的眼光、前瞻性的思维配置世界人才，以支撑他们不断超越的追求。新加坡实施了"更新、更高、更好"的人才引进战略：选择具有国际竞争力的产业及处于学科前沿的研究项目来引导人才引进，以超常规的投入和手段吸引世界领先水平的专业人才，并创造更好的干事创业条件支持人才成就事业。具体举措有：

1. 以誉吸才

新加坡把打造优良的居住环境、就业环境和政务环境当作经济发展的基础工程来抓，获得了较高的国际声誉。"花园城市"等美誉散发出巨大的磁力，吸引了世界各国人们尤其是高层次人才的关注。

2. 以网觅才

政府在海外设立"联系新加坡"的机构作为联系世界人才的窗口，加强海外宣传和招聘工作，尤其对紧缺的高端人才，还派出专人跟踪联系。同时，建立发达的电子网络，实现与世界各国人才的紧密联系。

3. 以情化才

新加坡政府高层求贤若渴的态度被世人所赞赏。这方面，李光耀为大家树立了良好榜样。从早期担任政府经济顾问的荷兰经济学家温斯敏博士，到现在担任新加坡国立大学东亚研究所所长的郑永年教授，都被其尊重人才、求贤若渴的诚恳态度所感动。

4. 以才聚才

一方面，新加坡通过发展教育产业，招收世界各国各个年龄段的留学生包括小学生来新加坡读书。另一方面，通过产业集群来聚集人才。从早期的石化产业到近年的生物医药产业，都集聚了一大批高层次的国际人才，如诺贝尔医学奖获得者、美国遗传学家悉尼·布雷内（Sydney Brenner），英国癌症研究领域的带头人大卫·莱因（David Lane），克隆羊多利的创造人柯曼（Alan Colman），以及基因研究专家刘德斌博士（Edison Liu），等等。新加坡智力资本最为集中的科技研究局，2005年共有751位博士在此工作，其中，外籍人才有 500 人，占总人数的 67%。

5. 以业留才

为了使这些高层次的国际人才能够安心工作，除了给予较好的薪酬外，新加坡更多地在成就事业上下功夫，提供具有国际竞争力的创业成业条件。这可以从建设纬壹科技城的事例加以证实。基于"一栋建筑就是一个创新社区"的理念，新加坡政府把纬壹科技城规划为一个集工作、学习、生活、休闲于一体的活力社群。投入巨资建设基础设施，购买世界一流科研设备，吸引世界一流的科研院所、人才和跨国公司、本地企业合作研发，形成从上游研究到下游开发的发展链。各政府职能部门参照跨国公司的体制设立董事会，作为决策机构，并成立科技研究局，由国内外知名科学家、企业家出任董事，参与科技政策的制定，致力于促进科研成果转化，支持国际人才的创业发展。

6. 以契拥才

在人才资源的利用上，新加坡基于理性实用观念出发，较好地处理长远收益和短期收益的问题。一方面，重视通过长期契约如永久居民吸纳人才长期为新加坡服务，如直接吸纳投资移民和体育、文艺、技术等专才入籍。另一方面，热烈欢迎世界各国的人才到新加坡开展短、中期的工作项目。例如，实行留学生学费赞助或将奖学金资助与服务协议挂钩，要求留学生毕业后为新加坡服务 3 年或以上；放宽就业、工作准证的门槛，以补充国内劳力的不足。新加坡通过系统性的引才战略已成为一个国际性人才的高地。

二、新加坡人才政策对广东省人力资源开发的借鉴意义

当前，广东省正推行产业劳动力双转移和建设人力资源强省的发展战略，很有必要选择性地借鉴吸收新加坡人力发展的先进经验，以推进广东省人才战略的有效实施。

（一）强化理性实用的思想，创新广东省人力资源开发观念

新加坡的经验表明，理性实用的思想是普遍适用的科学理论。对于广东省来说，当前最为重要的是在人力资本的框架内审视我们的人力资源开发工作，同时，要树立精细化开发的理念。

当代美国经济学家雅各布·明塞尔认为：人力资本作为技能的实体，是对它在为国民经济增长作贡献过程中所发挥的生产协调因素作用的理论概括。人力资本作为一种新知识的源泉，将生产函数向外推移并产生世界范围的经济增长。美国经济学家保罗·罗默 1990 年在理论上第一次提出了技术进步内生的

增长模型，把经济增长建立在内生技术进步的基础上。他认为，知识的积累、技术的进步对于经济的增长具有决定性的作用，而作为其载体，人力资本具有规模报酬递增的性质，即人力资本投资刺激知识的积累，反过来，知识的积累又促进投资的良性循环。在这一过程中，资本对经济增长的关键性作用已让位于知识和技术进步。人力资本活动不仅涉及可利用的知识在人群中的传播与吸引，而且也生产成为创新的技术变动源泉的新知识。

人力资源开发是通过建立一种学习模式来开发人的潜在能力，也是知识积累和创新的过程。建立什么样的学习模式，这是人力资源开发的关键。从当前的实践来看，这是一种仍未能很好地得到揭示的问题。我们更多地强调人力资源开发的重要性，而未将这项工作真正落实到一条合理、有效的道路上来，只投入、没产出或者低产出的现象仍然比较普遍。人力资本为人力资源开发找到了一条可行性的路径安排，即必须要立足于经济发展需要的进程寻找人力资源能力发展的方向。

新加坡的经验表明，其合理有效的路径就是通过产业引导人力资源开发，根据产业的需要安排投入，并在市场的推动下提升投资的效益，使人力资源的能力提升进入规范化的程序中稳步发展，从而进一步支持产业的转型升级。同时，坚持通过引进高层次人才来提升产业的竞争力，通过差异化的产业安排引导、吸收具有国际竞争力和发展潜力的领军人才，引领重点产业的升级，从而带动整体产业的转型，形成双轮驱动、互相促进的格局。

基于追求效益的动力，要求我们进行精细化的人力资源开发。精细化不仅是一种工作要求，也是一种理念。这种理念的主要内容可以概括为：基于问题的意识，用合适的标准来定位方法选择，满足差异化需求的绩效观、权变的思维。精细化的理念为新加坡推行精细化人力资源开发提供了有效的指导，对于广东省来说，也有着方法论的意义。

（二）优化人力资本投资和人力资源开发策略

新加坡在人力资本投资和人力资源开发方面的经验可以概括为：人才优先、技能为本，政府主导、企业主体，产业引导、市场选择。

所谓人才优先，是指在具有国际竞争力的产业和与影响长期发展的科研有关的人才项目上，不仅在国家财政投入上处于优先地位，而且在整个社会的投资比例中都占有重要的地位。技能为本是指通过国家的财政投入和发动社会的投入，使培养技能的投入在社会整体投入上占主要的地位。政府主导是指在整个投资活动中，政府发挥牵头、支持、激励的作用，既包括运用财政收入进行直接投资，也包括运用政策手段来促进投资。企业主体指在人力资本投资中，企业既是投资项目的开发者也是具体实施者,不仅要承担经费的筹集,还要具体承担人力资源开发的内容安排、方式选择等工作。产业引导是指投入要基于增强产业的国际竞争力和保持地区竞争力需要。市场选择是指要尊重人力资本价格的市场形成机制,由人力市场通过发布真实的人力价格信息来引导人们把握人力资源开发的重点。

对于广东省来说,必须坚持高层次人才和技能人才并驾齐驱的发展路径,需要注意的是资金投入的比例在不同时期应有所侧重。一是在保持投资稳定有增的基础上,加大政府对职业教育、专业技术人才和技能培训的投入,特别是可以借鉴新加坡通过税收的形式建立职业能力培训基金,以保证投入的稳定性,并要通过政策上的支持如税收优惠来激励企业、个人加大投入。二是按照通过发挥企业内部培训积极性和加强行业内的辐射作用的思路,积极探索如何有效发挥企业在培训上的主体作用的新路子。可以考虑由政府联合有一定规模且有培训能力的企业建立培训中心,并给予相应的资助,在满足企业内部培训的同时承担政府指定的培训;也可以针对民营中小企业对培训的积极性较低的情况,通过政府资助的形式开展针对民营企业管理层的培训,一方面增强这些人对培训的认识及重视以促使他们重视企业员工的培训,另一方面帮助中小企业管理层提升能力。目前,国家中小企业局开展了国家银河培训工程,但这种培训更多地采用了讲座的形式,属于普及性的培训,专业性和深度还不够。江苏省委组织部、人力资源和社会保障厅、中小企业局联合举办了资助中小企业管理者到南京理工大学读 EMBA 的活动,18 万学费中政府资助 4 万。广东省可以考虑开展类似的培训,具体的方法可以进一步探讨研究,重点是要组织一些费用不会太高的实用的培训,且前几期的培训一定要在资助上有较大的优惠,开好头,形成良好的社会效应。三是完善人力资本市场,逐渐建立人力资源市场价格形成机制。

(三)实施超常规的人才引进战略,加强人才特区建设

在广东省产业的国际竞争力有所加强的条件下,面对全球化的人才竞争,必须要实施超常规的人才引进战略。美国哈佛大学教授迈克尔·波特认为,可持续的竞争战略优势包括:企业具有独特的竞争定位;根据战略调整活动;有明确的取舍原则,并选择主要竞争对手;竞争优势来自于跨活动的整合;持续的效果来自于整个活动体系,而非个别单一的活动;等等。同时强调,系统性的战略才能保持可持续的竞争优势。因为竞争者即使寻求追赶上一个系统性活动,也只能模仿到部分活动,而无法全盘照搬。从新加坡的经验来看,大致与此理论是契合的。

优化广东省的人才引进战略，既要吸收竞争论的科学性因素，也要借鉴新加坡的经验。广东省的人才引进战略可以按照"更精、更强、更优"的原则进行安排。"更精"是指坚持明确的取舍原则，按照差异化的要求选择产业发展方向，并在专业人才的选择上做到与产业发展相配套，确保人才所研究的项目既具有强大的市场潜力，也比较靠近产业化生产的环节。"更强"强调人才对象具有高成长性，不仅专业竞争力强，而且年龄等也要具有强大的发展潜力。"更强"并不等于"更高"，更高有时会更看重人才的声誉，但声誉并不代表其专业能力。更强不仅要求人才当前的水平具有国际性，其发展潜力也要具有很大的空间。"更优"是指具有充分支持人才干事创业的配套条件，从竞争角度来看，不仅具备区域竞争力，也具有国际竞争力。

新加坡纬壹科技城就是一个参照标准，如果无法与之比肩，则我们的竞争力就会处于相对劣势。建议把握好三点：一是打造具有国际竞争力的人才特区，必须举全省之力来建设，宜精不宜多；二是人才特区不仅是产业高地，也是人才成就事业的平台，应具有充分的人才政策自主权；三是人才特区必须坚持差异化的发展策略，有所为有所不为，通过制定科学的项目规划来引导人才引进，提高精确度。

（四）加强干部队伍的能力建设，提高人力资源管理工作的精细化水平

新加坡政府在人力资源开发工作上坚持精细化管理，取得了显著的成效。精细化管理的基础在于有一支能力卓越的队伍。主要体现为HAIR标准和前瞻思考能力、反复思考能力、换位思考能力。学习借鉴新加坡的经验，当前我们需要培养和加强四种能力：一是学习能力。干部要具备专业知识和综合知识的自我更新能力，善于在"干中学"的模式中提升知识和技术能力以及学习别人经验的能力，确保干部的综合素质和专业能力能够适应人力资源开发和管理工作发展的需要。二是分析能力。要培养干部运用如行政管理、人力资源开发、社会学、财政学、法律等专业知识来认识人力资源开发及管理领域中出现的新情况，运用专业的分析工具如调查问卷、统计分析来界定问题，提出替代方案，并建立意见反馈和征集机制以使方案不断优化的能力。三是创新能力。要培养干部的前瞻性思考能力，掌握打破传统思维定式，超越简单模仿的方法，立足于长远发展和现实需要，把勇于探索、追求实效的精神贯穿于政策制定的始终，保持政策的竞争力。四是决断能力。决策在于选择，正确的选择来自于干部强大的决断能力，而其最终体现了一种价值选择，且包含了公正、追求卓越的品质。

浅析新加坡政府公共管理的独特理念及其启示

梁洪荣

新加坡自 1965 年独立后,在短短几十年里,以其独特的公共管理理念,促进了经济社会的飞速发展,成为世界经济最发达的国家之一。新加坡政府根据国情建立积极的公共管理理念,突出服务功能,形成顾客至上、市场导向、讲求绩效、创新求变、廉洁高效、选贤重能、运作规范的公共服务特色,大大增强了国家竞争力。分析新加坡政府独特的公共管理理念,对提高我国政府各项管理工作水平具有一定的启示作用。

一、新加坡政府公共管理的独特理念

几十年来,新加坡着力打造服务型政府,以民生为本,服务人民,促进了经济的发展和社会的繁荣。在这一发展过程中,新加坡政府形成了独特的公共管理理念。

(一)以"外包"理念建设高效政府

新加坡政府为建设高效政府,在公共管理中引进了"外包"理念。"外包"理念是从企业的经营管理延伸到政府的工作中来的。欧美等国的企业家常把费时、费力、费资本的工作外包给别的企业、别的国家去做,自己只保留创意、设计等最核心的部分。新加坡政府把这一理念运用到公共管理领域,政府通过整合资源,将非核心的工作采取合同外包的方式交给社会中介组织,让政府充分"瘦身"。

(二)以"亲商"理念优化经济环境

为建立优越的营商环境,新加坡政府形成了"亲商理念"。该理念认为,政府并非真正的社会财富创造者,只有当政府成功地提供了一个适应工商业发展的环境,并使企业取得比其他地区更高的投资回报率时,政府的作用才能得到体现。"亲商理念"把政府、企业、公民三者统一于社会经济发展的全过程,通过发展经济以提高人民的生活水平和国家的竞争力,也就是政府创造环境，市场创造财富，促进经济社会的发展。

（三）以"人才立国"理念加强人才资源开发

新加坡吸引外资的有利因素之一就是人才荟萃。李光耀曾指出，新加坡所实行的是人才主义制度。"重视人才、培养人才、善用人才、吸引人才"是其"人才立国"理念的重要内容。首先，是人才就尽力去用。新加坡政府建立了重用人才的制度，主张善用人才、不浪费人才、不践踏人才，让真正的人才脱颖而出、为国效力。其次，是人才就尽力去培养。政府拨出巨款投资教育，改革教育制度；通过奖学金、助学金制度为政府和社会培养大量优秀人才；注重各类企业职工的在职培训，注重培养本地的科技实业精英。再次，是人才就尽力去挖。李光耀曾提出"与私人部门争夺人才"的战略，大幅度提高公务员的工资，改善福利待遇，以"高薪纳贤"吸引了大批优秀人才到政府部门工作。

（四）以"服务"理念建立服务型政府

新加坡政府坚持以顾客为导向、以服务为本的"服务"理念，建立服务型政府。一是确立"公正、责任、协调、自律、宽容"的服务型政府的伦理精神。二是政府重新定位，重新确定与公民、与社会的伦理关系，即政府官员由"父母官"向"公务员"转变。具体表现是：由"英雄主义"向"平民主义"转变，由"为人民做主"向"由人民做主"转变，由"统治"向"服务"转变，由"人治"向"法制"转变。三是把政府建成开放型政府、企业化政府、市场化政府和电子化政府，从而真正建立服务型政府。

二、浅析新加坡政府公共管理的独特理念

为什么新加坡政府独特的公共管理理念能够使新加坡从一个资源匮乏的城市岛国，靠自身努力发展成为世界经济最发达的国家之一呢？笔者认为主要包括以下几个方面的原因。

（一）新加坡政府具有完善的法律且执法严明

任何政府公共管理都离不开法律的支撑，一个政府公共管理得好必然有其独特性，新加坡政府独特的公共管理理念之所以能够在新加坡实施，在于新加坡的法律法规健全，上至国家治理，小至公民起居，法律无所不至，如随地吐痰罚款1000新元，非紧急情况动用地铁上的报警器罚款5000新元。有法可依

固然重要，更为重要的是，新加坡能做到违法必究、执法必严。

例如，1994年，美国青年麦克在别人的汽车上涂鸦，被判四个月有期徒刑、3500新元罚款，以及笞六鞭。经克林顿说情，李光耀给了点面子，后来减为三鞭。当年，美国一片哗然，指责新加坡野蛮。又如，25岁的澳大利亚青年阮祥文为了帮助哥哥偿还高利贷，携带毒品396克经过新加坡国境被新加坡查获，依据新加坡法律，阮祥文要在新加坡伏法。为此，澳大利亚总理亲自出面说情达五次之多，澳外交部部长更是张罗活动，但一切努力都付诸流水，最后只要求允许阮母和阮祥文拥抱一下。这个要求也没有完全得以满足，阮母只能隔着玻璃用手摸了摸儿子的脸，握了握儿子的手，作最后的告别。倒是阮祥文自己比较清醒，知道没有希望，从容受死。

法律的本质是守卫道德的底线和社会共同约定的行为规则。没有法律守护的社会必定是不公正的、混乱的；一个不公正的、混乱的社会肯定是不文明的，也是难以健康发育的。正因为如此，新加坡人养成了守法的习惯，新加坡社会秩序、经济秩序才得以良好运行，促进了新加坡经济社会的发展。

（二）新加坡政府贯彻精英治国理念，大量吸收优秀人才

新加坡以"人才立国"理念大量吸引人才，对国家实行精英治国。所谓精英，是指受过良好教育，具有某些专门知识或专业特长，个人素质较好，能力较强，可以在政府或其他专业领域发挥重要作用的技术专家或行政官僚。李光耀说过："治国的成功之道就是栽培优秀的人才，罗致更多的人才，提高政府的素质和生活素质。"新加坡50多年的持续发展不是单靠一两个天才人物造就的，而是众多精英人才缔造的，人才，是新加坡走向成功最重要的原因。

1. 新加坡精英人才培养计划从学生上大学之前就开始实施

为了满足"精英治国"对高素质人才的需求，新加坡借助层层筛选的精英教育模式和奖学金制度，锲而不舍地培养国家栋梁之材。1971年，李光耀提出，一个国家要成功，必须有一批有干劲，愿意付出代价而又受过良好教育，并且训练有素的人才。新加坡精英人才培养计划从学生上大学之前就开始实施。新加坡在校大学生通过总理公署的考核评估，被确定为精英人才培养对象后，就被送到世界各地的名牌大学深造。当他们在国外获得硕士或更高学位后，政府再把他们招回本国服务。经过10年左右的实际锻炼以及轮岗培训，再把他们安排到相对稳定的工作岗位。一大批高层次、经过实践锻炼的精英，成了新加坡治党治国治军的人才。

2. 新加坡对教育高度重视，投入大量经费

以2010年为例，新加坡教育支出占其全年财政支出的22%，远远高出其

他财政支出。同时，新加坡政府规定，政府公务员和专业技术人员每年都要进行不少于100小时的带薪培训，并将学习培训纳入公务员考核成绩。

3. 高薪引进外来人才

为了解决经济发展所带来的人才缺乏问题，新加坡政府重金向世界招揽人才，并让他们在新加坡安居乐业。同时，新加坡政府设立了咨询委员会和经济检讨委员会，聘请一些国内外专家为政府出谋划策。

（三）新加坡政府具有一支廉洁高效的公务员管理队伍

新加坡之所以经济强大，政府廉政高效，一个很重要的原因就是有一支廉洁高效的公务员队伍，通过政府各个部门实施其独特的公共管理理念，达到政府廉洁高效。一是制定反贪污法案，规定法律面前没有特殊公民；成立直属总理公署管辖的反贪局，专门负责贪污案件的调查。二是通过选拔和培育精英领导者并不断强化公务员的在职培训和轮岗锻炼，着力打造"精英"式的公务员队伍，并对公务员实行高薪制。三是着力推行电子政务，实行政务公开透明，杜绝政府暗箱操作。新加坡政府广泛运用电子政务，向公民提供更好的服务、改进对企业服务的质量、透明化及反腐败、提高政府采购的效率等，公民利用政务网"不靠关系、不靠人情"就能办事，杜绝了面对面办事可能出现的人为因素，把"新加坡政府按规矩办事"充分体现在公民利用政务网办事的过程中。四是鼓励公务员创新。设立基金，奖励为政府部门的各种运行体制提出建设性意见并带来明显改善者。五是对公务员采取多层次、多角度的监督机制，保证了权力监控的有效性，使公务员队伍的腐败现象得到了有效遏制。新加坡公务员一旦触犯《防止贪污法》，会被定罪并处以刑罚，不得再从事公共服务，其优厚的待遇也将被取消。这样使得公务员的腐败成本非常高。正因为新加坡有着这样一套行之有效而又独具特色的公务员制度，才能够造就一支廉洁奉公、高效务实的公务员队伍，保证了政府施政方针的有效贯彻实施，有力地推动了社会的进步，促进了新加坡的繁荣。

（四）新加坡政府采取优先发展经济战略

新加坡采取优先发展经济的国策。新加坡政府治理的基本理念是：发展经济，稳定社会，保证公平，造福民众。在市场经济条件下，政府的角色不是直接创造财富，而是提供和创造一个适合经济与社会发展的环境。新加坡通过实施亲商理念，为投资者提供良好的营商环境。

1. 打造亲商环境

新加坡政府严格执行法律，确保社会稳定，让投资者安心、放心。正是这些具体和一贯的亲商服务，使新加坡持续被评为世界最具竞争力的国家之一、世界最佳经商地点之一，长期成为国际最佳投资区域之一。

2. 高效的管理

新加坡政府强调公开性和透明性，企业与政府相关的交易成本很低。所有招商、财税政策和政府承诺对所有投资者公开；注重提高服务效率，由经济发展局对投资项目提供"一站式"服务，程序便捷、规范；注重为企业发展创造良好的外部环境，政府部门通过不同的方式，积极塑造和提升新加坡的国际形象；有计划地组织企业家出访，在国外举办展览会、研讨会，提高企业开拓市场的层次。在一些特殊工业领域，机构之间的协作简便易行，如新加坡港是世界上最繁忙、运输最快的海港，每天能处理 8000 多辆集装箱车，平均每个集装箱的通关时间仅需 25 秒，办理速度是世界上最快的。

3. 政府擅于倾听并及时处理企业的诉求

新加坡政府对企业的需求采取高度配合的心态，在制定经济政策时总是定期寻求私人业界的看法和建议。新加坡经济发展局也经常听取世界顶尖商业领袖、策略家与思想家的深刻见解与建议。他们有的在新加坡国际咨询理事会服务，有的是曾为新加坡的经济增长作出贡献的风云人物，连成一个全球网络，充当宣传大使。

4. 提供优质的财务金融服务

新加坡是拥有标准普尔 AAA 信贷评级的国家。作为全球最大的外汇市场之一，新加坡拥有完善的金融体制，吸引许多区域财务中心在此落户。目前，新加坡拥有 700 多所财务机构，它还有横跨亚洲与欧洲时区的优势，促使其能提供全年不打烊的金融服务。

5. 新加坡的教育和培训体系发达

新加坡是知名的高品质教育中心，有不少国际驰名的海内外教育机构，众多的人力资源咨询公司和网上授课机构，是进行企业培训的最佳环境。

三、启示

基于上述对新加坡公共管理独特理念的浅析，笔者所得到的启示如下。

（一）转变政府职能，分清职责范围

新加坡的"外包理念"告诉我们，政府必须从一些领域抽身而退，不能既"掌舵"又"划桨"，而应该把更多的精力投向"掌舵"，为"划桨"做好服务工作。多掌舵、少划桨的政府，无疑是强有力的政府，毕竟，掌舵的人对

目的地的影响比划桨的人大得多。因此，要切实转变政府职能，分清职责，按照"精简、效能"的原则，让政府充分"瘦身"，提高行政效能。建议采取以下措施：

1. 转变职能、理顺关系

目前，政府部门存在办事手续繁杂，管事过多，职权交叉重复，出现相互推诿、扯皮等现象。这不仅较大程度地干预了企业生产经营活动，加重企业负担，造成市场经济在资源配置中的基础作用难以有效地发挥，还承担了本身不该包揽的许多专业性、技术性的公共服务和社会事务，严重影响了自身职能的科学、有效地发挥。因此，要着力转变职能、理顺关系、优化结构、改进管理方式，将重点由行政管理转向公共服务，能由社会组织管理的事务，应转交给社会组织；能由下级政府承担的职能，由下级政府负责。要加快推进政企分开、政资分开、政事分开、政府与市场中介组织分开，把属于企业的职能还给企业，属于社会的职能还给社会，属于中介组织的职能还给中介，从而实现管理的高效。

2. 完善公共管理职能

当前，市场化改革已进入了一个新的发展阶段，政府"包揽一切"的管理模式已不能适应当前形势发展的需要，特别是我国加入世界贸易组织后，要求政府必须遵循市场经济法则，由以往依靠权力管制向以市场化为导向的服务型管理转变，从许多不该管、管不了、管不好的事务中脱身出来。同时，严格控制行政许可设定权，明确规定行政许可事项的范围，减少和限制不必要的行政审批，使行政机关抛弃传统管理模式；从"全能政府"向"有限政府"转变，完善公共管理职能。

3. 完善行政审批制度

目前，政府行政审批仍然存在审批过多过滥从而导致行政效率低下的现象，企业办一件事情要跑几十个部门，上一个项目要盖上百个图章，这样的事例屡见不鲜。因此，要进一步完善行政审批制度，把应由企业决策的事情交给企业，能够通过市场解决的问题交给市场，对那些必须保留的行政审批事项，应简化审批手续，环节力求简便省事，以减少政府成本，要透明、公开、阳光操作，建立监督机制，要实行岗位责任制、服务承诺制、绩效考评制、失职追究制等，以制度管人管事，适应现代社会快节奏的发展，创建高效、廉洁、公正、透明、便民、低成本的服务机制。切实把政府经济管理职能转到主要为市场主体服务和创造良好发展环境上来，建立阳光政府，把政府变成"玻璃缸里的金鱼"，除了积极推行政务公开制度外，还要切实完善现行的"电子政务"和"网上审批"制度，将"群众提申请、政府来审批"的模式转变为

"群众有需求、政府来服务"的模式。完善"电子政务"和"网上审批"制度有助于增加执政透明度、降低行政成本、提高办事效率、加强廉政建设,可为政府与群众、企业之间的互动与回应提供优质服务。

(二) 转变行政观念,致力服务行政

新加坡的"服务理念"告诉我们,在进行政府职能转变和机构改革的同时,必须要进行相应的管理方式和行政观念的转变,要用崭新的行政理念引领改革。否则,即使在形式上进行了政府职能转变,但是原有的、根深蒂固的计划经济体制下的管理方式和观念不转变,还可能会有意无意地用计划经济的思路和办法来搞市场经济。因此,要转变行政观念,致力服务行政。

1. 以服务行政的理念做好行政工作

服务行政是相对于"警察行政"的一种新型的行政理念,其核心是强调政府应当为公民提供方便、快捷、优质、全能的公共服务。随着市场经济体制的不断深化,各种经济和社会问题日益增多且复杂化,人们要求政府除了履行维护国家安全和公共秩序的传统的"警察行政"职能之外,还要求政府提供诸如生活保障、创造就业机会、建设公共设施、改善生态环境等,为公民的生存和发展创造更好的条件和适宜的环境。因此,作为政府行政管理,要把相对人的公民当作市场中的消费者来对待,为他们尽可能提供优质的服务。一是为企业做好服务。依法保护各类产权的权益,为市场经济的发展创造良好的环境,进一步完善行政审批制度,简化审批程序;公开办事程序,提高办事效率,对企业要多服务少干预,多办事少设障,真正转变职能、增强服务。二是为群众服务。要关心弱势群体,讲求公平,追求公共利益最大化。政府在制定政策法规时,要注意人文关怀,做到以人为本、服务群众,实现和谐发展。

2. 以依法行政的理念严明执法

依法行政是政府行政管理机关在管理观念、组织方式、人员构成、行政职能和行政制度等各方面向社会主义市场经济的行政管理体制的转变。市场经济是法治经济,行政权力在建立和健全市场经济过程中必须遵循法制的要求。只有这样,才能最终形成一个统一的、有良好秩序而又充满活力的市场经济体制。依法行政是建设小康社会的需要,是建立法治国家的核心。因此,必须对行政权加以规范和制约,在政府行政管理方面,各级政府要依照法定权限和程序履行职责,既不失职,也不越权,做到有权必有责,用权受监督,侵权要赔偿。要做到依法行政,应从以下几方面入手:首先是加强公正执法,从严治政。这是依法行政的关键、依法行政的实质是依法治官、依法治权。其次,制定并实施严格的责任追究制度、构建科学的行政机关执法责任制和评议考核制,有效遏制行政工作的不作为现象,确保行政机关在法治的约束下行政。再次,切实加强对政府行政执法人员的管理教育,不断提高法律素养和行政水平,强化法治观念。最后做到政府责任法定化,各级行政机关和公务员不依法行政,必须承担相应的法律责任;建立和完善行政首长在政府工作中出现重大失职、滥用职权等行为的法律处置,健全公务员因违法失职的处理手段。

(三) 转变发展方式,加快产业转型升级

经济发展的主体是企业,政府的主要职责是为其创造一个公平的环境,维护市场秩序。新加坡政府的亲商理念告诉我们,政府在经济发展方式转变过程中,要为企业搭建更好的平台,创造更好的发展环境,帮助企业加快产业转型升级,主要从以下几方面入手:

1. 政府引导、市场运作,推动产业转型升级

在推进产业转型升级的过程中,从决策到实践都要按照"政府引导、市场运作"的方针,充分发挥政府政策和市场机制的"双轮驱动"作用。政府制定产业规划和区域发展规划,分类指导区域产业结构调整,制定激励性和限制性产业政策,在宏观上引导和推动产业转型升级;加强政府服务能力建设,搭建公共平台,帮助地方和企业推进产业转型升级。市场主体根据政府政策的激励或限制性质,以及市场需求的变化,通过市场机制的基础性作用有效资源配置,促进生产要素向现代产业积聚。政策的引导作用和市场的资源配置机制有机结合,进而推动广东的产业转型升级。

2. 处理好政府与市场、政府与企业的关系

在促进产业转型升级的过程中,必须加大政策扶持力度,改善企业经营环境,促进企业经营方式的转变。产业转型升级的内涵应该包括企业经营模式的转型,因此,必须处理好政府与市场、政府与企业的关系,让政府引导、市场主导、企业自主,使三者充分发挥各自的作用。政府通过制定规划,搭建平台,提供服务,为企业降低转型升级的"交易成本",企业通过内部生产线整合、改善内部经营管理、创新商业模式、加强设计创新等"软"升级行为,提升企业转型升级竞争力。

3. 创新体制机制,调整相关政策

目前,在经济发展方式转变,加快产业转型升级的过程中,遇到许多体制机制和政策方面的问题,极其需要对相关政策进行调整,以及对体制机制的改革创新。首先,结构调整是个"风险投资",本质上"厌恶风险"的政府决策者和企业经理人不会自动"入局",而现行考核评价机制大多重视总量指标(如 GDP 增长、财政税收规模等),忽视结构指标。因此,干部(包括企业经

理人）考核评价机制必须改变。要从体制机制上解决"谁先调整结构谁先吃亏，不调结构也许还得益"的状况，使产业结构转型升级成为经济动态发展过程中可持续的自觉行为。其次，产业结构调整需要以资源配置模式的改革作支撑。必须进一步改革资源配置体制，使财政、金融和资本市场的资源配置机制向优势产业倾斜，鼓励创新，鼓励提升产业竞争力的结构升级。建立地方主导产业与资本市场创新有机结合的体制机制，充分发挥资本市场的资源配置和创新诱导作用。最后，要强化产业规划、区域规划和产业政策的约束力，以保证产业转型升级符合科学发展的要求。

（四）创新人才机制，加强人才队伍建设

人才队伍是现代社会管理与公共服务的重要力量。创新人才机制，加强人才队伍建设，是完善社会保障体系、促进社会公平正义的内在要求。新加坡以"人才立国"理念大量吸引人才，实行精英治国，使国家经济繁荣、社会稳定，说明人才是第一生产要素，是经济发展的第一资源。因此，我们必须树立"人才强国"理念，抓住培养、吸引、用好人才三个环节，大力实施人才富民战略，营造人才工作环境，创新人才机制，加大人才引进力度，才能为广东省经济社会发展提供人力资源保障。

1. 采取激、引、育的措施扩大人才队伍规模

一是激活现有人才。要探索、建立、完善有利于调动干部积极性、创造性的有效机制，激励现有人才奋发进取，最大限度地发挥他们的聪明才智，以服务当前的产业转型升级。建立干部能上能下和退出机制，用制度管人，用机制激励干部，盘活现有人才总量。积极推进干部人事制度改革，健全和完善行政、企事业单位干部人事管理制度，创造一个人才能进能出、职务能升能降，优者上、平者让、劣者下的用人环境。在事业、企业单位实行聘任制，做到人事相宜，双向选择，尽可能地发挥现有人才的潜能。二是重视引智。坚持用事业留人、待遇留人和感情留人。通过人才市场，面向社会公开招聘急需人才。依托重点项目和工程，吸引一批专业人才，建立共同发展、双方受益的人才共享机制。三是加强培养。要根据各阶段重点工作任务和形势发展要求，分门别类地举办短期干部培训班。要支持鼓励在职人才自我脱产进修深造，给发展潜力大的人才压担子，进行多岗锻炼，增加阅历，积累经验，促其尽快成才。

2. 通过选、聘、考的办法优化人才队伍结构

一是坚持"选、育、用、管"并重，建好党政人才队伍，完善考察失真和用人失误责任追究制度，用民主、公开、公平、公正的机制发现人才、选准干部。要充分发挥群众监督、舆论监督、法纪监督和组织监督的作用，构建监

督网络，形成监督合力。要加大考试录用、公开选拔、竞争上岗等工作力度，在公开选拔、竞争上岗中发现、激励人才，通过选育管用环环紧扣、在竞争中优胜劣汰，不断提高党政干部队伍的素质。二是按照企业法人治理的要求壮大和优化企业管理人才队伍。帮助企业搞好招才引智工作，组织各类企业选送优秀年轻人才到发达地区、先进企业、相关院校挂职学习，实践锻炼，对口深造。三是采用"招、考、评、聘、奖"的办法提升和优化专业技术人才队伍。要打破要求论资排辈的职称评定模式，对现有专业技术人员职称采取与绩效挂钩的措施，对能力强、技术水平高的岗位实行高职低聘，对一些急需专业、特殊岗位所需人员也实行高职低聘。对作出贡献的专业技术人员，按贡献大小实行奖励，激发专业技术人员的工作积极性。

3. 加大培育人才的力度

新加坡重视公职人员培训的做法值得我们借鉴。从当前来看，广东省公共管理人员应注重在职人员的培养，特别是技术机构的高科技人才和各领域的专业人才。在干部教育培训上，要创新方式方法及内容，进行境外培训和异地教学，提高培训质量，大量培养适合广东省产业转型升级所需要的各种人才。

4. 完善人才工作机制，加强人才队伍建设

坚持党管人才原则，把人才队伍建设列入党委政府的重要议事日程，像抓经济工作一样抓好人才工作。逐步完善人才奖励制度，积极探索有利于调动各类人才积极性的奖惩制度，对有贡献的科技人员及工作者实行重奖重用。逐步完善福利制度，保证各类人才的福利待遇水平随着经济发展不断提高。加大对人才队伍建设的投入，逐步提高发展性投入用于人才资源开发的比例，把人才培训经费、科研经费、奖励经费列入年度预算，建立健全人才数据库。

四、结论

笔者通过对新加坡公共管理独特理念的浅析，认为新加坡发展成为世界经济最发达国家之一，确实有其独特之处，虽然新加坡的国情与我国的不同，但新加坡在公共管理方面的一些独特理念，对提高我国政府各项公共管理工作水平具有一定的启示作用，有利于我们开阔眼界，引发思维，推动科学发展。

参考文献

[1]（澳）欧文·E. 休斯. 公共管理导论（第三版）[M]. 北京：中国人民大学出版社，2007.

[2]（美）. 威廉·N. 邓恩. 公共政策分析导论（第二版）[M]. 北京：中国人民大学

出版社, 2010.

[3] 郑维川. 新加坡治国之道 [M]. 北京：中国社会科学出版社, 1996.

[4] 夏书章. 新加坡行（市）政管理 [M]. 广州：中山大学出版社, 1992.

[5] 马志刚, 刘建生. 新加坡的社会管理 [M]. 北京：群众出版社, 1993.

[6] 陈尤文, 等. 新加坡公共行政 [M]. 北京：时事出版社, 1995.

[7] 孙晓莉. 中外公共服务体制比较 [M]. 北京：国家行政学院出版社, 2007.

有效政府：新加坡模式的启示

王丽华

自20世纪后期以来，在政治民主化、经济全球化、文化多元化、社会信息化的影响和挑战下，世界各国政府纷纷掀起了行政改革浪潮。其所置身的社会背景和政治制度、面对的压力和问题，以及所提出的具体目标和策略等方面虽然存在着种种差异，但是改革的方向却大体是一致的，即以有效政府为主要价值取向。笔者有幸参加了广东省公务员公共管理新加坡公共政策研究班的学习，通过听课、参观、实地体验、自学、讨论等，对新加坡政府管理的体制机制和运行模式进行了比较全面的了解，认为新加坡建设有效政府的经验和模式，对我国及广东省极具借鉴意义。本文探讨了有效政府的内涵及其多维度的表现形式，并借鉴新加坡政府管理和公共服务的经验提出对我国建设有效政府的启示。

一、有效政府的内涵及其多维度视角

人们一般认为有效政府的含义是指有行政效率的政府，即能够用最少的资源（包括人力、物力、财力、时间等）投入获得最大的产出，其实这只是从技术层面上考虑的片面看法。笔者认为，有效政府除了具备行政效率外，还应具备行政效能及行政行为的有效性。行政效能是指行政组织预期目标的实现程度，表明政府实现目标的适应性和能力。有效性则是指要保证行政活动有利于促进社会发展、提升社会的文明程度。具体来说，有效政府作为一种价值取向和目标，应通过有限政府、法治政府、民主政府、服务型政府和学习型政府等多维度视角搭建的平台来实现。

（一）有限政府

政府在处理公共事务、提供公共产品和服务、维护公共利益等方面起着不可替代的作用。但在既定的技术条件下，政府的能力也是有限的；在某些领域，政府并不比市场、社会更有效，而且政府的过度干预反而会导致市场、社会的萎缩甚至管理的无效。西方公共选择理论是研究政府失灵现象的较具权威的理论。它认为，政府的"失灵"具体表现在：①政府也是"经济人"，其性质决定了政府可能为了自我利益的最大化而牺牲公共利益；同时，政府内部也存在着信息不完全、竞争不完全等问题。②政府权力的垄断性质往往形成寻租行为，导致腐败。③官僚机构的低效率。这既表现为公务人员缺乏努力工作、提高效率的动力，也表现为政治家和民众对官僚监督的失效。④官僚机构的自我扩张冲动，不仅造成生产性资源的流失，也造成行政效率的低下。因此，能力有限的政府，如果要成为有效政府，其职能也应该是有限的。应该认识到，市场和社会同样可以促进经济的发展和社会的进步，政府需找准位置，确定合理的职能范围，不能替代市场和社会，不得侵犯市场主体自主权利，应还市场和社会以充分的空间。

（二）法治政府

法治是人类文明与发展的标志。有效政府必须是法治政府，才能保证社会的有序运作。其具体要求是：①政府主体地位的确立和权力的取得源于法律。法律要对政府有关部门的地位和职责权限作出明确规定，确保政府行为具有正当和合理的双重根据。②政府应依法行使职权，在法律授权的范围内行使权力，其行为不仅要符合实体法的规定，而且要符合程序法的规定。③政府职能的发挥如果给相对方的利益造成不利影响，应给相对方提供法律上的救济途径，以保障相对方的合法权益。法治政府的建设，不仅涉及正式法律制度的建设，还涉及一系列法律制度的实施机制，更涉及与法律制度和实施机制相关的习惯和民情的培养。

（三）民主政府

西方"治理"理论认为，传统政府治理安排虽具有一定的合理性，但是相对于人性的多样化和物品的复杂性来说，仅仅提倡政府是远远不够的。这种理论主张：①公共管理的行动者应由包括政府在内的众多机构和个人组成。政府不应天然垄断公共事务的管理权。事实上，在某些领域，非政府组织和个人甚至比政府拥有更大的优势。②政府与社会组织、个人之间存在着权力依赖和互动的伙伴关系。政府在治理中的主要责任，不再是直接生产和提供公共物品和服务，而是制定与其他参与者合作生产和提供公共物品和服务规则并执行规则，与社会组织和个人之间结成长久的伙伴关系。③政府要实行分权化改革，将权力充分授予下级、非政府组织乃至企业、个人，以充分发挥其积极性。这种理论为现代公共管理提供了有益的指导。

从权力运行方式来看，民主政府即分权政府。适当分权的政府，可以使政府贴近公民的需要，合理使用纳税人的钱，切实履行为公民服务的责任，从而更好地实现配置效率；适当分权的政府，可以减少"搭便车"的行为，减少力寻租和腐败；适当分权的政府，可以培养公民的自力更生精神，自主治理公共事务，减轻政府的压力，使政府能够把有限的资源用于解决最为迫切需要的问题上。

从公共事务管理运作方式来看，民主政府应是透明政府。政府的权力来源于人民，应该对人民负责。在公共事务管理中，除涉及个人隐私、商业秘密及国家安全等法之规定不能公开的外，政府掌握的个人与公共信息应该保持透明。这样有助于增加信息的有效性和精确性，降低交易成本，减少暗箱操作，增加公民参与决策的机会，从而更好地实行民主选举、民主决策、民主监督。

（四）服务型政府

在西方新公共管理运动的潮流中，各国经过长期的实践探索，实现了由过去重管理轻服务、"以政府为中心"，到开始注重公共服务、"以满足公众需求为中心"的转变。尤其是近几年新公共服务理论在总结新公共管理运动的经验教训上，提出了建立一种公共服务新模式的主张。这种理论提出，政府应服务于公民而不是顾客。政府公务员不仅仅要回应公民的需求，而且更要关注建设政府与公民之间、公民与公民之间的信任与合作关系。

（五）学习型政府

当今世界是知识经济的时代，知识经济呼唤着一个学习的社会、各种学习型的组织，而学习型政府是其中的榜样和引导。学习型政府，是适应时代变革、不断改进政府管理方式和管理效能的政府；是竭尽全力去满足不断提升的公众需求的政府；是充分运用现代网络新技术和各种管理新方式的政府。总之，是一个保持着理念更新、快速反应、灵活适应和方式创新的政府。

综上所述，有限政府、法治政府、民主政府、服务型政府和学习型政府作为有效政府的不同角度的要求，互相促进，互为依赖，缺一不可，为实现有效政府的价值目标共同搭建了一个可操作的平台。

二、新加坡有效政府建设的经验

在笔者看来，新加坡是一个值得学习和研究的国家。它被称为"弹丸小国"，缺乏自然资源和经济腹地，但建国后经过50多年的努力，创造了令世界刮目相看的经济奇迹，成为先进工业国、世界上最具综合竞争力和最适宜居住的国家之一。它的国家治理，走的是"第三条道路"——中学为体、西学为用。这种模式，也深深体现在它的有效政府建设中，笔者拟从上述五个视角一一介绍。

对于有限政府的认识，可以引用新加坡首任副总理与开国元老之一的吴庆瑞博士的话："制定条规是政府的事；转变心灵是上帝的事。"新加坡的国家体制由行政、立法、司法三部分构成。政府只是指行政这一部分，沿用英国的公务员制度，分政务官和公务员两大类组成人员。新加坡是城市国家，只有一级政府，政府机构由总理公署和14个部组成，公务员占新加坡人口总数（包括公民和永久居民）的比例约为1.53%（2009年统计数据）。行政、立法、司法各司其职、各尽所能。

在建设法治政府方面，新加坡的法治与廉政是全世界公认的典范。根据笔者的体会，它有几个特点：一是国家利益高于一切，所有公民包括执政党和国家领导人，都必须维护国家利益。二是公共政策以法推行，所有政策经过国会"三读"后，以法律的形式向社会公布出台，所有新加坡的公民、永久居民，包括外国人都必须遵守，不容例外。三是执法严格、平等、公正。对政府表现，实行问责制；对民众，强调守法意识的培养。在新加坡，至今还保留着备受争议的鞭刑，对新加坡执法力度和警示教育起到一定作用。因此，公民的法律意识特别是守法意识非常强，违法在新加坡已不仅仅是一个社会问题，甚至是个人的道德问题。个人如果违法，也将丧失别人对他的信任。政府在执法过程中如有差错，也必须承担责任。在笔者培训期间，就出现了政府执法"多打三鞭"被判巨额赔偿的案例。

在建设民主政府方面，新加坡也做得很好。这些年来，政府的角色不仅仅是控制者与监管者，而且是培育者和促进者，同时也是召集者及汇集者。"培育者和促进者"主要是针对私营企业。政府的理念是：政府在栽培社会及社区中催生新生力量，允许、鼓励并保护人们的主动性和创新活动，让他们在社会、道德及伦理规范内追求自己的梦想。"召集者和汇集者"主要针对民间团体。政府大力鼓励民间团体和公众的积极参与，正是在推动民间团体、社区自发团体和公众自发团体的建设上，政府逐步培养和提升公众的参与意识和交流意识以及对国家和人民的忠诚度。此外，新加坡政府非常重视公众和公务员自身对政府工作的建议和意见，通过建立民意处理组、服务改进组、工作改善团队，设立"优秀公众建议奖"，实施社区安全与治安计划等措施，增加政府与民众的沟通渠道和沟通频率。

在打造服务型政府方面，新加坡以高效著称。为了加快推进新加坡的社会和经济发展计划，提升政府服务质量，除行政机构外，新加坡设立一种非常独特的机构——法定机构（Statutory Board），主要行使或受政府委托行使各种特定的公共职能，为政府行政机构分担职责，进行市场化运作。培训期间，我们参观了建屋发展局。该局为解决新加坡的住房短缺问题作出了重大贡献，该局采取了一系列措施建设公共住房并推行"居者有其屋"计划，50多年来为85%的居民提供了公共住房，在极大程度上有效消除了社会不稳定因素。

在学习型政府方面，新加坡政府的"动态治理"模式正适应了当今世界日新月异的特征。政府不是一个一成不变的机构，而是一个愿意学习、善于学习，具有多重反应、开放善变特征的运行系统。一是具有危机意识。这是执政党人民行动党的执政理念的延伸。新加坡国小、资源缺乏，强敌环伺，民族众多，加上全球化的冲击，为了维持它在全球经济中的竞争力，必须时刻保持忧患意识和危机意识。二是具有前瞻性。促进经济发展和社会稳定的政策制定会充分思考其未来会对国家产生怎样的影响，并在落实的过程中不断调整过时和失效的政策，以适应环境的不确定性和变化。三是充分运用现代网络技术，建设电子政府。新加坡的电子政务已运用于各部门各领域，公共服务的快捷高效位居世界前列。

基于以上种种，新加坡政府的行政效率、行政效能及行政行为的有效性，是有目共睹的。从1996年到2007年世界银行发布的全球治理指数的得分情况来看，新加坡在话语权与问责、政治稳定与杜绝暴力、政府效能、监管质量、法治和遏制腐败等六个方面，绝大多数名列前茅，其良好的公共治理得到全世界的认可。2007年至2009年，新加坡的公共服务效率和素质在亚洲经济体公共服务效率排行榜上，连续三年被评为亚洲经济体之首。

三、建设有效政府的几点启示

新加坡是华人治理的社会，虽然国家小、政府层级少，但在公共服务理念和公共管理方式上，仍值得我们借鉴。因此当前，有效政府的实现迫切需要在行政体制的相关方面进行进一步的改革和完善。

（一）政府职能转变与合理定位

其实，对于我国大部分地区的政府而言，当前需要弄清的不仅仅是"做什么"，更需要弄清的是"不做什么"。改革的主要内容应是缩小和重新界定政府的作用范围，政府应立足于经济调节、市场监管、社会管理和公共服务的职能，减少和规范行政审批。在重新界定政府职能的设计方案中，应该遵循以下原则：一是权力和利益分离的原则。政府机关执行公务，其经费由公共财政保障，但绝对禁止利用手中的审批权、发证权、收费权、罚款权，获取本部门和个人的利益。二是决策权和执行权分离的原则。重大决策，一般由地方党委负责，政府主要成员作为党委成员也参与决策，决策的执行、具体事项的管理由政府执行。在政府系统内部，决策权与执行权也要分别由其部门内两个职能处室负责。三是立法权与执法权分离的原则。为避免出现"立法部门化"倾向，应缩小国务院部门的法规制定权，由国务院法制部门集中行使行政立法职能，政府部门集中力量搞好行政执法、依法行政。

要重构政府与市场、政府与社会的关系。政府应充分发挥市场机制和民间社会的作用，在越位的地方退位，在缺位的地方补位，在错位的地方正位，形成政府与社会、政府与企业良性互动的善治的社会治理结构。另外，为促进政府与公众的良好沟通，展示政府亲民开放的形象，可借鉴新加坡重视民意反馈的做法，改善政府、企业、社会之间的良好互动关系。

(二) 加强权力制约、监督机制

尽快制定《政府组织法》等相关法律法规，把行政权力纳入法制化的轨道。加大查处贪污腐败的力度，提高权力寻租活动的成本，保证各级政府及其工作人员严格依照法定的权限和程序办事。

合理划分各级政府职权后，应规范行政，要依照责权一致原则加强行政监察。重点是决策失误造成的损失和滥用职权，以及失职、渎职、行政不作为等现象。

严格执行"收支两条线"。依法收取的各种税款和费用全部纳入财政管理，清除"小金库"，规范政府的支出范围，弱化部门利益，杜绝以公共利益之名行私人利益之实的现象。

加强外部监督，既要提高他们监督政府的自觉性，也要为这种监督创造畅通的渠道。真正落实人大、政协参政议政的权利。放松对新闻媒体的管制。培育市民社会，加强公众维护自身民主权利的意识。

(三) 行政文化重构

行政文化是一个行政机构的灵魂。当前迫切需要解决的是公务员现代行政意识、行政伦理重建的问题。

首先，培养公务员的责任意识和服务意识。政府行政官员作为公共资源的管家、公共组织的管理人、不同利益的协调者、公民权和民主对话的促进者以及社会参与的催化剂，承担着与公民共同实现社会公共利益的责任。因此，要求公务员树立责任意识和服务意识，帮助公民表达和参与实现其共同需求，在公共服务过程中使公众产生信任感，营造政府与公民、公民与公民之间的良好合作关系。

其次，培养法治意识。我国是法治观念基础薄弱的国家，因此在这一点上尤其需要加强。不仅在公务员中，而且在公民中都要培养在宪法、法律的范围内行使权力和权利的习惯和行为方式。

再次，培养创新意识。要让公务员认识到，政府的工作具有极大的挑战性和复杂性，在政府部门工作不仅仅是稳定性和工资的问题，更应该为改善社会公众的生活而努力，这就需要在回应多样化、动态的公民需求中创新公共管理理念、体制及运作方式。

（四）公共管理方式创新

在公共物品的供给和公共服务的提供方面，一方面，要引入参与机制，实现服务主体由一元向多元转化。根据物品属性理论，对不同属性的物品应采取不同的政策，对于那些具备排他性和竞争性的私益物品，应该交给市场来提供；对于那些公共性很强的物品，也应该分清层次，哪些属于全国性公共物品，哪些属于地方性公共物品，针对不同的物品采取不同的措施。同时，政府提供公共物品并不一定需要政府直接生产，政府可以以授权、民营化、合同外包等形式转交给第三部门、行业协会、中介组织或个人来承担，或者采取公私合作的形式。另一方面，要实现服务方式由大一统式服务向个性化服务转化。可以针对不同的消费者，采用"用者付费"的方式提供更加个性化与人性化的服务。

在政府之间、政府部门之间、政府公务员之间，引入竞争机制和激励机制，进行绩效评估，彻底改变机构臃肿、人浮于事、官僚主义作风盛行的局面，提高行政效率。

在政府运作程序中，采用信息技术，实行电子政务、信息公开。尤其是电子政务，要加大力度，运用为民服务的各个窗口，为公众提供快捷便利的公共服务。

参考文献

[1] 张璋. 20世纪80年代以来的全球行政改革：背景、理论、举措与经验 [J]. 北京行政学院学报，2002(4).

[2] （美）罗伯特·丹哈特，珍妮特·丹哈特. 新公共服务：服务而非掌舵 [J]. 新

华文摘,2003(3).

[3] 梁文松,曾玉凤. 动态治理[M]. 北京:中信出版社,2010.

[4] 崔晶,张梦中. 公共服务视角下的新加坡政府改革[J]. 中国行政管理,2011(2).

浅析新加坡电子政务
对广东省交通信息化建设的启示

林健芳

随着广东省社会经济的快速发展,广大人民群众对交通基础设施、交通运输服务等的需求和要求不断提高,如何保障人、车、物流的顺畅流动,越来越成为考验政府治理能力的一大课题。从新加坡发展电子政务的经验来看,搭建一个较为完善的交通信息化平台,是广东省交通行业提升管理和服务水平,为人们提供安全、便捷、舒适的出行环境,加强交通管理的有效途径之一。

一、新加坡电子政务建设的基本情况

(一) 新加坡电子政务建设概况

新加坡是世界上第一批实行政务电子化的国家之一。自 2000 年 6 月,新加坡启动了"电子政务行动计划"(eGAP),有效地改造了公共服务的提供方式和政府、公民及商家之间的互动交流方式后,2003 年 7 月启动了"电子政务行动计划Ⅱ",2006 年 6 月启动了"智慧国 2015"计划,以建立一个领先的电子政务系统,建成一个能为公民提供便捷、综合、增值的公共服务网络化政府。由此可见,电子政务已经成为新加坡政府所实施的"从传统城市国家发展为'智慧国'"的政府战略的核心内容。

目前,新加坡人的日常生活已与电子政务密不可分,超过 1600 项、相当于 100% 的公共服务都可以在互联网上进行。

新加坡政府的门户网站按照用户对象的不同,设置为政务、公民、企业和外国人四个频道。其中,政务频道以政务信息公开为主,主要有最新政务新闻和焦点、政策信息、领导人介绍、每日摘要和热点专题等栏目;公民频道以为市民提供服务为主要内容,按照市民服务的需求分为热点、政府服务、市民建议、在线服务帮助、市民验证、快速通道、登录电子公民中心等栏目;企业频道以为服务企业为主要目标,根据政府为企业提供服务的性质分为筹集资金、商业课题、本地企业、起步公司和退出策略等栏目;外国人频道按照外国人到新加坡的目的进行栏目划分，分为访问新加坡的人、移民新加坡的人、在新加坡工作的人、在新加坡学习的人、在新加坡做生意的人等栏目。每个频道下设相应的服务栏目，每个主题栏目下面又设置了索引、查询、电子服务、资料库和案例等等。

（二）新加坡电子政务的特点

1. 强调服务性

从新加坡政府门户网站的频道和栏目设置，我们不难看出新加坡电子政务所强调的服务性。网站以为公众提供方便快捷的界面服务和体贴周到的信息交流为目的，以用户为中心，实行一张面孔对外服务。通过政务、公民、企业和外国人四个频道构成一个完善的门户网站，把千头万绪的政府部门业务设置成不同的服务主题，整合到各个频道当中，为市民提供单一渠道、同一站点、全能综合的"一站式"服务平台，从而把前台的市民需求、后台的政府服务，都浓缩到一个界面里，而这个界面的焦点就是客户。这种以客户为中心的门户网站设计，不但方便了市民，更重要的是，它通过把政府及其部门置于后台配角的位置，从而建立起了"客户—政府—客户"的倒逼机制，还原了政府的公仆本色。

2. 强调绩效化

新加坡政府通过门户网站成功搭建了政府与雇员、政府与企业、民众与政府、资讯通信、教育、知识管理及资讯通信基础设施、电子服务等战略架构，以更高水平的便捷度和效率提供公共服务，为公民和企业提供富有价值且快捷的服务，从而提高社会满意度。门户网站以现代化信息流所主导的标准化行政流程，实现了不同任务小组之间以及不同流程之间的有效整合，从而打破时空的限制，打通了部门的隔阂，大大地减少了繁文缛节。例如，新加坡公民依靠这个网站就可以使用超过1600项的网上服务，内容涉及住房、教育、医疗、交通等关系社会民生的14个方面；新加坡的企业依靠这个网站就可以利用GeBIZ（政府电子商务）和OASIS（综合服务在线申请系统）两个电子系统注册商业公司，大大缩短商用执照申请与注册的时间。这些均表明新加坡政府关注国家与社会的关系，强调提高绩效，提高公民的满意度。新加坡政府通过电子政务，最大限度地利用先进计算机技术，把提高工作效率和尊重公众的直接参与紧密联系起来，并达到了很好的效果。

3. 强调多技术的接入服务

新加坡政府门户网站广泛利用各种现代化信息通信技术，通过电话呼叫中心、手机短信、因特网、智慧卡、数码电视等，为所有固定用户、移动用户提供方便快捷的政府网站接入服务，甚至有针对残疾人的专门接入服务。例如，市民频道里针对普通大众的最高法院移动信息服务，用户通过手机短信，可以在审判之前及时准确地获得最新的审讯和公诉等方面的信息。

二、广东省交通信息化建设的现状

广东省交通信息化经过了"十一五"的迅速发展，目前，"整合、应用、服务、效益"的发展理念已不断深化，以电子政务为龙头，以信息资源开发和整合为重点的交通信息化工作，使政府的行政能力、行业的监管能力、公众服务能力和应急保障能力都得到了显著的提升。

第一，通过开展"广东交通电子政务畅通工程"建设，在省交通厅、地市交通局（委）及直属机构全部建成办公自动化系统。通过统一的电子公文交换平台，实现了省交通厅和厅直属单位、全省21个地市交通运输局（委）、公路局的公文流转。

第二，通过升级改造"广东省交通运输厅公众网"，使政务信息数量大幅增加，服务内容基本涵盖了交通运输管理的各个职能领域，并推出简体、繁体等版本，使方式更加灵活，影响力不断扩大。

第三，通过开发"广东省交通运输厅统一行政审批系统"，实现了省交通厅26项行政审批事项的电子化处理；并与省监察厅电子监察系统对接，行政审批事项的审批过程和结果实时接受监督。

第四，通过建设"全省交通运输视频会议系统"，构建了交通运输系统安全高效的沟通平台。该系统覆盖省交通厅主会场，21个地级以上市交通运输局（委）及琼州海峡轮渡运输管理办公室共22个分会场，并连接交通运输部视频会议系统。

第五，通过开展行业管理业务系统的建设，基本形成了覆盖交通运输各领域、结构合理、功能完善的行业监管体系。

首先，实现了公路管理信息化。建立了全省公路属性信息基础数据库，开发了"广东公路地理信息系统"和"广东省公路可视化系统"，支持超限运输管理和路网应急管理，并向公众出行提供综合路网服务。建立了交通规费征收稽查系统、年度预算管理系统、路政信息管理系统、特大桥梁安全监控系统、大道班生产管理系统等应用系统，实现路桥年票征收、公路建设项目资金使用计划、路政许可审批、路政案件、路政巡查、特大桥梁安全监管、养护生产等管理业务信息化，极大地提高了公路管理的水平。

其次，实现了道路运输管理信息化。建成有线和无线两套专用运政网络，建立了覆盖21个地级市、249个县（区）和镇的三级道路运政管理部门的广东省道路运政管理信息系统，构建了全省卫星定位数据联网监管系统和电子证件应用系统，颁布了《广东省道路运政管理信息系统管理暂行规定》《广东省道路运政管理信息系统运行维护管理制度》等一系列技术标准。省运政系统与交通运输部、各地市交通运输局（委）实现数据共享，与省财政厅、省经信委、省监察厅、省公安厅交管局等业务系统实现联网。作为智能卡（IC）电子证照管理工作全国唯一试点的广东省，2008年起在全省范围内推广应用智能卡道路运输证及智能卡从业资格证，构建电子证件应用系统，支持"行政许可、行政监督、行政处罚"三大业务，极大地提高了运输市场监管能力。

再次，实现了交通综合行政执法信息化。建设"广东省交通综合行政执法信息系统（一期）"，实现路政执法、运政执法信息化，通过省交通运输行业数据中心系统实现与道路运政系统的数据共享和业务协同。

复次，实现了港航管理信息化。开发"港航行政管理综合业务系统"，实现了全省港航电子数据交换。开发"广东省港口管理信息系统"，实现了港口内贸集装箱货物超载管理、港口设施保安、珠江口公共航道引航调度、危险货物作业申报、港口经营许可、港口岸线申报等信息化管理。建设了以航标遥测遥控系统、航道地理信息系统为重点的"广东省航道支持保障系统"。初步建设了部分航段数字航道地图，实现了航道可视化管理。建设了"船闸管理系统"，实现了过闸船舶统一调度、智能卡收费管理和船闸工作状态远程监控，有效地提升了船闸管理水平。

最后，实现了工程建设管理信息化。开发了"广东省交通建设市场信用管理系统"，积极有效地推动了公路水运工程施工和监理企业信用评价管理工作的开展。建设了广东省交通工程质量监督综合管理平台、试验检测信息化管理系统、高速公路建设施工质量动态控制信息系统、交通建设工程工地试验室标准化管理系统、广东省交通工程质量监督管理系统等，实现了对全省所有在建高速公路项目质量、进度的实时监控，提高了质量监督预控能力。逐步建立广东省公路工程造价信息化管理系统，实现公路工程基本信息、估概预算编审、清单、决算编审、造价监督、造价人员资格、材料、定额等管理信息化。

第六，通过将各地市卫星定位平台与省运政系统对接，对县（区）以上长途客运班车、道路危险货物运输车辆、旅游包车、重型货车和汽车列车、建设施工单位散装物料车、驾驶培训教练车六类重点车辆进行卫星定位动态监管。通过"广东省交通综合监控中心（一期）"的建设，实现了对高速公路各路段收费站、服务区广场视频监控信息实时采集。这些系统的运用，使行业安全监管范围和能力大幅提高，为应急决策与指挥提供了强有力的支撑。

第七，通过建设"广东省公众出行信息服务系统"，为公众出行提供便捷服务。通过公众出行服务网站、移动智能终端、短信服务平台和多媒体查询终端等多种方式，提供电子地图、出行路况、客运班次、交通快讯、出行常识等交通信息，为公众出行提供路线规划和班车换乘建议。

第八，通过开发"广东省交通科技项目管理平台"，实现项目申报、办理、审查、归档全过程信息化管理。通过交通科技网，提供科技信息公开、成果展示等服务。

第九，通过建设"广东省高速公路联网收费系统"，实现高速公路不停车收费。截至 2010 年底，全省通车的所有高速公路全部纳入联网收费，开通 ETC（电子不停车收费）车道 316 条，ETC 覆盖率超过 30%，粤通卡保有量达到 100 万张。

第十，通过整合现有公交智能卡系统和资源，发行统一、使用方便、经济实惠的交通智能卡系统——"岭南通"，为公众提供便利的公共出行服务。目前，"岭南通"已可在广州、佛山、江门、肇庆、汕尾、惠州、茂名、珠海、揭阳、河源、云浮、韶关等城市使用。

第十一，通过建立城市智能交通平台，整合城市交通基础数据，监控城市公交车、出租车、客运枢纽、停车场、城市道路等运行状态，预测交通流量，发布出行信息，实施交通诱导，提高城市公共交通管理与服务水平。目前，广州、深圳等经济发达城市的智能交通平台已在城市公共交通管理和服务方面发挥出显著的作用。

第十二，通过建设涵盖公路、运政、港口、航道、综合执法、市场信用、交通档案等内容的全省交通数据中心，建立了交通资源目录，制定了《广东省交通数据采集报送管理制度（暂行）》《广东省交通基础数据元集》《广东省交通数据中心系统项目数据标准规范》等信息资源整合标准规范和制度，以保障数据中心的应用，为开展交通管理、决策与服务提供了强有力的支持。

三、新加坡电子政务建设的经验对广东省交通信息化建设的启示

新加坡电子政务的宗旨是"以公民为中心"，他们认为电子政府不单单是在"政府"前面多了个"e"，要实现电子政府，需要从根本上明确地把公民当作客户对待，合理利用技术和新的商业模式，提升政府与公民个人和商业团体间的互动效率。而从广东省交通信息化建设的现状不难看出，虽然交通信息化建设已得到较大的发展，交通主管部门的行政能力、行业监管能力、公众服务能力和应急保障能力都得到了显著的提升，但交通信息化还仅局限于主要为交通主管部门服务顺带惠及民生的层面上，交通信息化建设的成果在社会上的

应用和对社会民生的影响，远远未达到社会公众对安全、便捷、舒适出行的需要，更不要说能提升政府与群众、企业间的互动效率了。

"十二五"是广东省加快转型升级、建设幸福广东的关键时期，是贯彻落实《珠江三角洲地区改革发展规划纲要（2008—2020年）》，构建区域一体化格局，推动粤港澳经济融合发展的关键时期。交通运输作为国民经济和社会发展的基础性产业和服务性行业，在经济转型、产业升级、体制改革、民生改善、开放合作的过程中面临着崭新的任务。如何才能使广东省交通信息化建设更好地惠及民生？新加坡电子政务的经验给了我们很大的启迪——构建以服务社会、服务民生为中心的电子政务。

（一）广东省交通信息化建设的基本原则

对于广东省当前的交通信息化建设来说，构建以服务社会、服务民生为中心的电子政务，必须遵循以下几点原则：

1. 需求导向，深化应用

坚持以交通运输发展战略需求和社会需求为导向，落实并深化信息化服务于交通运输行业管理和服务的理念；积极推动信息化系统在交通运输业务领域的应用，不断完善信息化功能，提高信息化应用水平，以需求为导向，以应用促发展，发挥交通运输信息化建设的整体效益和规模效益。

2. 统筹规划，资源共享

坚持统一规划、统一标准、统一建设、统一管理，加强全行业信息化发展的统筹协调力度；打破分割，条块联动，充分利用已有信息化基础，完善全省交通数据中心，建立健全全省交通信息资源体系，提高行业综合监管与服务能力，为交通智能化发展奠定基础。

3. 覆盖全局，协调发展

推动信息化在交通运输建设、管理、运营、服务等各领域的应用和融合，强化区域合作，使信息化覆盖交通运输现代化建设全局，实现区域协调发展，提高广东省交通运输信息化发展整体水平。

4. 创新发展，全面提升

加快现代信息技术的研发和应用，推动新技术与传统交通产业相结合，深化改革开放，建立与交通运输现代化发展相适应的管理体制和机制，充分利用信息化，提高运输效率、降低能源消耗、保障安全运输、实现科学决策、提供便捷服务，提升行业发展能力。

5. 以人为本，惠及社会

坚持"以人为本"的发展理念，加快推进交通信息服务产业化，推动建立内容丰富、形式多样、使用便捷、经济实用、保障安全的综合交通运输服务体系，使交通运输信息化发展成果惠及全社会，全方位满足企业经营、发展需求，满足公众出行、办事需求，构建和谐交通、民生交通。

（二）对广东省交通信息化建设的调整

1. 调整战略重心，形成科学有效的建管机制

以服务社会、服务民生为中心，就是要把广东省交通信息化建设的起点和终点都统一到社会和民生这一中心用户群上，始终以其为重心，主导交通信息化的设计、建设、管理。例如，现在的门户网站的界面设计，是分业务设置成模块再拼凑而成的，等于把现实机关照搬到计算机平台上，成了网络版机关，其重心和出发点显然是方便政府管理部门。群众只有"登门"讨教才能办事，把方便留给了机关，把劳动留给了群众。新加坡政府网站以使用群体分类设置频道，分类设置功能模块，把政府部门隐于后台服务配置，把方便留给了公众，把劳动留给了政府自己，真正实现后台围绕前台转、机关围绕基层干的运行机制。以服务社会、服务民生为中心，要求信息化的组织者一定要从社会和民生的角度去进行信息化的建设和管理，从而形成一个自下而上的倒逼机制。

具体来说，一个网站或者系统的设计要把握三个环节：一是要从有用角度选取项目；二是要从好用角度进行系统设计；三是要从实用角度组织建设施工。一切围绕降低工作成本、提高工作效益为标准展开。

2. 实现信息流与业务流的有机结合，建立信息主导模式

信息化建设包括信息资源和信息技术两大部分，信息资源是信息的内核，信息技术是信息的载体。信息化的核心价值在于其对相关知识的存储、挖掘、传递和使用，而这些知识是散落于工作的每一个环节和每一位基层员工的手上的。因此，有效地实施信息化，一方面，要从业务流程的各个环节去挖掘、存储、传递和使用交通信息，从而提炼、创新交通知识；另一方面，要用信息流主导业务流程，使知识切实指导实践，以逐步增强交通信息化系统的内部组织能力。我们只有增强信息共生共享的能力，才能充分发挥其功能。借助信息技术组织实现知识积累和技术整合，在知识积累和技术整合的过程中获取或发展核心能力。因此，信息流程的设计要遵循采集的单点性、存储的集成性、使用的共享性、传递的直接性等要求。

目前，我们的业务流程是建立在等级组织结构上的权力主导模式，信息依托一个层级向一个层级、一个部门向一个部门传递，但在信息网络高度发达的今天，组织内的每一个成员成为信息网络中的一个节点，都能平等享有和索取网络信息。因此，我们可以参照新加坡政府根据公民的需要调整办公流程的做法，建立一种与信息流相适应的业务流程，同时注意流程的信息化、要素的标准化、运作的规范化、决策的制度化。流程的信息化，就是要让信息系统像神经系统一样贯穿并主导着业务流程的每个环节；要素的标准化，就是把业务的基本要素以标准模块的形式进行分类管理；运作的规范化，就是要求所有的业务运作都要有规可循、依规办事；决策的制度化，就是把科学的决策机制以制度形式固定下来，让重大的决策严格按照规章制度化来运作。

3. 实现人脑与电脑的和谐统一，形成人机合一的人工信息系统

由于信息系统是一个人工系统，因此人员素质的高低和组织结构的设置是否合理，对信息系统整体功能的实现具有重要的影响。只有达到了人机高度匹配的信息系统，才能产生 $1+1>2$ 的效果。要实现这一目标，首先，必须塑造信息化头脑，推进人脑对电脑的匹配。因为人是最活跃的因素，也是最具决定性的因素。要推进交通信息化工作，就要培养广大交通干部职工的信息化头脑，使他们不仅仅懂计算机知识、会计算机应用，而且要深化信息意识，在组织文化中形成一种信息价值观，以达到对信息化运用之妙、存乎于心的境界。要做到这一点，就要从教育培训、制度安排、文化推动三个方面三管齐下。其次，要把以人为本的思想贯穿于信息系统，推进电脑对人脑的匹配。我们的信息系统不但要好用，还要有个性化的设计，满足不同用户的个性化需求；不但要讲究工作环境，还要讲究心理环境。轻松友好的界面设计、简捷畅通的沟通渠道，都能让用户获得体贴入微的快乐体验。因此，我们要注重系统人性化设计，尽量满足人民群众的精神需求，如开发在线交流、网上意见箱、文化交流与展示等功能，为原本生硬僵化的信息设备系统注入鲜活的灵魂。

（三）广东省交通信息化建设的工作重点

"十二五"期间，广东省交通信息化建设应按照总体框架（如图1所示），以基本建成智能化交通运输监管、决策与服务体系，形成与现代化交通运输发展相适应的管理科学、机制创新、运营规范、高效安全的信息化管理体系，推动实现珠江三角洲区域交通基础设施管理、运营一体化和交通公共服务一体化，推动实现粤港澳交通运输一体化，努力使全省交通信息化普及程度和应用水平达到发达国家和地区发展水平为目标，在协调发展和全面提升上下功夫，加强信息化保障能力建设，实现行业数据资源共享，完善电子政务和行业管理信息平台并深化其应用，完成行业运行监测体系建设，推动综合运输、区域物流信息化发展，让信息化在决策支持、安全监管、应急指挥、出行服务等领域的作用得到充分发挥。

第三部分 有效政府与廉政机制

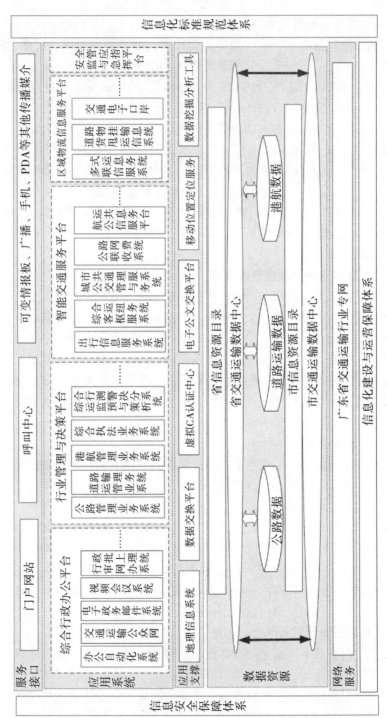

图 1 广东省交通运输信息化总体框架

1. 完善行业通信信息网络

充分利用感知技术和下一代网络通信技术，建成覆盖公路、桥梁、隧道、港口、码头、高速公路和干线公路重要路段、收费站、治超站、服务区、内河干线航道重要航段、城市主要道路、客运枢纽、客货运场站等重点设施和区域，"两客一危"车辆、"四客一危"船舶、公交车、出租车等重点营业性运输工具，以及交通运输市场的动态监测体系。要做到：依托高速公路干线通信网络，建成广东省交通运输行业专网；干线公路重要路段监测覆盖率达到70%，特大桥梁、特长隧道监测覆盖率达到100%；二级以上客运枢纽和客货运场站100%实现监控，地级以上城市出租车车载监控覆盖率达到100%，"两客一危"车辆100%实现监控；港口重要货场、堆场、危险作业区100%实现监控，四级以上航道实现数字航标覆盖率达到50%，"四客一危"船舶监控覆盖率达到100%。

2. 建立健全交通运输信息数据库

形成公路、航道、港口、营运车辆和船舶、经营业户、从业人员、建设项目等基础数据库，推动城市公交、出租、客运枢纽、农村公路等基础信息的整合，开发利用交通信息资源，建立基础数据库、业务数据库和主题数据库，形成标准统一、信息共享、组织有序、传输高效、安全可靠、更新及时的省、市两级交通数据中心。形成统一标准的数据交换体系，建设和完善市级交通数据中心、数据灾备中心，持续完善省交通运输行业数据中心，推动数据支持业务和服务转型。

3. 打造智能交通服务平台

充分利用交通数据中心信息资源，开展信息资源开发、分析和挖掘，实现对交通基础设施和运输市场运行状态、发展趋势的分析、预测，实现对突发事件的及时接报和处置，实现区域公交一卡通、不停车收费、联网售票、出行智能诱导等高效便捷的出行服务。其中，高速公路 ETC 覆盖率达到 60%，ETC 终端发行量达到 50 万套，推进泛珠三角高速公路 ETC 一体化和粤港澳 ETC 一体化；逐步扩大"一站式"联网售票服务的覆盖范围，实现二级以上客运站100% 联网售票，推进与银行、邮政等机构联网售票合作，加快实现网上联网售票系统建设，支持二代身份证身份验证乘车服务。

4. 建立区域物流服务平台

充分利用信息技术，推动综合客运枢纽建设，推动多式联运、道路货物甩挂运输的发展，推进建设省厅和港口两级交通电子口岸，提供区域物流信息服务，促进现代交通运输体系建设和现代物流业发展，促进实现区域交通运输一体化。

（四）广东省交通信息化建设的改进措施

1. 必须积极引进群众参与机制，以便更加贴近民生

群众的参与是交通信息化建设的承载与依托，只有当作为服务对象的群众真正参与进来，信息化才能真正实现其服务民生的效能。因此，广东省交通信息化建设必须积极引进群众参与机制，如积极建设呼叫中心、畅通群众参与和反馈意见的渠道。在有条件的地市建立以统一客服号为特征的市级呼叫中心，提供出行信息服务、政务信息咨询、行政许可办理问询、突发事件报警、维修救援等服务，逐步形成全省统一的交通运输公众咨询服务中心。

2. 必须加强服务导向，体现"为民服务"的宗旨

我们要向新加坡政府学习，把电子政务作为一项民心工程，把为群众提供贴心服务放在首位。交通公众网上的服务内容要符合广大人民群众和企业的意愿和需求，让网络成为政府联系群众的桥梁，成为交通行政主管部门高效、廉洁、服务的工具。

（1）通过交通信息化建设，提供便民服务。①推进完善行政审批网上办理。完善省交通运输厅统一行政审批系统和省交通运输厅网上行政审批系统，积极开展"一站式"办公服务，实现跨部门网上联合审批，实现审批事项信息网上公开。②完善交通运输公众网。丰富广东省交通运输公众网信息资源，结合安全智能表单技术，构建集成化内容管理平台，加强 Web 2.0 技术应用，提供个性化在线服务、政务信息专题服务、信息自助订阅等功能，全面提高网站政务服务能力。完善网站群建设和部、省、市信息联动机制。③完善出行信息服务系统。进一步整合公路、水路、城市公共交通、民航等领域的出行、维修、救援等信息，加强信息资源分析、挖掘，完善出行线路规划系统和交通诱导系统，开展珠江三角洲、粤港澳区域出行一体化信息服务实践，拓宽出行信息服务领域，提高出行信息服务质量，实现全省出行信息服务智能化、一体化。④建立和完善综合客运枢纽信息服务系统。根据全省客运枢纽站建设规划，建有综合客运枢纽的地市建立和完善综合客运枢纽信息服务系统，整合客运运输枢纽不同运输方式联网售票、调度发车、车辆位置、应急处置等信息，提供多种运输方式联合售票、自助售票、自动检票、出行与换乘信息、安全稽查、车辆调度与动态跟踪等服务。⑤建设航运公共信息服务平台。依托数据中心，整合港口、航道、船舶、从业人员、从业企业等的基础数据，采集引航调度、港口作业、通航情况、客运班线和票务、水文气象等动态数据，建立全省统一的航运公共信息服务平台，提供航运信息发布服务。逐步引导水路运输企业和从业人员参与，提供船舶租赁、买卖、租船揽货等信息发布服务，提供承运人、货主、货物、航线、货物跟踪定位等信息查询服务，推动水路运输市场的发展。⑥完善广东省交通运输行业地理信息公共平台。统一电子地图建设标准规范，整合各种电子地图数据。依托广东公路地理信息系统，完善公路空间信息资源；采集、完善港口和航道电子地图数据，整合水路基础设施空间信息资源，积极推进1:50000交通地理空间基础信息库建设，构建广东省电子航道图，形成统一的广东省交通运输行业地理信息公共平台，统一支撑各业务应用系统。建立健全数据采集、维护和更新机制，保障地理信息系统的应用。

（2）密切联系社会民生，搭建智能交通服务平台。①建立和完善城市出租车管理与服务系统，按照交通运输部大力推进城市出租汽车服务管理信息系统建设的要求，推动各地市建设出租车数据资源中心、监控调度中心、电召服务中心，引导和鼓励出租车安装车载终端设备，提供出租车运行监控、车辆调度、预警、电召、投诉、报警、失物查找、应急救助、路况查询、线路规划、营运统计等服务，鼓励开展汽车租赁网络化信息服务系统建设。建立和完善城市公交管理与服务系统，提供智能公交调度管理、公交场站监控、营运车辆和人员信息管理、公交线路、站点、换乘、车辆预计行驶时间和到达时间等信息发布等服务。推广使用全省通卡"岭南通"，推进地级以上城市公共交通智能卡并网，建立全省公共交通"一卡通"平台，实现统一清算。推动"岭南通"在全省公交、地铁、出租车、城际轨道交通、道路客运及轮渡等公共交通工具以及其他公共服务领域的应用，推进"岭南通""八达通"、澳门公交卡的互联互通，提高城市公共交通管理和服务水平。②推广联网电子不停车收费。推动现有联网收费区域的资源整合，实现全省高速公路联网收费。推广采用ETC技术，逐步实现粤通卡全省"一卡通行"。提高粤通卡使用用户的覆盖率，拓展粤通卡在小区停车、加油、车辆管理等领域的应用。推进珠三角地区跨省区ETC联网。加快建设ETC客户服务网点，建立数据共享、代理充值、代理服务等合作机制，加强安全保障功能，为ETC客户充值、查询、车载设备维护等提供便利条件。

3. 加强协调和整合力度，发挥信息在服务社会民生中的最大效用

（1）建设广东省交通运输行业专网。逐步整合广东省交通虚拟专网、高速公路干线通信网络等网络资源，构建支持传感器、传感器网节点、传感器网关、RFID等物联网终端设备接入的无线网络接入体系，形成覆盖全省，联结省厅、地市、区县交通运输行政管理部门、重点企事业单位的广东省交通运输行业专网。

（2）完善广东省交通运输数据中心。完善省级交通运输数据中心，丰富公路交通信息资源，整合港口、航道、船舶、从业人员、航道设施、船闸、航政、港政等水路交通运输基础数据，制定和完善数据中心公共标准规范，完善消息通信、任务调度、安全处理、协议解析、数据转换、数据融合等数据交换支撑平台功能，推动各地市交通运输数据中心建设，形成省、市两级交通运输数据中心数据交换体系。

（3）健全以"物联网"为核心的信息采集体系。采用视频监测检测、超声波检测、浮动车、RFID、GPS等多种技术手段，积极推进我国第二代卫星导航系统应用，按照统一的技术要求采集交通运输基础设施、运输装备、从业企业和人员、交通建设和运输市场、重点营运车辆和船舶等交通静态、动态信息。

4. 充分发挥信息化建设在加强行业管理和决策上的积极作用

（1）建设和推广泛珠三角区域道路运输业务协同办理系统，泛珠三角区域互认道路运输营运许可、营运车辆、执法处置、道路运输从业企业和人员信用等运政信息，实现业务协同办理。完善丰富道路运输智能卡信息内容，将物流控制、车辆检测、进站配载等信息加载至智能卡道路运输证，推动智能卡电子证件在客运站场、危险品运输、移动稽查和综合执法等方面的应用。把全省水路运输行业行政许可业务纳入港航综合行政管理信息系统，实现港航管理业务协同和信息共享。完善交通综合执法系统。完善路政执法系统和运政执法系统，有效对接全国治超信息系统，实现与路政管理信息系统、道路运政管理信息系统的联动和数据共享；建设水路运政执法、港口行政执法和航道行政执法子系统，并在全省推广应用；推动综合执法系统与省电子纪检监察系统、公安交通管理系统、安监系统的对接，实现执法过程全程监督。建设广东省交通运输市场信用管理系统，采集信用数据，制定评价指标，开展信用评价与分析，及时公布信用情况。依托广东省交通科技网，提供综合科技信息服务，实现科技管理信息化，对接交通部交通科技信息资源共享平台。在公路基础数据库基础上，建设并完善路面、桥梁（隧）建设、管理、养护的决策和投资管理平台。在全省重点航道上，建设和完善电子航道图系统、航标遥测遥控系统、船闸监测系统，建设数字航道管理与信息服务系统，实现航道综合管理、船闸联合调度，提供助航信息服务。建设广东省交通工程建设项目综合管理平台，研发一套符合广东省交通建设项目管理实际和管理理念、管理体制的管理系统，实现对广东省交通建设项目的科学化管理。推广"广东省交通工程质量监督管理系统"，系统应用由现有的高速公路工程质量监督和检测拓展到公路改扩建工程和水运工程等方面，为交通工程质量监督动态信息分析模型和施工质量追溯体系的建设提供支持。建设完善"广东省交通工程造价综合管理系统"，建立全省交通公路工程造价监督平台、造价管理综合业务平台和公路造价管理综合数据库，逐步推广至水运工程，实现科学高效的交通工程造价信息化管理。

（2）建设综合运行监测与决策分析系统。依托广东省交通运输数据中心，形成覆盖公路、水路、城市公共交通建设、生产、监管、服务等领域的行业经营分析专题数据库，建立支持统计、数据抽取、数据挖掘、预测分析等功能的分析工具，按照交通统计要求，提取数据，开展统计服务，根据行业管理与决策需要开展运行分析与决策服务，并与交通部综合运行监测与决策分析系统实现数据共享。

5. 充分发挥政府在信息化建设中的引导和组织协调作用

（1）通过结合自身特点和发展需求，合理规划市、县、各机构、各部门的信息化建设，统一规划、统一标准、统一建设、统一管理。加强信息化工作组织的工作力度，加大信息化建设各项工作的协调力度，发挥信息化专家顾问的咨询作用，形成配合紧密、沟通顺畅、高效运转、配套完善的信息化组织管理体系，保障信息化建设的顺利进行。

（2）通过从实现信息资源共享、推动交通智能化应用的角度出发，整体规划全省信息化业务流程、数据组织、功能应用和技术架构，实现全省信息化全面、协调发展，发挥信息化整体效益和规模效益。加快电子政务、智能交通、现代物流、信息通信等技术标准的制定，推动其在全省行业信息化建设中的应用，规范信息化建设行为，提高信息化建设效率，促进实现信息资源共享和业务协同。

（3）选择信息化基础条件较好的广州、深圳等城市，建设智能交通示范城市。加强对示范城市的支持和引导，及时总结经验和教训。积极向其他地区推广示范城市信息化建设成果，充分发挥示范作用，逐步带动其他区域、单位信息化建设，稳步推进广东省行业信息化协调发展。

（4）积极推动物联网、云计算、下一代网络通信技术、遥感遥测、北斗卫星导航等高新技术在交通运输领域的应用研究，为发展智能交通、建设智慧广东提供技术支持。

（5）按照"政府引导、市场主导"的原则，积极探索交通运输信息化投资、建设、运营管理机制，广泛吸纳社会力量，拓宽资金筹措渠道，鼓励企业运维经营，将政府引导与市场化运作有机结合，推进出行、物流等交通运输信息服务产业化，为广东省交通运输信息化可持续发展奠定基础。

（6）继续推进交通运输信息化评估。广东省自2007年开展交通政务信息化水平综合评价以来，成效明显，有效推动了各单位信息化水平的提高。"十二五"期间,继续推进交通政务信息化评估,开展行业信息化综合评估,全面掌握全省、各地区、各领域信息化发展水平,了解交通运输行业各应用系统建设与应用成效,发现存在问题,提出发展对策,充分调动行业各机构、各单位积极性,推动广东省交通运输信息化全面、协调、可持续发展。

(7) 深化区域交流与合作。积极适应日益开放的国际国内环境,抓住经济全球化发展的历史机遇,加强省内各地区的交流与合作,通过智能交通示范城市建设,促进区域交通运输资源共享,引领、带动区域信息化协调发展。充分利用地域优势,加强与港澳地区的交流与合作,引进先进技术,学习先进经验,拓宽发展思路,推动粤港澳交通对接和一体化发展。

(8) 重视信息化培训和人才培养。强化信息化意识和人员培训,通过信息系统的推广使用、计算机应用普及教育等方式,将计算机应用与日常岗位工作挂钩,增强交通从业人员的信息化意识,提高广大干部职工的计算机应用水平。树立科学的发展观和人才观,建立良好的人才引进、培养和使用机制,创造有利于优秀人才脱颖而出和人尽其才的良好环境。科学规划人员结构,合理引进人才,强化信息化技能培训,加强跨地区、跨部门的信息化人才交流,鼓励人员多岗位锻炼,全面提高信息化管理人员和技术人员的信息技术水平,提高队伍素质,为全省交通行业信息化建设和应用打下坚实的基础。

6. 健全信息化保障体系,为广大人民群众提供稳定的信息化服务系统

(1) 加强安全基础设施建设。完善、升级网络安全基础设施,推动其在各级交通行政管理部门、行业管理部门的应用。加强数据安全防护设施建设,做好各级单位的存储解决方案,完善广东省交通系统(云浮)数据备份中心功能,建立异地数据备份体系。强化系统安全建设,依托"广东交通行业虚拟 CA 认证中心",推动数字证书在交通运输业务系统中的应用。

(2) 建立健全信息化建设和管理制度。健全交通信息化建设项目管理制度,加强对信息化建设项目立项、招投标、采购、实施、验收、后评价、运行维护等全过程的监管,规范具体工作内容和流程。进一步贯彻实施《广东省交通数据采集报送管理制度(暂行)》,加强基础数据采集和共享。完善《广东省交通政务信息化水平综合评价指标体系》,建立与信息化评估相对应的信息化工作激励制度。

(3) 完善信息安全管理机制。贯彻落实信息安全管理制度,对信息系统安全等级进行科学评估,对安全保护等级为二级以上的信息系统及时备案。配备安全产品,落实安全技术措施,加强对信息系统的安全监督与管理。加强对信息系统运行环境和运行状态的监控,完善安全应急处理机制。建立信息安全培训机制,提高从业人员的信息安全防护意识和水平。

新加坡政府围绕"服务公众"而开展的电子政务，对广东省交通信息化建设如何"服务社会、服务民生"具有极大的参考价值。广东省交通运输信息化建设必然要通过从群众中来、到群众中去的过程，来实现依靠群众、服务群众的为政之路。

新加坡建设国际一流电子政务的实践对广东省的启示

任红伟

转变经济发展方式需要经济转型，而经济转型又会对社会转型提出迫切要求，社会管理服务方式转变，核心是更为人本、更为和谐、更有效率。胡锦涛同志在省部级主要领导干部社会管理及创新研讨班上提出："扎扎实实提高社会管理科学化水平，建设中国特色社会主义社会管理体系。"现代社会背景下选择何种路径更有利于提高社会管理科学化水平呢？新加坡以独特的国家文化为基础，建设国际一流的电子政务，通过现代信息化手段提升政府的社会管理服务水平，推动社会全面进步。笔者深入学习和总结新加坡电子政务的做法与经验，分析以现代信息手段推动政府社会管理转型的重要性与紧迫性，提出对广东省以现代信息手段推动社会管理转型的理性思考与启示建议。

一、新加坡建设国际一流电子政务的基本情况

新加坡是一个面积狭小、资源不足的岛国，为保持较强的国际竞争力，新加坡政府特别重视信息化和电子政务的建设，1980 年全国实施无纸化办公，2000 年推行电子政务建设，30 多年持之以恒地建设电子政务、消除繁文缛节，连美国宾夕法尼亚州和加拿大的部分省都以新加坡为样板来发展本地区的电子政务。在 2010 年联合国发布的报告中，新加坡电子政务建设位列全球第一，是全球电子政务建设领域最为出色的国家。

（一）新加坡电子政务发展基本情况

新加坡的电子政务起步于 20 世纪 80 年代初。经过 30 多年的发展，新加坡的电子政务取得了很大的成就。新加坡电子政务主要由中央信息技术组来负责推动。他们认为信息时代的新加坡电子政务应该体现公民和企业导向以及以生活周期为基础的整合、服务提供者和服务获取方式的可选择性、政府各部门和地方政府之间的服务整合等特点。通过其门户网站，公民能够无障碍地浏览政府网站，从而获取电子服务。例如，"电子公民中心"的门户网站是新加坡

政府众多在线服务的第一站,为公民提供在线政府服务。2004年1月到3月,"电子公民中心"用户访问量达125万,占新加坡总人口的近1/3。总的来说,新加坡电子政务建设历程可分为起步、融合和定制三个阶段:第一阶段是起步阶段(1992—1999年),以"IT 2000计划"为标志,明确提出将新加坡建设成为"智慧岛"的目标,并建设了新加坡的首个宽带网络,政府部门开始提供基于互联网的服务。民众通过因特网能够在各级政府网站上提取政府机构的信息。第二阶段是融合阶段(2000—2006年),通过实施"信息通信21世纪蓝图"(2000—2003年)和"联系新加坡"(2004—2006年)等计划,全面开放通信市场,把信息通信的发展作为推动经济发展、提升国民素质的主要动力,政府所有部门全部完成业务系统的建设。政府机构在网上开展纳税、办理执照等业务。第三阶段是定制阶段(2007—2015年),正在实施"智慧国2015蓝图",提出"3I策略"(创新、整合与国际化),推出"多个部门、一个政府"口号,努力提高政府办事事项的信息化服务水平。

从上述发展轨迹可以看出,新加坡的电子政务已经步入政治、经济、法律、技术等领域全面发展阶段。目前,新加坡的电子政务网站建设已经相当完善和成熟。新加坡的各级政府机构基本上都已上网,几乎各市区都建有自己的站点。新加坡的电子政务系统完全由国家控制,据统计,新加坡电子政务每年可为政府节省办公经费约2300万美元,不仅节省了大量的人力、财力、物力,而且提高了政务的透明度。

(二) 新加坡电子政务取得的成效与经验

新加坡政府网站的功能极为强大,包含的内容也极为广泛,且曾在1999年被美国大众服务管理部评为世界上最先进的综合服务网站。政府网站最具代表性也最具特色的是"电子公民中心"(eCitizen),这一虚拟型的网络服务中心主要是向公民提供方便、快捷的网上服务。"电子公民中心"项目的设计思想是让各个政府部门都可以拥有自己独立的网站,网站内容根据不同部门的职能设定,从而让使用者能够对整个政府的运作情况有一个整体的了解。政府部门的一些商业信息和商业机会以打包的方式提供。所有政府机构都必须为网上表格、网上支付和安全环境等事项采用一致的系统基础构件和模板,而且采用同一种方法论。以公民的需求为导向进行设计,用户不必具体知道有关事务,只要按程序接受政府服务就行了。"电子公民中心"的用户界面采取模拟的方法来描绘一位新加坡公民在人生不同阶段所要走的道路,他可以在不同的"城堡"中停留。每一个"城堡"里都有一组相互关联的服务包。例如,在"就业城堡"里,可以找到"雇佣员工"(专为雇主设计)、"寻找工作"(专为求职者设计)、"退休""提高技能"和"在新加坡工作"(专为外国人提供)等服务包。目前,"电子公民中心"网站共有9个"城堡",涵盖商业贸易、国防、教育、就业、家庭、医疗健康、住房、法律法规和交通运输等方面。新加坡作为建设电子政务的佼佼者,成绩斐然。主要体现在以下方面。

1. 以服务民生为导向,建设开放的电子政务信息平台

依托因特网强大的功能和良好的基础条件,新加坡在开展电子政务的过程中注重政府网站的建设。针对不同的服务对象——企业、公民和外国人三大客户群体,开辟了三个主要入口,开展以需求为导向的用户服务。

企业入口:通过企业入口,新加坡企业可以进入四个快速链接。通过使用这四个链接,企业可以查询到从申请成立到人员雇佣、纳税、融资、出口、网上投标、专利申请、统计报表等信息。

公民入口:通过公民入口,新加坡公民可以快速查询到经常使用的信息与服务,如健康、求职、权利保护、网上纳税、旅游、居住等。

外国人入口:通过非国籍和国际客户入口,国外留学生、商人、旅游者、工人等可以查询到其所需的不同信息。该入口不仅为外国人提供了便捷的信息服务,同时也是宣传新加坡、增强国际竞争力、吸引外资和国外人才的重要工具和渠道。

2. 成立专职机构,统一规划领导

作为政府主导型的电子政府发展模式,新加坡政府专门设立了"资讯通信发展管理局",负责电子政务的全面协调发展。新加坡政府专门组织成立了由各大委、局等机构共同参与的、跨部门的委员会——国家电子商务行动委员会,统一负责协调和推动实现电子经济、电子政府和电子社会的目标。

3. 提倡政务公开,注重对外服务

依托和服务于"政务公开"的政策,新加坡各级政府广泛利用不同层级、功能强大的政府网站向社会公开大量政务信息,如国家领导人的重要活动、演讲,政府工作的最新动态,民众办理注册、登记等事项的手续与相关信息,等等,具有了"单一窗口""一站式""全天候"等特点。

4. 重视素质教育,夯实发展基础

新加坡政府重视公民素质教育,政府投入大量人力、财力进行人才教育和培训,努力提高民众的信息化水平和技能。政府要求各级官员、公务员都具备一定的信息化知识和操作技能。这就为推行电子政务奠定了良好的群众基础和人才基础。

5. 注重法律保障,确保正确方向

新加坡政府于1998年修订了1993年出台的《滥用计算机法》,增加了

"干预或阻碍合法使用的行为""在授权和未经授权的情况下，进入电脑系统犯案"以及"将进入网络的密码透露，非法获利和使别人受损失"等三项新罪名。与此同时，政府还制定了与此相配套的《信息安全指南》和《电子认证安全指南》，更好地为电子政务和电子商务等发展保驾护航。

二、以现代信息手段推动政府社会管理转型的重要性与紧迫性

（一）建设幸福广东的必然要求

幸福社会建设是广东省经济持续发展到一定阶段后对社会管理与服务转型的必然要求。经济快速增长了，但群众满意度并未能随经济增长而同步增强。现有的社会管理服务方式与手段粗放、落后，重管理轻服务，与群众缺乏有效互动，群众疾苦与呼声难以得到快速反应。当前，就业、社会保障、收入分配、教育、医疗、住房、安全生产、食品安全、社会治安、生态环境等关系群众切身利益的社会问题比较突出，在对这些社会问题的处理上，如果沿袭旧的工作理念，采取传统的工作方法，难以及时妥善解决，有些社会矛盾还可能激化，引发群体性事件，传统社会管理方式面临巨大挑战。为此，要有效保障与改善民生，增进民生福祉，增强群众的幸福感，实现社会管理与服务转型，必须在政府与群众之间形成一个反应敏捷、良性互动、有序高效的信息反馈与处理系统，加强与群众的有效互动，以现代信息手段推动社会管理转型、服务惠民，为建设幸福广东奠定坚实基础。

（二）广东全面转型升级的必由之路

广东省经济的高速发展，对社会管理转型提出了迫切要求。面对群众参与意识和权益意识的提高、和谐幸福的呼声和全球化浪潮的冲击，有必要适时推进社会管理转型，使其适应经济发展对社会管理体制的要求。广东省转型社会不仅是单纯的经济转型，而是经济、社会同步转型，是整体上的转型。社会转型的核心是建立稳定持久的民生保障体系，包括住房制度、国民分配制度、教育制度、医疗卫生体制、养老制度、失业制度等六大基本民生主题。转型的手段就是以现代信息技术革新现有的社会管理与服务方式，推动社会管理创新，加快构建就业、就学、就医、养老和住房保障等公共服务体系，面对数以千万、多样化的群众需求，实现人性化、智慧化、动态化的管理，推动管理职能从重管理向重服务升级，全面提升社会管理与服务水平。

（三）"新经济"高速发展的时代要求

为进一步推进"新经济"发展，2011年新年伊始，美国总统奥巴马指出，"明天的经济不能依靠昨天的基础设施，高速无线网络是下一个火车站、下一个匝道"，提出在全美普及无线网络的宏伟计划，将高速无线网络的覆盖率扩大至美国98%的地区，以此激发新创造、带来新投资、创造新岗位。"新经济"亦称网络经济、数字经济，指以网络、信息和通讯技术为主体的新兴产业，信息与通讯技术及其产业化成为经济增长的主要来源。高速计算机、因特网、无线宽带，以及基于这些技术而产生的大量的新产品和新服务，实现了降低价格、改进质量、提高效率的目标。"新经济"的蓬勃发展，带来经济运行方式、社会运转方式的巨大变化，这些变化将长时期、强劲地推动GDP和人均GDP的增长，将产生更高的生产率、更高的效益。"新经济"的蓬勃发展对提升社会管理服务水平提出更高要求，也提供了现代化信息化的手段，以此推动政府实施智慧化的社会管理方式，推动社会管理转型。

（四）提高社会管理水平的有效途径

以现代信息手段参与社会管理，可有效提高社会整体运行效率和管理水平，提高社会活动效益，提升人民生活水平与质量。通过智慧的信息化系统，能够及时准确地了解社会活动的真实状况，正确评估政策实行效果，强化管理手段，提升管理效率，提高服务质量。智慧信息基础设施将为社会管理服务提供强有力的支撑，更好地为社会管理服务。应急管理、社会保障与管理、公共事业、交通管理、城市管理、食品药品监管、环保监测、市场监管、综合治理等部门与行业应用现代信息技术，可以更好地掌握信息、协调行动，并健全突发事件的监测、信息收集、发布和报告机制，形成智能化的社会管理与应急系统、政务系统、警务系统、城管系统、电力系统、交通系统、产业系统与社会服务系统等部门与行业智慧化，从根本上提升社会管理水平。

三、启示建议

（一）运用现代信息化手段，探索新的社会管理模式

加强研究，加快全省范围内的试点与探索，探索以现代信息手段提高社会管理服务水平的有效模式。依托现代信息手段，切实提高政府社会管理与服务水平，强化各类企事业单位社会管理和服务职责，增强社会服务能力。运用现

代网络信息技术，构筑透明、公正、通畅、迅捷的利益诉求与协调平台，形成科学有效的利益协调机制、诉求表达机制，统筹协调各方面利益关系，切实维护群众合法权益。运用网络信息手段，建立覆盖全省的人口基础信息库，建立健全人口动态管理机制，加强和改善流动人口管理和服务。通过无线网络随时随地随需的动态监控与传输，建立健全安全生产监管体制，健全食品药品安全监管机制，完善社会治安防控体系，完善公共安全体系和应急管理体制。整合公共信息平台资源，推进数字社区建设，构筑网络问政和社区管理与服务信息平台，健全新型社区管理和服务体制，加强和提升基层社会管理和服务能力与水平，做到知民意、汇民智、聚民心。

（二）构建多元化的公共管理服务新格局，满足群众需求

充分应用无线信息化平台，建立社会管理综合信息系统，构建党委政府主导、各类企事业单位参与、社会力量协同配合的多元化公共管理服务新格局，满足群众日益增长的公共服务需求。探索新社会组织培育管理机制，积极构建公共服务平台，创新基层社会服务管理模式，建立健全社会矛盾联合解决机制，建立完善外来务工人员服务管理体系，探索新经济组织管理服务机制。对群众提出的方方面面的需求，运用现代信息手段实施全天候、全方位、全程式跟踪服务，帮助群众解决实际问题。要不断拓宽途径，通过无线网络平台提供的短信互动、网上办事等多种形式，及时改进工作方法，增强服务的针对性和实效性。在服务内容方面，既要有政府公共服务，又要有社会生活服务，满足不同人群对公共服务的多元化需求，不断提高公共服务科学化、精细化、标准化水平。

（三）整合多方资源，共建共享社会管理转型信息平台

现代社会是信息化社会，信息掌握充分与否直接影响管理服务水平，信息反馈迅捷与否直接关系管理服务效率。要充分整合多方资源，利用现代信息技术，共建共享社会管理转型升级信息平台，掌握各类社会管理信息资源，在增进社会行业或领域管理效能的同时，注重将采集的各类社会管理信息资源进行综合评估。为党委和政府发展经济、调整结构提供建设性意见，使经济社会和管理部门良性互动、和谐发展。

（四）加大政策扶持力度，营造电子政务发展环境

信息技术是知识经济时代最强有力的促进者，电子政务是切实提高社会管理科学化水平的重要手段。各级政府应高度重视，进一步加大政策支持力度，

促进推广应用。通过政策法规等多种手段，对电子政务建设给予必要的支持。各部门应主动结合本身业务职能特点，加快开展政务信息化建设。各地可采取适当的财政、税费优惠措施，协调提供市政基础设施资源等，充分调动相关企业的积极性。采取有效的财政扶持政策，推动无线宽带业务在政府部门的率先应用，在公共采购、无线电频率监管等方面给予一定扶持，保障其发挥出最大的社会效益。政府应将政府管理和服务，特别是社保、医疗、公交、水电煤气等民生应用，与无线网络无缝衔接；做好电子政务建设发展的舆论导向，充分利用电视、广播、报刊、互联网络等各种媒体，以及群众性的普及活动，形成全社会普遍认同和积极参与的良好氛围；在街道、社区、镇区建立无线体验中心、上网服务站和培训点，普遍提升国民信息技能，使公民更好地分享信息化成果，推进社会管理信息化。

笔者通过对新加坡的学习感悟到，新加坡的成功之道在于：推行政府主导型市场经济模式，将优秀中西方文化精髓深度融合，以中庸之道、开放包容、民主法制、分权制衡为基石，创立独特的新加坡文化，并根植于政府、社会、企业和人民的一切活动之中，形成全球最有效率效能、最和谐与最廉洁的国家文化。以此为基础，建设国际一流的电子政务，通过现代信息手段提升政府的社会管理服务水平，推动社会管理创新，促进社会管理转型，推动社会全面进步。广东经济历经30多年的高速增长，面临再上台阶的发展转型期，如何在经济转型同时利用现代信息手段推动社会平稳转型，是建设幸福广东、率先建成全面小康的一个重大课题。

参考文献

[1] 周宏仁. 电子政府：构造信息时代的政府［J］. 网络与信息，2002(2).

[2] 伍洪杏，张林军，盛明科. 电子政府发展与政府决策体制创新研究［J］. 天水行政学院学报，2004(5).

[3] 孙天立. 对地方政府电子化建设问题的思考［J］. 河南财政税务高等专科学校学报，2012(2).

新加坡公共财政管理经验及其对广东省的启示

何国斌

新加坡是东南亚的一个岛国，共有大小岛屿63个，根据2010年的统计数据，其国土总面积712.4平方千米，主岛占国土总面积90%以上，海岸线全长193公里。新加坡总人口508万，其中华族约占74.2%，马来族占13.3%，印度族占9.1%，其他92个种族共占3.4%。新加坡1819年由莱佛士开埠，为英国殖民地，1959年取得自治，1963年9月16日加入马来西亚，1965年8月9日独立建国。经过50多年的发展，新加坡取得了举世瞩目的成就，被誉为"亚洲四小龙"之一，是闻名遐迩的花园城市。

新加坡的崛起有很多成功经验，作为政府内部管理极为重要一环的公共财政管理则是其极具特色、富有成效的经验之一。新加坡在吸收西方发达国家财政预算管理成功经验的基础上，结合自身的政治经济体制和基本国情，以维持经济持续、谨慎理财、建立包容性社会为政策目标，经过不断实践和创新，形成了"高效、规范、透明和可持续"的公共财政管理模式。

一、新加坡财政总体情况

新加坡政府把国家的财政收支分为总集基金、发展基金和偿债基金等三大基金。总集基金是指国家资金的汇集，常年的财政收入归入总集基金，常年的财政支出由总集基金拨款，包括两大部分支出：一是直接拨给各政府部门的经常（行政）开支，二是拨给发展基金及偿债基金的款额。发展基金是指用于发展用途的资金，其主要收入来自总集基金的拨款，主要支出为拨给各政府部门的发展开支。偿债基金是指用于偿还债务的基金，其主要收入来自总集基金的拨款，主要支出为偿还公债。

新加坡财政收入的来源主要是税收收入、行政性收费和投资收益。为维持国家经济运行的低成本和国际竞争力，新加坡实行比较简单的税收体系，主要税种有所得税、消费税、产业税、关税、车辆税、博彩税、印花税等。2011年，新加坡财政总收入预算为559.2亿新元，总支出预算为558.4亿新元（具体见表1），财政盈余0.8亿新元。

表1 新加坡2011年财政收入支出预算案

单位：亿新元

收入预算		支出预算	
项　　目	金　　额	项　　目	金　　额
所得税	191.7	教育部	109.1
消费税	84.4	卫生部	40.8
产业税	35.8	国家发展部	25.7
关税	20.9	环境及水源部	11.4
车辆税	17.2	社会发展、青年及体育部	18.3
博彩税	24.1	新闻、通讯及艺术部	5.6
印花税	21.4	国防部	120.7
其他税种	36.3	内政部	32.9
拥车证费	20.1	外交部	4.1
各类收费	25.1	交通部	40.7
法定机构贡献	4.4	贸工部	35.5
净投资收入	77.8	人力部	9.2
		财政部	7.6
		律政部	2.3
		总理公署	3.5
		国家机关	3.6
		特别转移支付	87.3
总计	559.2	总计	558.4

从表1可以看出，新加坡的财政收入除满足国家机器运转需要外，主要用于为居民提供公共安全、公共产品和公共服务，具有明显的公共性质。以2011年为例，新加坡仅国防、教育、卫生保健、交通基础设施建设等四项支出就高达311.3亿新元，占总支出预算的55.75%。

二、新加坡公共财政管理的主要经验

（一）预算编制强调法制

1. 编制过程法制化

新加坡的宪法和有关法律对预算编制周期、财政预算案的提出、财政储备的使用、财政部的监督管理权限以及国会、总统的审批权限等一系列问题都作出了明确的规定。新加坡财政年度从每年的 4 月 1 日到第二年的 3 月 31 日。每年 6 月起政府各部门开始对下一年的经济作出战略性评估和预测，7 月提出部门预算限额，8 月召开政府全体部门会议讨论，9 月各部门提出其再投资基金预算目标，10 月各部门提出其预算限额的分解安排意见，决定并公布各部门的再投资基金安排，讨论逐个部门的预算草案，11 月各部门确定其最终安排预算草案，12 月财政部编制完成总体预算法案，第二年 2 月中旬财政部将财政预算法案提交国会讨论。预算草案提交国会的同时向社会公布并征询公众意见，议员咨询期法定时间不少于 7 天，国会讨论投票预算法案时进行电视直播。经国会议员充分咨询讨论并三读通过后由总统批准签署发布实施。预算法案一经发布必须严格执行，不得随意变更。如遇特殊情况需追加预算，必须提出新的法案提交国会专门讨论批准。

2. 编制形式法制化

目前，新加坡政府由 15 个部（委）总部及其管辖下的 64 个法定机构（局）组成，部（委）总部为政策制定者和提供者，局和法定机构则是贯彻政府政策的执行者。预算编制按照由上而下的组织体系进行，财政部按 15 个部（委）切块安排支出预算控制总额，各部委根据其所辖各局、法定机构的支出需求，在控制总额内进行合理的分配安排。

3. 编制内容法制化

新加坡规定，各部委、局、法定机构的预算草案必须包括经常性支出、资本性支出和转移性支出的"一本账"预算总额，其中，资本项目支出还要分项单独列示，所有预算支出项目不得留有缺口。同时，预算草案中还应列出部门年度将达到的工作目标及其与上年目标的比较，以供年终考核执行情况时对照使用。

（二）预算编制注重绩效

新加坡着力于打造厉行节约的政府，财政部的任务是协助各部门在现有预算范围内取得最佳绩效。因此，新加坡的预算编制强调"低成本高效益"，寻求"预定投入的最大产出"，而不是"预定产出的最低成本"，即在事先制定的开支预算范围内，追求最大的价值，追求经济高效、兼具适时与时效性的目标。

1. 新加坡实施"低成本高效益"法主要基于六个因素

（1）要解决公众要求政府做的所有事情，钱永远都不够。

（2）相比财政部，实际开支的各部门更了解自己的运作、实际需要以及改进之处。

（3）逐项评估的年度预算"拉锯战"毫无意义，财政部企图依靠削减各部门的请求来控制预算开支，反而促使各部门在将来提出更多的预算请求。

（4）尽管可以测算产出和相应的成本，但很难确定成本效益比是否值得。

（5）流程至关重要，好的流程能确保继续取得良好的成果，但是好成果本身并不能保证下一次的成功。

（6）尽力促成各部门与财政部的合作伙伴关系，为国家的利益结成统一战线。

2. 实施"低成本高效益"法遵循四项原则

（1）限制损失。财政稳定是新加坡生存的根本、安全的保障及成功的基础。新加坡政府通过以下途径，努力维护财政稳定，减少损失：第一，限制政府开支的拨款额。新加坡宪法规定政府支出总额应不超出政府任期内的总收入。第二，限制公众提出的补贴要求。通过对享有政府补贴的服务实行共同支付，严格监控公众对资源的要求和使用。教育共同支付的额度最少，医疗保健服务共同支付的额度较多，公共住房共同支付的额度最多。对于一些服务还进行支付能力调查，以确保政府照顾到那些最需要帮助的人。对于政府收取的各项费用，尽可能让市场定价。例如，为了改善拥挤的交通，让想买车的人去竞标拥车证，作为拥有汽车的条件；根据道路拥挤程度，向司机征收道路使用费。第三，限制各政府部门的预算需求。按国内生产总值（GDP）的固定比例，设定对各部门的拨款上限，并注重各部门预定目标的完成情况。各部门了解预算公式，能够制定多年预算计划，但也知道预算会随着 GDP 上下浮动。如果一个部门的预算闲置率超过 5%，下年预算会被下调，以便更好地反映实际需要。

（2）审慎理财。尽管各部门的预算限额是预定的，但部门能够自行决定如何使用运作预算，并可以将资金在人工费与其他运作费之间划转，这就是"运营整体拨款预算"制度（称为"整体拨款预算"，是因为没有分项控制；称为"运营"，是因为它仅适用于业务运作支出）。新加坡将分项目预算改为整体拨款预算，给予各部门更大的预算灵活性和自主权，进一步激励各部门减少浪费，改善流程，增强对未来投资的信心，更灵活地优化跨年度资源管理与分配，更重要的是，改变了财政部与各支出部门之间对话的性质，从过去对预算分配细目的无休止的谈判，转变为对各部门的战略优先领域和未来挑战方面更长远的探讨。

对于规模较大的部门，如教育部、卫生部、国防部及内政部，进一步扩大"总额整体拨款预算"的范围，也适用于基本建设支出。各部门可以自由地在运营支出与发展支出之间划转资金。

(3) 测算成本。制定预算的目标是"发挥预算资金的最大效益"。各部门必须根据最佳成本效益比，妥善安排各自活动的优先次序，以取得最大的经济、社会或安全效益。部门必须对实际成本心中有数，才能作出明智的决策。财政部出台了资源管理框架，便于各部门从总成本而不是现金流的角度看待支出。例如，除了折旧等一般性非现金费用之外，还根据类似的私宅市价来估算租金，其中包括已耗用的资本成本。还进行"资源预算"分配，以区分现金与非现金要素。有了资源预算，各部门可以决定如何取舍，如租用办公室而不是建造办公室。

(4) 追求卓越。各部门在努力发挥预算最大效用的过程中，必须定期调整各职能和业务的优先顺序，以满足新的和不断增长的需求。只有制定良好的流程，不断进步和创新，厉行节约、追求卓越，维护士气和积极性，才能更好地持续促进变革。近年来，新加坡在公共服务系统广泛推行了一项生产力运动，即"21世纪公共服务计划（PS 21）"，要求所有公务员"乐见变革、预见变革、实践变革"，主题是持续变革，战略目标是"与时并进"。其理念基础是：经济效率与态度观点息息相关，处于工作前线的公务员，最了解哪方面存在大量浪费现象及其改进的可能性，鼓励各级公务员提出创意并予以认可，这样公务员也会更愿意配合高层的战略性及根本性的变革指示。因此，PS 21追求的是卓越的团队、不断改进创新、重视员工福祉，在机构各级倡导持续改进、长期学习及团队的合作精神。PS 21为财政部快速应对多变的环境提供了极为重要的基础。财政部以之为框架，发起了"节约运动"，接受了PS 21的洗礼，就能更顺利地在已适应并接受变革的民众当中推行这一运动。这并不是说民众对变革没有担心和忧虑，而是民众更愿意理性地去思考，乐观积极地看待新建议。

（三）公共财政政策突出民生

被誉为"新加坡国父"的李光耀曾经说过，居者有其屋和公积金存款是确保新加坡稳定的因素，它把新加坡人民的命运和国家政府的命运紧紧地联系在一起。新加坡财政预算支出更加突出关注民生、支持民生，充分发挥财政的公共职能，通过号称新加坡公共政策体系四根柱子的公积金、组屋、保健储蓄计划、分红等公共财政政策和措施，建立了公民与国家以及国家前途的利害关系，较好地解决了居民住房、教育、医疗管理等重大民生问题，让每个人都可以为新加坡的增长作出贡献并分享成果，为包容性社会的建设打下坚实的基础。虽然新加坡十分关注民生，有很完备的福利制度，但新加坡却是个非福利国家，明显的特征是没有退休金制度，没有最低生活保障线，也没有最低工资标准。新加坡领导人不主张走西方福利国家的道路，认为过高的福利会使人民懒惰，政府也会因此背上沉重的经济包袱。政府是新加坡社会保障的主要力量，通过实施以民生为核心的公共财政政策，为居民提供五大社会保障和"增长共享"的福利。

1. 公积金制度使新加坡人老有所养

新加坡的公积金制度是殖民统治时代出现的，新加坡独立后，政府善加利用并通过法制推行，其核心是根据经济发展状况调整公积金率，2011年9月起，实行36%的公积金率（雇主缴纳16%，雇员缴纳20%）。不断完善制度设计，保证其发挥最大效益。

（1）分类设置公积金户头。公积金分为普通户头（资金用于买产业、教育、投资）、保健户头（资金用于住院/手术、慢性病门诊）、特别户头（资金用于养老、投资）三个户头，并明确规定各户头资金的用途。

（2）设立公积金最低存款制。新加坡公积金强制实行最低存款，普通户头至少要有13.1万新元、保健户头至少要有3.6万新元。同时，实行公积金最低存款填补计划，即公积金户头的钱达不到要求时，允许雇员为自己或亲人（直系三代）填补公积金最低存款，在呈报个人所得税时，所填补的数额每年最高可扣除7000新元。

（3）设立公积金终生入息制。从2013年起，公积金实行终生入息计划，即类似年金的保险计划，确保终生有稳定收入，从65岁起领取每月入息，直至终生，利息每3个月计算一次。普通户头利息略高于银行的平均利息（按银行一年定期利息多加0.1%计算），其他户头利息和政府10年债券的12个月平均收益率挂钩并多加1%的利息，并且通过立法规定了最低保障利息，即不能低于2.5%，若低于2.5%，则由政府补足。

（4）强化公积金风险管理。第一，个人使用的风险控制和管理规定：各户头严格规定用途，非规定用途不得使用；各户头的钱专款专用，不能混用；非规定用途或规定用途外多余的钱必须要到55岁才可提款；55岁提款时必须保留最低存款；产业一旦卖掉，动用的公积金及利息必须付回到普通户头；毕业一年后，动用的公积金及利息必须付回到普通户头，可一次支付或分10年支付。第二，个人投资的风险控制和管理规定：普通户头和特别户头必须分别保留2万新元和4万新元之后才可投资；必须投资经过政府批准的投资产品；必须在银行开设专门的公积金投资户头进行交易；投资变卖后，如盈余则原先动用的公积金加利息必须付回到公积金户头，如亏损则变卖所得全数付回。第三，政府投资的风险控制和管理规定：公积金累积资金不由公积金局（政府管理公积金的机构）直接去投资，也不交商业银行去投资，而是由政府专业机构投资，降低投资风险；公积金累积资金投资于中、低风险项目，不追求高风险的回报；立法规定万一政府公积金投资亏损，允许政府动用国家储备金填补，与人民个人的公积金无关。

（5）严格公积金特别管理。第一，公积金可继承，完全按填表人意愿，可以随时免费修改。第二，公积金推行家庭保障计划，保障会员因意外逝世或终身残疾而无力付清住房贷款，使其及家属不至于失去房子，该计划规定：以分期付款方式购买组屋者必须参加，要求一次过付保费（可用公积金普通户头支付），若投保者不幸残疾或逝世，建屋发展局将负责支付未还清的贷款。第三，建立监督机制，通过公积金结单监督公积金管理。

2. 组屋政策使新加坡人"居者有其屋"

新加坡认为"住房公平是最大的社会公平"，其推行组屋政策的出发点是通过"建造民众负担得起的住房"，将新加坡发展成有产的民主社会，从而奠定国家稳定发展的基石。目前，新加坡政府已为居民提供了将近100万套组屋，85%的新加坡人住在价格低廉的组屋里，其中73%对房屋拥有完全产权，其余为廉价租住。即使是在收入最低的20%的家庭中，拥有自己房子的比例也达85%。新加坡的组屋大多是99年的地契（私宅多是拥有永久地契的房产），地契到期之后需要补交一定的费用。为保障组屋福利政策真正落到实处，新加坡设计了严格的监管制度。

（1）申购人资格规定。申购新房以家庭为单位，必须是一户居民，而且是新加坡公民。购房申请人的年龄必须满21岁。申请人可以与其未婚妻或未婚夫共同申请组屋，但必须在拿到房子三个月之内向建屋发展局提交结婚登记书。申请人也可与父母一起，或在父母不在的情况下与单身的兄弟姐妹一起申请。单身人士单独申购则必须年满35岁。

（2）申购人家庭收入限制。最基本的原则是家庭月收入不能超过8000新元。对于父母及已婚子女或更多人共住的大家庭购房者，这一上限可以提高至1.2万新元。购买共管公寓的申请人家庭月收入不能超过1万新元。政府会根据经济和物价调整收入上限。

（3）申购数量规定。每户居民最多只能购买两次组屋，但不能同时拥有。

（4）组屋转售控制规定。组屋在购买 5 年内不得转让，也不能用于商业性经营，否则将受到法律严惩。如果实在需要在 5 年内出售的，必须通过政府机构，不能直接在市场上出售，同时该户人家不许买第二套组屋，不允许以投资为目的买房。

（5）鼓励性和扶助性政策。从 2008 年 4 月起，凡年满 35 岁的单身者购买政府组屋，如果是和父母同住，可享受 2 万新元的公积金房屋津贴。如果子女的住房离父母的住所较近，政府也给予一定的住房补贴，并免除子女探望父母时的部分小区停车费。2011 年，为帮助低收入家庭购买组屋，新加坡政府推出新的特别公积金购屋津贴，以帮助月收入不超过 2250 新元的家庭购买组屋，给予中低收入家庭额外公积金购屋津贴，首次购屋者所获得的津贴可高达 4 万新元。

3. 提供教育保障使新加坡人长有所学

新加坡十分强调对教育的高投入，在 2011 年度财政预算中，教育经费仅次于国防开支，达 109.1 亿新元，占财政总支出的 19.57%。新加坡的教育保障政策主要包括：

（1）从小学到中学，实行 12 年制免费义务教育。

（2）小学招生实行就近入学原则，确保教育公平。

（3）为困难家庭提供孩子入托补助，为困难大学生减免学费，确保每个孩子都能得到应有的教育。

（4）政府扶持学校软、硬件建设，使所有中小学在硬件建设、师资配备上基本一致，实现教育资源分配的均等化，并适度向边远地区学校倾斜。

（5）大学招生推行教育券制度。政府直接把教育券发到学生手中，根据学生入学报到时回交的教育券来确定对大学的经费补助。此举有利于促进大学的竞争，鼓励大学通过优质的教学业绩来吸引学生以争取教育资源，改变政府直接分配可能导致的教育资源不均等。

4. 保健援助使新加坡人病有所医

新加坡通过保健储蓄、健保双全和保健基金等三条医疗保障线，为低收入者和弱势群体提供医疗援助和补助，保障人民享有基本的医疗服务。

（1）个人保健储蓄计划是新加坡的第一条医疗保障线。1983 年，新加坡政府发布了《国家医疗计划》，开始对医疗制度进行改革，国家医疗计划的一项重要内容是建立个人保健储蓄账户。从 1984 年起，每个新加坡人必须将每月收入的 6%～8% 存入个人保健储蓄账户，雇主和雇员各负担一半，直至退休。这一制度是强制性的，所有账户由公积金局统一管理，账户里的钱主要用于个人及其家属的医疗支出。

（2）健保双全计划是新加坡的第二条医疗保障线。为解决部分重病及长期慢性病人的医疗费问题，1990年，新加坡政府推出了健保双全计划。根据这一计划，新加坡人进行重病及长期慢性病医疗投保，保费从个人保健储蓄账户中支出，由政府指定的商业保险公司承办。为了使参与健保双全计划的人数达到一定规模，从而降低每个投保者的费用，政府建立了自动进入机制，凡是保健储蓄账户拥有者，如果不事先申明，就会自动加入这一计划。目前，90%以上的保健储蓄账户拥有者同时加入了健保双全计划。由于参与者众多，重病及长期慢性病患者就无须缴纳很多保费，却可以享受到高额的赔偿金，减轻他们的医疗负担。

（3）保健基金计划是新加坡的第三条医疗保障线。1993年，新加坡政府拨出4亿新元设立了保健基金，帮助那些没有保健储蓄或储蓄金额不足以支付医疗费的贫困群体。需要保健基金援助的病人，可以通过社区提出申请，经保健基金医院委员会评审后，会得到医疗救助金。每年有20多万人提出此项申请，批准率高达99.6%，也就是说，困难群体只要提出救助申请，一般都会得到批准。

通过三条医疗保障线，新加坡织起了一张无缝的医疗保障网，民众不会因为付不起医疗费而得不到治疗，也不会因为巨额的医疗费而陷入困境。新加坡前总理吴作栋自豪地说："新加坡人不会因为贫穷而得不到医疗护理。"

同时，政府还加大补贴力度，对住院病人进行补贴，对政府诊所进行诊疗补贴，对糖尿病、高血压等长期病症者进行护理补贴，对低收入家庭进行医疗救助等，作为对三条医疗保障线的有益补充。

5. 就业奖励避免养"懒人"

对年龄超过35岁、平均月薪不足1500新元的居民，政府给予就业奖励，最多者一年可补助2400新元。这一政策鼓励年长人士就业，避免他们靠救济过活。

6. 实施"增长共享"政策促进包容性社会建设

新加坡政府根据经济增长情况，每年从财政盈余中拿出部分资金分发给民众，使全民受惠，并使低收入者获得更多照顾。2011年，根据2010年财政收入状况，新加坡政府慷慨地拿出66亿新元的"红包"与全民分享，所有成年新加坡人都将获得100~900新元的增长分红，一般家庭能获得3000新元左右，相当于全年收入的5%。如果加上就业入息补助计划、托儿补助金、水电费和组屋杂费回扣等，以夫妇月收入2000新元、育有读小学和需要托儿服务的两个孩子的家庭为例，其所获得的总金额可高达 8500 新元，超过其全年收入的 35%。

（四）公共财政预算兼顾灵活性

新加坡公共财政预算强调法制性的同时，为帮助各部门妥善管理各自的现金流，也采取一定灵活性的措施：①财政部在限定各部门预算拨款的同时，还从各政府部门的预算中划出一定比例（与国家生产力增长率挂钩）的"生产力红利"，汇集成"再投资基金"，各部门可向该基金申请资金，用于新项目。②各部门可以将高达预算额 5% 的资金结转到下一年度，这样能减少年终乱花钱的倾向。③各部门可以通过预付形式（高达预算的 10%）提前使用未来预算，但未来 3 年内必须偿还预付款项的本息。④各部门在任何年度未使用的预算分配款最多可结转三年，这能让部门积累资金，资助开支较大的项目。⑤实行"净额预算"机制。有时，各部门因能够通过各项收费偿还成本而要求额外拨款，财政部会批准额外预算，但是，如果额外收入达不到预定目标，该部门必须用运营预算资金弥补不足部分。如果额外收入超过预定目标，该部门可以留存盈余部分。

三、新加坡公共财政管理经验对广东省的启示

1992 年，邓小平同志发表"南巡"重要谈话，要求广东省不仅在经济上赶上"亚洲四小龙"，而且在社会秩序、社会风气等方面也要超越它们，并明确指出"新加坡的社会秩序算是好的，他们管得严，我们应当借鉴他们的经验"。2008 年 9 月，中共中央政治局委员、广东省委书记汪洋同志率 400 多人政府考察团对新加坡进行了为期 4 天的考察，考察团规模之大、考察范围之广，前所未见。这充分说明，新加坡的经验对广东省很有借鉴意义。

作为政府管理的重要内容，新加坡公共财政管理有很多独到的东西，其做法既不同于西方国家，也不同于东方国家，是独特的新加坡经验。把新加坡公共财政管理的经验照搬到广东不现实，也很危险，但是，我们可以学习借鉴，特别是学习创造新加坡经验的新加坡精神和新加坡发展理念。

（一）新加坡发展理念对广东省公共财政管理的启示

1. 谨慎理财，增强抗风险能力

华人在新加坡的人口中占绝大多数，他们保留着中华民族勤劳、节俭的传统美德，新加坡政府对其加以引导和发扬，形成了谨慎理财的理念，有力推动

了新加坡的发展。

（1）引导民众发挥勤劳、节俭的优良美德。一是引导民众勤劳发展。新加坡有句名言："新加坡不养懒人。"新加坡通过合理的制度设计，促使新加坡人兢兢业业地工作，自觉不断地学习、进修，努力把自己的才智发挥到极致。二是引导民众节俭生活。新加坡通过制度设计，促使新加坡人把工资中的很大一部分钱储存起来，用于在退休后养活自己。通过引导民众谨慎理财，增强民众个人的抗风险能力，避免陷入高福利陷阱，反而增加政府的负担。

（2）政府注重谨慎和积累。作为一个国家，新加坡几乎从不实行赤字预算。经过多年积累，新加坡有1700多亿美元的外汇储备，人均外汇储备居世界前列。通过谨慎理财，新加坡经济具有较强的抗风险能力，能在2008年全球金融海啸中迅速恢复和发展就是个很好的佐证。

2. 可持续发展，建立包容性社会

新加坡的发展是一种科学的发展、和谐的发展，这与中国的科学发展观、和谐社会建设异曲同工。新加坡政府更看重可持续发展，看重国家明天要如何发展，因此各项政策都着眼长远，致力于建立包容性社会。

（1）新加坡政府在决策时不会因眼前利益而牺牲长远利益。如应对2008年世界金融海啸，新加坡政府每一项对策的出台，无不经过深思熟虑，不为保住眼前小利而动摇政策的根基，而是把危机当成一次机遇，着眼于危机过后的振兴，多做打基础和提档升级的工作。

（2）新加坡政府追求和谐的发展，既注重社会的效率，又兼顾社会的公平；既充分利用市场机制的作用，又充分发挥政策的导向作用；既让能者多劳多得，又给弱势群体以足够的保障。确保新加坡社会在发展中保持了和谐，在和谐中得到更好发展。

（二）新加坡公共财政管理模式对广东的启发

新加坡公共财政以维持经济持续、谨慎理财、建立包容性社会为政策目标，建立了"高效、规范、透明和可持续"的管理模式。这对广东公共财政如何转变职能，发挥体制政策作用，推动科学发展、加快转型升级、建设幸福广东很有启发。

1. 创新财政支持方式，推动经济可持续发展

财政作为"庶政之母"，是政府推动经济社会发展的重要工具。新加坡公共财政的一个重要目标就是维持经济持续发展。借鉴新加坡的经验，广东公共财政应把推动经济可持续发展作为重要的政策目标，有效发挥财政分配、调节的职能作用，提升服务效能，创新支持手段和方式，建设"绿色财政"，在巩

固传统支柱产业的基础上，着力扶持新兴产业，提升产业结构，加快转型升级，促进自主创新，增强广东竞争力。

2. 强化财政职能作用，推动建设幸福广东

维护社会的公平正义是公共财政的应有职能。新加坡充分发挥财政的公共职能，通过公积金、组屋、保健储蓄计划、分红等公共财政政策和措施，较好地解决了居民住房、教育、医疗管理等重大民生问题，实行公共住房制度和公积金制度，为建立包容性社会打下坚实的基础。虽然不一定能照搬新加坡的具体做法，但是，当前广东公共财政正致力于建设"民生财政"，很有必要借鉴新加坡公共财政以人为本的理念、正确的价值导向、政府与民众共同负责的机制、完善且可操作的制度设计、坚实的基础管理、高效而严格的执行等各方面经验，三管齐下，切实发挥公共财政的职能，确保幸福广东建设取得实效：①要不断加大对就业、保障房建设、教育、医疗卫生、低收入群众等方面的投入，致力于民生的改善与和谐社会的构建；②要进一步完善制度设计，建立政府与民众共同负责的机制，形成稳定的可持续的保障机制，减轻政府负担；③要下大力气夯实基础管理，加强政府和民众的诚信体系建设，强化跟踪监管，使公共财政民生政策不被滥用也不缺位，确保好的政策取得好的效果。

3. 完善预算管理机制，推动政府高效运转和规范管理

新加坡公共财政坚持法制、谨慎的原则，通过高效、规范、透明、灵活的管理模式，保障了政府运转和社会管理的高效，推动了经济社会持续健康发展，促进了财政实力不断增强，确保了政府公信力得以维持。借鉴新加坡在预算管理中的成功经验，广东公共财政应强化科学化、精细化管理，加快推进"法治财政""绩效财政""阳光财政"建设，推动政府高效运转和规范管理。

（1）改革财政年度周期。我国现行的财政年度以自然年为周期，但是人大审议通过预算一般在2月份或3月份，在人大未审议之前，预算不能安排使用，预算执行实际上未能开始，而预算执行一般在当年12月25日左右停止，这在客观上形成了2～3个月的预算执行真空期，也在一定程度上影响了预算执行的均衡性。为真实反映财政安排状况，提高预算执行的有效性和均衡性，建议广东先行先试，改革财政年度周期，实行跨年度的财政年度，鉴于广东省人大审议通过预算一般是在每年的1月份或2月份，可参照新加坡做法，财政年度周期调整为从每年的4月1日起到第二年的3月31日。

（2）强化预算硬约束。预算草案一经人大审议通过，就具有法定效力，必须严格执行，不得随意变更。如遇特殊情况需追加预算，必须提出新的预算草案提交人大专门讨论批准。财政部门要严格规范预算执行追加审批程序，各部门和单位要严格按照经批准的预算安排支出，提高预算执行刚性。

（3）规范预算编制。财政部门要进一步完善预算编制基础管理，细化预算编制，建立健全预算分配过程的评估论证机制，积极推动预算公开，促进预算安排更加科学合理。各部门和单位要提高预算编制的科学性和准确性，所有预算支出项目不得留有缺口，预算草案中应列出部门年度将达到的工作目标及其与上年目标的比较，以供年终考核执行情况时对照使用。预算草案应是包括基本支出、项目支出、专项资金支出和转移性支出等的"一本账"预算总额。预算草案提交人大审议的同时可考虑向社会公布并征询公众意见，提高预算公开透明度。规范预算编制主要是为预算硬约束奠定坚实的基础，有利于增强预算法制性。

（4）适度兼顾预算执行灵活性。适度提高部门预算的灵活性，在一定程度上有利于提升预算编制执行效率。例如，允许各部门和单位根据自身发展规划，统筹编制中期滚动预算，经财政部门批准后可合理调剂中期计划内各年度预算安排，可促进部门中期（2~3年）工作目标、长期（3~5年）发展规划与部门预算编制的有机结合。又如，允许各部门和单位将一定比例（5%）预算额的资金直接结转到下一年度，但任何年度未使用的预算分配款最多可结转3年（现行做法是：各部门和单位结转资金要经过财政部门审批后重新再下达安排，平均结转资金额占预算额超过10%，而且审批时间需要3~5个月，不仅结转额度大，而且因审批时间过长影响结转后执行效率），如果一个部门或单位的预算闲置率超过设定的比例（5%），不仅超过部分直接收回财政部门，而且下年度预算额度将被下调。给予各部门和单位一定的预算灵活性和自主权，既可减少年终乱花钱的倾向，又让部门积累资金，资助开支较大的项目，有利于提高财政资金的使用效益。再如，允许各部门和单位通过预付形式安排提前使用一定比例（10%）的未来预算，但未来3年内必须偿还预付款项的本息。一方面，促使各部门和单位准确科学地编制预算，尽量不留缺口；另一方面，通过预算资金成本核算，加强年中追加预算的约束，提高预算执行。

借鉴新加坡公共财政管理的成功经验，结合广东省的实际，加快广东公共财政的职能转变，推动公共财政工作转型，推进法治财政、民生财政、绿色财政、绩效财政和阳光财政建设，构建符合科学发展观要求、与社会主义市场经济相适应的财政体制机制，必将有利于加快转型升级、建设幸福广东宏伟目标的实现。

海洋经济发展需要系统考虑外部效应作用
——试析广东与新加坡海洋产业的做法和经验

梁雄伟

进入 21 世纪以来，全球海洋经济快速发展，成为世界经济增长新的亮点和重要组成部分。广东海域辽阔，有着 42 万平方千米的海洋国土，是全省陆地国土面积的 2.3 倍，同时地处南中国海，毗邻太平洋，是中国海洋战略的主战场之一。历史和现实都表明，广东的繁荣兴盛都与善于利用海洋、勇于走向海洋密切相关，2010 年，广东省海洋生产总值达 8000 亿元，约占全省 GDP 的 17%，连续 16 年居全国首位，一大批重大海洋项目快速推进，形成了海洋交通运输业、滨海旅游业、海洋油气业、海洋渔业、海洋化工等五大支柱产业及珠三角、粤东、粤西三大海洋经济区。

党的十七届五中全会确定了"发展海洋经济"的百字方针，国务院原则同意了《广东海洋经济综合试验区发展规划》，国家海洋局与省政府签署了《关于促进广东海洋经济强省建设的框架协议》，省委十届八次全会《关于制定国民经济和社会发展第十二个五年规划的建议》作出了"加快建设海洋经济强省"的战略部署，广东进入了海洋经济发展前所未有的历史机遇期。

邓小平同志说过，"中国最大的问题，第一是经济发展，第二是解决民生，两者相辅相成"。如何让海洋经济凸显出关系国计民生的重要地位，如何使海洋产业实现"发展一个产业，带动一片经济"的效果，如何在广东营造一个良好的海洋经济投资发展环境，是海洋战线上每位同志思考的重点。在全球海洋大开发的背景下，广东海洋经济凸显出影响国计民生的重要作用，为了把海洋管理和社会民生更好地结合起来，在广东营造一个良好的海洋经济发展环境，本文以海洋经济的外部效应为主线，概要归纳了近 10 年广东省发展海洋经济的主要做法，参考了新加坡在发展海洋经济过程中兼顾社会管理的一些经验，融合了海洋经济发展与社会民生相互促进的理念，以促进海洋经济正的外部效应和抑制海洋经济负的外部效应为出发点，用定性和定量的方法探讨发展海洋产业的方向。

一、海洋经济外部效应概念的提出

几十亿年前,地球产生了两体:海洋与陆地;三亿多年前,第一批爬行动物上岸;两百多万年前,地球上出现了人类的踪迹;从此,人类的社会经济活动就主要发生在不到海洋1/3面积的大陆上。今天,严峻的人口、资源和环境压力迫使人们更新思路向海洋进军,发展陆域经济的深刻教训警醒我们,海洋经济可持续发展必须要考虑其外部效应。

海洋经济是活动场所、资源依托、销售或服务对象、区位选择和初级产品原料对海洋有特定依存关系的各种经济的总称,海洋经济发展的基本动力是海洋生产力和海洋生产关系的矛盾运动。海洋产业是人类开发利用海洋资源,发展海洋经济而形成的生产事业,包括三个方面:①直接从海洋中获取产品的生产和服务;②利用海水和海洋空间作为生产过程的基本要素所进行的生产和服务;③与海洋密切相关的科学研究、教育、社会服务和管理。

外部效应是指一个生产者或消费者的行为对其他生产者或消费者福利的影响,但没有激励机制使产生这种影响的生产者或消费者在决策时考虑到对别人的影响。它有正负两方面,正的外部效应是指经济行为主体的活动使他人或社会收益,而受益者无须花费代价;负的外部效应是指经济行为主体的活动使他人或社会受损,但却无须为此承担成本。

西方经济学中对外部效应的处理主要是针对负的外部效应,如庇古的政府干预方案建议通过税收和补贴等经济干预手段使边际税率(边际补贴)等于外部边际成本(外部边际收益),使外部效应"内部化";科斯的市场(私有化产权)方案则通过将产权私有化(确定合适的交易成本)解决共有财产资源的外部效应问题;哈丁在《公地的悲剧》中认为,当关键的资源属于共有财产资源时,随着对这一资源的利用程度的不断增加,自然生态系统和以这一系统为利用对象的经济活动必然最终走向崩溃,必须明确界定和有效实施产权制度或政府直接管制自然资源的准入和利用。

海洋资源属于天然的共有资源,而且具有复合性和立体性特征,海洋各产业依附其上交叉分布,分割困难,相互间影响强烈,外部效应随之产生,如Schittone通过对佛罗里达西部附近海域的案例,分析海洋旅游业与商业捕鱼业的冲突,就是海洋经济外部效应的一种。为有效地提高海洋资源配置效率,争取与社会民生相辅相成,在发展海洋产业时,应该引导或鼓励正的外部效应出现,避免或缓解负的外部效应发生。

二、广东与新加坡海洋产业发展的比较

(一) 广东海洋产业发展概述

1. 以综合管理为抓手,巩固和发展了海洋大省的地位

早在1993年的广东省第一次海洋工作会议上,时任广东省省长朱森林同志就提出"把海洋开发作为建立广东经济发展新优势","要制定和实施海洋开发的综合规划和管理法规,成立由省领导牵头的海洋综合管理机构,负责全省海洋开发的规划、科研、协调和管理工作",第一次出台了《广东省海洋产业发展规划纲要》,并相继制定了扶持海洋产业发展、依靠科技进步、扩大对外开放、加强海洋综合管理等政策措施。接下来的五次海洋工作会议不断对海洋功能区划作出更加全面和更加深入的修编,并出台相应的扶持政策,广东海洋经济保持了持续发展的良好局面,全省海洋产业生产总值从1992年的330亿元增加到2010年的3891.3亿元,年平均增长14.69%。特别是近年来,海洋综合管理得到了全面推进,《广东省海域使用管理条例》《广东省实施〈中华人民共和国海洋环境保护法〉办法》等地方性法规相继颁布实施,全省建立和健全了高层次的海洋工作协调机制,强化了海洋行政主管部门综合协调海洋事务的职能,加强了海洋功能区划管理,以珠三角海洋经济优化发展区为核心,培育粤东、粤西海洋经济重点发展区,打造广东省临海产业带、滨海城镇带和蓝色景观带,促进了海洋经济、社会和生态"三位一体"的统筹发展。自1995年有可比统计资料以来,在全国沿海省市中,广东省主要海洋产业产值一直居全国首位。

2. 以海洋渔业为先手,实践了海洋主导产业确立和转化的进程

在1995年的广东省第二次海洋工作会议上,时任广东省委书记谢非同志指出,海洋经济已经迈开了步子,但是海洋事业全面发展需要积蓄力量,海洋开发既要整体推进,又要突出重点。当时海洋渔业占海洋经济比重较大,并且可以带动造船、储运、加工和贸易等当时处于起步阶段的海洋产业,省委省政府审时度势地确定渔业为海洋主导产业,并颁布了《关于加快发展海洋渔业的决定》,以海洋渔业为突破口的海洋产业发展战略走上轨道,为港口运输、滨海旅游和海洋生物等相关产业奠定了良好的基础。渔业在许多地方已成为农民务农收入增长的重要来源,2010年全省渔业总产值达1660亿元,水产品出口额达22.4亿美元,约占全省农产品出口额的1/3,全省渔民人均年收入达9977元。渔政渔港、资源养护、疫病防控、科技推广、安全生产等和渔民生

计密切相关,社会各界的海洋意识得到提升。在渔业资源出现衰退,传统渔业后劲不足的情况下,省委省政府及时调整重点,一方面转化海洋主导产业,培育港口运输、滨海旅游和能源化工等后劲良好的海洋产业,实施"科技兴海"战略,把具有自主知识产权的科技创新成果转化成海洋产业核心竞争力;另一方面建设现代渔业,扶持高水平的水产品精深加工园区开发,发展外向型渔业,强化资源增殖养护,改善水域生态环境,促进市场开发和国际合作,拓展渔业发展空间,推动广东省渔业从主要依靠资源消耗向依靠科技进步、劳动者素质提高和管理创新转变。

3. 以产业结构为推手,确立了海洋经济调整优化的方向

在2008年的广东省第六次海洋工作会议上,汪洋书记要求优化海洋区域产业布局,坚持海陆统筹开发,增强海陆资源互补性、产业互动性和经济关联性,把海洋产业重大项目建设与城镇化、新农村建设结合起来,提高海洋资源对人口和产业的承载能力。经过几年的努力,广东海洋经济综合开发成果初显,完善了健康齐全的海洋产业链条,调整和改造了海洋渔业、海洋交通运输和海洋盐业等传统海洋产业,巩固和发展了高端滨海旅游、海洋化工和海洋服务业等新兴产业,鼓励和扶持了海洋能利用、海水综合利用和深海采矿等产业,产业结构逐步趋向合理化,海洋第一产业在总产值中的比重已逐渐下降,而海洋第二、三产业则发展迅速,广东海洋第一、二、三产业的比例由2005年的23:40:37调整为2010年的10:42:48,说明广东省的海洋产业正处在由中低级阶段向中高级阶段过渡的进程中,根据配第-克拉克定理,海洋经济结构向良好方向发展。根据《广东海洋经济十二五规划》,到2015年,广东海洋第一、二、三产业的比例将达到5:40:55。

10多年来,广东海洋经济发展取得了显著的成效,积累了丰富的经验,但在具体的产业选择中,缺乏系统的外部效应评价体系,未能形成强制性的评估执行机制,部分地区海洋经济发展未能达到预期效果甚至产生负面作用,例如,海洋资源开发利用水平偏低,海洋环境污染问题突出,海洋科技成果转化率不高,海洋开发的理念和模式未能衍变为文化传承,等等,需要在新的形势下完善海洋经济科学发展的新路径。

(二) 新加坡海洋产业发展特点

作为一个面积小人口少、独立半个世纪的城市国家,新加坡创造了诸多傲人的奇迹:人均国内生产总值从立国之初的400美元增加到今天的3万多美元,名列全球前列;持续数十年的高速经济增长,使其名列"亚洲四小龙"之首。在海洋经济方面也表现突出,拥有货物吞吐量全球第二的集装箱港口,在面积仅30平方千米的裕廊岛上集聚了全球排名前20位的石油化工企业,以圣淘沙岛为代表的滨海旅游业迅速发展,等等;除了硬实力的奇迹外,其软实力更是令人惊叹,如全球综合竞争力名列前茅,以"花园城市"闻名于世,是全球最宜居、最吸引游客的城市之一,等等。虽然新加坡与中国有着小岛和大国的差异,主客观影响的因素很多,但借鉴突出一个主题,研究找准一个视角,新加坡结合社会管理来发展海洋经济的一些措施值得我们研究。

1. 从效果上,注重海洋产业对就业、教育和环境等民生问题的影响

(1) 就业方面。建国之初,新加坡经济主要依靠港口的转口贸易,但由于资源缺乏、政局动荡,特别是英军撤出之后(当时英国在新加坡的军费开支占新加坡GDP的20%以上,4万多名工人直接为英军打工,大批企业为英军服务),经济陷入困境,新加坡政府果断地作出了从转口贸易转向工业化建设的经济发展决定,国内资源以海洋资源为主,发展方式以招商引资为主,主要措施包含了开发裕廊工业区。当时裕廊镇只是一片沿海滩涂,新加坡政府颁布了《新兴工业(裕廊)豁免所得税法》《经济扩展奖励法令》等政策,成立了裕廊工业区管理局,为工业区提供管理和监督服务,为企业和公民提供必需的生产、生活设施,为厂家提供进出口帮助和技术咨询,引进了包括美孚石油在内的大型跨国公司,奠定了海洋石油化工、海洋造船等产业的基础。20世纪70年代,新加坡海洋石油化工业已成为世界第三大中心,修造船业已成为亚洲第二大基地,航运成为国际最繁忙的商港之一,国内生产总值由1965年的33亿美元上升到1970年的58亿美元,年平均增长率达12.4%,人均国民收入翻一番,失业率由8.8%下降到4.8%,海洋经济为新加坡建国安邦作出了突出的贡献。在技术和知识产业主导的今天,新加坡依然把就业因素放在重要位置,如发展能提供6万个工作岗位的圣淘沙和金沙滨海旅游业等,2010年新加坡失业率降至2.2%。

(2) 教育方面。新加坡政府在每一阶段都把提高国民素质和发展经济结合起来。在劳动密集型主导海洋产业阶段,如造船业,政府就成立了成人教育促进局,开设一批专业职业培训中心,同时鼓励各层级社会组织、群众团体,如工商会、宗乡会、民众联络所等开办专业培训班,还要求大型企业自办内部职工培训机构。20世纪80年代后,新加坡因势利导调整产业机构,海洋产业发展也以高科技、知识型为导向,如海洋生物医药、海水淡化利用、高端滨海旅游业等,高水平企业投资的引进,带来的不只是本国经济、外来人才的收益,更重要的是政府鼓励引导本国优秀大学生进入跨国公司工作,掌握先进的生产技术和企业管理方法,从另一途径促进教育事业发展、提高国民文化水平和科技智慧,据1995年的统计,新加坡每一万名职工中就有40位科学家和工程师。联合国在一次调查中,把新加坡的人才质量定位为世界前列,麦肯锡（Mckinsey）在2007年报告中认为新加坡的教育体系在全世界出类拔萃,2011年7月,在法国欧洲工商管理学院（INSEAD）公布的全球创新指数国家排名中,新加坡位列第三,也是亚洲地区最具有创新性的经济体,这是新加坡在教育上长期积累的结果。

（3）环境方面。新加坡自然资源贫乏,但政府从建国之初就形成了经济发展与环境优化同步的发展思路,政府在1972年就成立了环境部,将海洋产业发展与城市建设融合在一起,临海企业必须装设废水处理设备、控制空气污染设备和防止有毒化工原料泄露装置,等等。以裕廊岛为例,工程投产前环保测评是第一关,如果工厂在日常运行中被抽查到排污超标就马上停止供水供电,整改达标后才可重新生产。新加坡在发展海洋产业时注重与周边环境的相映成彰,例如,在新加坡最大的临海工业区内设立了世界一流的裕廊飞禽公园,来自亚、欧、非和拉丁美洲的600多种珍禽异鸟生活其中,该园离海边输油港口仅数千米,充分体现了自然生态环境与海洋产业群的和谐共处；又如,负责垃圾填埋处理的实马高岛,离新加坡本岛仅8公里,其周边的各种海洋生物依然自由生存在干净的水质和空气中,岛边种植着对水质极为敏感的红树林,天文学会、钓鱼协会已多次登岛组织户外活动,人类活动和预防海洋环境污染取得了共赢。

2. 从方式上,审慎推进海洋项目的实施

新加坡政府倡导前瞻思考、反复思考和换位思考的管理理念,政策制定者不断地前瞻思考以感知环境变化、反复思考以反思当前的行为、换位思考以向别人学习,并不断地将新认知、反思及知识融入他们的理念、规则、政策和机构中,以使其适应环境变化。这是动态治理的基础,良好的政策需要随着社会经济发展的变化而变化,动态治理隐含着持续学习、高效执行和变革创新,这样才能不断找到新的经济增长点,保持新的增长动力,预防和缓解负的外部效应。

在每个增长点的形成过程中,都可以分析出新加坡政府的长期规划理念,如裕廊岛的石油化工产业集群,从填海布局、招商引资、基础建设、政策配套和培训服务等各个环节都有着几年甚至几十年的规划,造就了一个年产值800亿新元的产业链基地。

新加坡在衡量负的外部效应时也是再三斟酌,以海洋经济中的滨海旅游业（圣淘沙和金沙综合度假胜地）为例,其中是否批准赌博业是焦点。应当指出,新加坡有着非常高的行政效率,是世界上最早推行政府信息化的国家之一,21世纪初,根据埃森哲（Accenture）公司的调查,新加坡与加拿大、美国一道被评为全球电子政务的创新领先型国家，其在服务广度上仅次于美国，在服务深度上位居全球第一。国民在政府门户网站上可以办理护照签证、企业资格申报、赋税、寻医问药等1600多项公共服务，政府各机构、各组织间打破界限，集成各项信息、流程和系统，为公众提供无缝的在线服务与事务处理，为社会经济的快速发展提供高效率的支撑。但在是否发展赌场、怎样发展赌场和如何避免负面代价等方面，新加坡政府前后酝酿了40多年，公众和国会密集辩论，政府谨慎地设计组织和过程以实施政策，如项目目的、评估标准、投标程序、选址要求等，同时，设立法令对新加坡公民进入赌场实施限制，如本国公民入场税、"第三方排除计划"（家人可以要求政府部门禁止嗜赌成性的家庭成员进入赌场）、成立"问题赌徒"委员会，把赌博危害性融入中小学教育，等等，这是耗时最长的一项经济决策（见表1），到目前为止也取得了预期的效果（见表2）。

表1 新加坡批准建设赌场历程表

时间	圣淘沙和金沙综合度假胜地（IR）发展历程
1967年	国内外以发展经济为由提出赌场构思，政府考虑社会管理尚未到位而否决
1985年	新加坡经济受石油危机影响大幅衰退，兴建赌场拉动经济的提议兴起，政府再次否决
2004年	受海洋经济差异化竞争压力，邀请投资商提出建造赌场概念书，拟定限制本地人入赌场的措施
2005年	政府综合19份国际集团发展概念书的精华后发出征询书，成立标书批准委员会
2006年	国会通过赌场管制法案，7家国际顶级娱乐投资集团提交发展方案，美国拉斯维加斯金沙集团获得滨海湾IR发展权、云顶国际/丽星邮轮集团获得圣淘沙IR发展权
2007年	一系列预防和控制赌场负面效应的政策措施颁布实施
2010年	圣淘沙名胜世界和滨海湾金沙综合娱乐城相继开业

表2　新加坡两赌场IR情况表

名　称	圣淘沙名胜世界	滨海湾金沙综合娱乐城
总投资额	超过52亿新元	超过50.5亿新元
地价	6.05亿新元	12亿新元
地段面积	0.49平方千米	0.21平方千米
商用面积	34万平方米	57万平方米
经济贡献	年提高GDP 0.8%	年提高GDP 0.8%
就业机会	3万个工作岗位	3万个工作岗位
社会相关	以家庭娱乐为中心	着重商务和会展

又如海水淡化产业，该技术已经在20世纪80年代试验可行性成功，虽然当时新加坡的淡水资源主要依靠国外进口，但政府考虑海水淡化成本过高还是未批量投产。20世纪初，海水淡化技术已发展到成本可接受范围，才被纳入整体性水资源管理方案，结合经济、社会、环境等因素重新应用。新加坡首个海水淡化厂于2005年设立，每天可生产3000万加仑的淡水，第二座、日产量达7000万加仑淡水的海水淡化厂于2013年完工。

社会的发展共识是通过几年、几十年甚至更长时间的不同意见的讨论和争论的反复中逐步形成的，新加坡政府在建立和维持各要素间的动态联系上可谓谨小慎微，包括征求意见、分析讨论、形成共识、成为决策、执行反馈、修改完善等，逐步形成法例，过程虽然曲折，但一旦一项新的政策和正面效果为社会大众所接受和肯定，也就实现了一次良性循环，增强了民众对政府的信心。

3. 从影响上，大力推广海洋经济管理的理念和模式

新加坡不仅经济快速发展，而且社会稳定，进入21世纪以来，其海洋产业更加多元化。2001年，李显龙总理牵头成立的经济检讨委员会对国家文化、企业精神等课题提出了长远发展和经济重组计划，从政治、社会、文化等各个层面提出了"重造"新加坡的新定位，确定了制造业和服务业两大经济推动引擎，发展服务业的重点就是把经济管理的理念和模式转化成经济效益，进一步扩大产业经济正的外部效应。

新加坡在发展生物医药、港口物流、滨海旅游和能源利用等海洋产业过程中积累的经验得到了国际社会的认可，政府廉政高效的招商引资策略，市场导向的外向型经济模式和资源配置有效优化的布局为其赢得了良好的口碑。海洋文化兼容并包的特性在经济发展中得到体现，维持传统文化因子和引进西方现代政治文明达到了合适的平衡。一方面，巩固以儒学思想为主体的传统价值观，即孝顺、效忠、谦虚、诚实、勤劳和节俭等，同时拒绝和摈弃裙带关系、贪污腐化和缺乏效率等消极因素；另一方面，吸收西方国家的先进科学技术和优秀文化，作为现代化起飞的支撑点，在此基础上，新加坡政府不失时机地把教育、法律、医疗和投资咨询等作为一种出口服务产业来发展，经过几年来的努力，出口服务业在国民生产总值中占有重要位置。如1994年中新苏州工业园项目在很大程度上就是裕廊工业园成功模式的移植，2007年中新合作的天津生态城建设充分吸收了新加坡社会管理、产业布局、循环经济和生态环保等方面的经验，从经济发展层次扩展到社会发展和生态建设层次。目前，广东已成为新加坡在中国的最大省级贸易伙伴，2009年，广东与新加坡的进出口贸易总值达174.74亿美元，截至2010年5月，累计批准新加坡外商投资项目2110个，今后将在交通物流和海洋服务业等方面深化合作，新加坡在经济发展特别是海洋产业发展上积累的经验知识已经孵化出良好的外向型服务产业成果。

三、系统分析外部效应影响

广东和新加坡的历史文化资源、市场经济的发展定位、执政党的国际国内影响都不一样，社会矛盾的程度也不一样，广东应该探索适合自己的社会转型道路和具体方略，广东的海洋产业发展应该有一个更大范围的学习对象，应该建立一套更加全面的产业发展评估体系，在研究海洋经济外部效应的过程中，新加坡为广东提供了一个很好的经验与借鉴，在新的历史形势下，广东应该定性和定量地分析海洋经济的外部效应，为海洋产业选择提供有力支撑。

（一）定性分析

正确的海洋产业选择是一个双赢的过程，一方面，政府部门要服从国际产业发展的一般规律，如从劳动密集型产业到知识密集型产业等，根据各级政府颁布的《产业结构调整指导目录》和本地区优势，选择能够为本地经济、社会和环境长远发展作出贡献的产业；另一方面，企业在选择投资时也应对产业环境进行全面的评估定位，如区位条件、基础设施、法规政策、产权保护、行政效率和文化背景等因素，因此，产业选择可从以下三方面考虑。

1. 资源配置

在世界上200多个国家和地区中，濒海或处于海洋包围中的发展中国家占了 2/3，发展中国家总体上相对于发达国家具有明显的海洋资源优势。近代和现代经济发展的实践证明，尽管在近现代经济发展中领一路风骚的都是沿海国家，但许多沿海国家却并不是发达国家，这说明，海洋资源和海洋区位优势只有与先进的科学技术、文明的社会经济制度相结合，经过良好配置，才能把潜在的优势变成现实的优势。任何海洋产业的发展都不是孤立的，某一产业的布局必然受其他产业的影响，根据海洋生产力布局的要求，从宏观上合理分配海洋经济总体投资，优化选择海洋开发项目的分布，才能使海洋再生产的各个部分、各个环节更为合理。国家和省市等级政府根据海洋资源环境承载力、开发密度和用海需求，组织拟定了海洋主体功能区规划，这是集众专家智慧的结晶，并且通过法定程序批准，产业选择首先要尊重其权威性和稳定性，充分发挥各级海洋工作领导小组的组织协调和督促落实职能，实现海洋资源的可持续开发利用。

2. 环境优化

环境包括行政环境和自然环境，在全球经济日趋一体化的大背景下，地区与地区之间招商引资的竞争，很大程度上是政府亲商环境的竞争。亲商并不意味着放纵企业任意妄为，而是为企业提供优良的行政服务，政府的效率和廉洁程度越高，社会的效率和公平就越高，经济发展的环境就越优，这是社会竞争力的基础。新加坡政府的执政历程对比表明，政府及其官员的行为体现着政策的实际价值，再好再严密的制度也会因为官员贪污腐化而漏洞百出，再快再先进的技术也会因官员懒政庸政而效率低下，保证廉洁高效是行政环境的关键，引进的企业也应该遵守、支持和弘扬遵纪守法的外部环境。在自然环境保护上，引进产业要注重海陆污染的同防同治，海洋经济发展要与资源环境承载能力相适应，预防惩处措施要能有效遏制住海洋环境污染和资源枯竭，才能吸引到更多更好的优质企业，才能为本地区的可持续发展奠定良好基础，才能在以后的转型升级中占住先机。

3. 文化传承

新加坡前总理李光耀感受到，文化传统是一个民族铭记和保存祖先经验结晶的方法，是建立在一种久经磨炼和考验的价值观念制度的基础上的。广东海洋文化需要长时间的孕育、培养和涤荡，在当前经济发展和社会转型过程中，它可以形成强大的精神动力和整合社会的凝聚力，文化竞争力是持久保持综合竞争力、吸引和留住人才的关键。从政府角度来讲，首先要加强海洋文化技术教育，文化技术的进步是提高海洋资源的利用效率并节约海洋资源的手段，教育的好坏影响着行业的创新力和竞争力；从企业角度来讲，企业文化和目标愿景的优劣是其是否具有成长性的重要标志，良好的文化氛围将产生人才集聚效应,人才集聚才会产生知识外溢效果,可以反过来支撑企业的长久发展;从社会角度来讲,公民文化素质的提高是社会进步的基础,聚民心,集民智,用民力,将更好地促进本地区的经济创新和发展。

(二) 定量分析

定性分析与定量分析是统一和相互补充的,海洋经济涉及面广、产业关联度高、辐射带动力强,决策如果只采取熟悉的、经验化的方法来减少不确定性和复杂性,会不可避免地产生路径依赖,通过定量化的观点,可以为决策作支撑和参考。在此提出的海洋产业外部效应定量分析模型参考了经济学的加权秩评定法和特征成本回归法,在设定变量时考虑了原始数据的获得条件和易操作性。各项指标数值进行方差计算后,乘以相应的权重,然后相加,得出总分值,对比本地以往产业的分析值,再用专家评定法对评价结果进行合理调整,达到投入产出和资源配置的帕累托最优。该模型变量具有开放性,可适用于具体的企业引进考量。

数学模型如下:

$$\max P = \beta_1\chi_1 + \beta_2\chi_2 + \beta_3\chi_3 + \beta_4\chi_4 + \beta_5\chi_5 - \beta_6\chi_6 - \beta_7\chi_7$$

其中,P 是待选择产业的总分值;

β 是权重系数,每个地区对不同变量的考量程度不同,可根据本地区社会发展程度,采取专家德尔菲法确定不同的权重,但在同一地区计算时应统一权重系数;

χ 代表变量值,根据各变量的统计数据进行方差计算;

χ_1 是产业(或企业所属产业)GDP 比重,反映在区域经济中的产业地位,主导产业占有一定优势;

χ_2 是产业(企业)关联度,根据全省经济部门的标准分类,叠加产业关联数,增强陆海资源互补性、产业互动性和经济关联性;

χ_3 是劳动生产率,指在一定时期内每个劳动者创造产值数量的指标,反映当前技术水平状况;

χ_4 是就业增加,采用综合就业系数作为评价指标,反映增加单位产量创造的就业机会,体现社会价值;

χ_5 是人才集聚,以大专以上学历员工比例为标准,反映了产业科技知识和创造力水平;

χ_6 是能源消耗,单位产值内的水电消耗比率,倾向低碳产业和为本地资源可持续发展考虑;

χ_7 是环境污染,以污染总量计算,行业排污指标有排污系数、COD(化学需氧量）、有机污染物及有害物质月排放量等，根据实际选取。

四、结语

广东海洋经济并不是一个孤立的经济体系，从内部看，它是政治、经济、社会和文化综合作用的结果；从外部看，它是国内国际和区位优势等多种因素所影响的结果，要全面分析广东省海洋产业的过去、现状和将来，应该从多个方面综合来研究。国务院在批复《广东海洋经济综合试验区发展规划》时要求广东要全面优化海洋经济发展方式，提高海洋经济的综合竞争力，探索海洋保护开发新途径和海洋综合管理新模式。这是海洋经济外部效应深化落实所面临的新高度、新形势，引进适合的海洋产业，带来的不只是经济增长，还将开辟一片"人海和谐"的发展空间。

参考文献

［1］徐质斌，牛福增．海洋经济学教程［M］．北京：经济科学出版社，2003.
［2］叶向东．现代海洋经济理论［M］．北京：冶金工业出版社，2006.
［3］梁文松，曾玉凤．动态治理：新加坡政府的经验［M］．北京：中信出版社，2010.
［4］吕元礼．新加坡为什么能［M］．南昌：江西人民出版社，2007.
［5］（新）李光耀．李光耀40年政论选［M］．北京：现代出版社，1996.

新加坡综合度假胜地建设的民主决策及其启示研究

符永寿

开设附带赌博设施的综合度假胜地，对新加坡社会造成了空前的冲击。面对这一棘手问题，新加坡政府打了一场科学、民主决策的漂亮仗。向新加坡学习，已成国人和政府的共识。面对复杂世界，我们已经不止一次茫然无措，留下重大遗憾和无法抹去的社会裂痕。新加坡政府在管理、应对社会舆情，以及在处理"棘手问题"上，无疑是值得我们学习的。

本文对新加坡政府在"建设综合度假胜地"中的表现案例进行了观摩、体察、分析，力求从中探究和归结出值得我们学习借鉴的成功经验。

一、研究背景和意义

（一）综合度假胜地建设概况

圣淘沙名胜世界、滨海湾金沙是新加坡近年"横空出世"的两个世界级综合度假胜地，为新加坡的发展提供了新的强大动力，也是新加坡经济社会发展新的重大亮点，但由于两个胜地内均设有赌场，建设之初就引起了新加坡社会的巨大反响。

在新加坡开设赌场的建议曾分别在1985年与2002年提出过，但在当时均未获政府支持。直到2004年贸工部重提兴建综合度假胜地，政府才重新考究发展综合度假胜地的可行性与必要性。为了保持新加坡旅游业的竞争力，并把新加坡发展成环球化城市，政府终于在2005年4月批准在滨海湾与圣淘沙兴建综合度假胜地。投标计划展开后，收到了业者的19份建议书，拉斯维加斯金沙集团与云顶国际集团分别取得滨海湾与圣淘沙综合度假胜地的发展权。这两所综合度假胜地各有特色，分别在2009年与2010年全面开放，与滨海湾及圣淘沙的周围环境起着相辅相成的作用。

（二）研究的意义

由于五年一次的国会议员选举以及由此决定的能否顺利继续执政的压力，

造成新加坡人民行动党在处理问题上需要非常高超的水平，既要确实考虑到民众的切身利益，又要对一时的民意民情给予充分的安抚，不至于影响到执政党的政治地位。开禁赌场对新加坡社会的冲击是空前的。正如评论者所言，在凸显内部对赌场议题的分歧后，如何让大家走在一起，支持一个激烈辩论过的决定，这显然不容易从新加坡过去的政治经验里找到参考的例子。

世界各地的人们，对这个花园般的城市国家，长期给予了高度的关注。我国社会各界对新加坡及其政府的公共管理做法、经验的评价众说纷纭，众多的词汇中，"强政府""好政府"是提得最多的，例子很多，但零零碎碎，似是而非。新加坡综合度假胜地恰是一个极好的案例，它具备足够的内涵及丰富的想象空间，很值得也更便于我们全面观摩、细致体察、深入分析，从中探究和归结新加坡公共管理的成功经验。

二、综合度假胜地建设追溯：从 1985 年到 2005 年

研究新加坡综合度假胜地建设，需要将目光放到 1985 年，并顺着时光的流转，追溯到 2005 年。只有这样，我们才能够对事情有透彻的了解。笔者通过查阅档案、剪裁公开报道、与相关部门交流，对新加坡兴建综合度假胜地过程进行详细地梳理，比较完整地呈现了民意的变化，以及新加坡政府科学有效的舆论管理工作过程。

（一）社会文化与简单共识

有据可查的是，在 1985 年以及 2002 年，新加坡执政内阁都明确拒绝了关于开放禁赌、开设赌博设施的建议。这是符合新加坡社情民意的。在新加坡这样一个讲求儒家文化、社会秩序的民主社会主义国家中，谈论赌博本身就不提倡，开设赌场更是无法容忍的想法。因此，2002 年以前，在禁赌的问题上，新加坡执政党、政府以及社会群众之间是具有高度共识的，个别人提出的建议被认为是极端的、不正确的想法。

1. "清教徒"社会文化禁赌

新加坡国土狭小，传统性的经济资源相对匮乏，但地理位置比较优越，经济对外高度开放，社会秩序良好，政治保持长期安定。因此，每当出现经济衰退，就会有人提出开设赌场的建议。但新加坡"清教徒"文化氛围比较浓厚，李光耀、吴作栋政府害怕社会道德败坏，相关提议一直没有得到考虑。例如，1985 年，当新加坡经济发展出现衰退时，又有人提出在圣淘沙开设赌场的建议，当时的第一副总理吴作栋还是保持新加坡政府一贯的立场：拒绝考虑。

2. 旅游经济业界的提议遭拒

直至2002年,当时的副总理李显龙领导的经济检讨委员会正寻求新策略刺激经济增长,针对新加坡的长远竞争力提出建议,开设赌场的建议再次出现。以旅游局主席黄一超为首的旅游业工作小组写信给李显龙,建议开设一个"世界级的赌博设施"。李显龙当时回信解释其反对意见,主要是担心赌场对社会风气和价值观的长远影响。

(二)意见"显性化"及民意整合

2004年,李显龙出任总理后,基于新加坡国内外的经济、社会和政治环境,政府振兴经济、保持新加坡国际竞争力的需求显得尤其迫切。这个论题自2004年3月开始提出以来,成为全民关注的焦点,开始长达一年多的马拉松式的辩论。研究发现,新加坡政府非常高明地巧妙安排社会议程,促进朝野意见的"显性化"。

1. 内部"研究性"讨论

眼见新加坡的竞争环境及竞争优势在改变,关注经济趋势的贸工部重提开放赌业事宜,但将原先的"兴建世界级的赌博设施"更新、提升为"兴建综合度假胜地"。新加坡内阁的态度有所转变,认为不能只因综合度假胜地内附设赌场而摒弃这个发展概念。2004年8月,李显龙出任总理后,内阁讨论如何展开这项计划。

一些部长接受兴建综合度假胜地的论据,其他的部长怀疑它是否真的这么好,担心其所带来的社会冲击。综合度假胜地真能为新加坡带来经济利益吗?它所带来的经济好处是否抵得过对社会与法律秩序的负面影响?可采取哪些防范措施避免新加坡人沉迷于赌博?如果不准新加坡自己的国人进入赌场赌博,投资者是否会觉得发展综合度假设施是有利可图的?

2. 国会"试探性"辩论

2004年3月,当时的贸工部部长杨荣文在国会拨款委员会的辩论中提出兴建综合度假胜地的概念,引发了一系列的辩论。电视、报纸等媒体对国会辩论进行全程报道,各方观点相左,呈现争执不下的激烈状况。

3. 社会"公开性"争论

从2004年3月到12月,9个多月的时间里,社会广泛讨论,政府广征民意。公众的回馈清晰地显示,部分新加坡人认同兴建综合度假胜地的合理性、可行性,但也有一些新加坡人对兴建综合度假胜地的建议持强烈的反对意见。"是否应该设立赌场"成了新加坡当时最具争议的课题,这也是新加坡建国40年来,人民意见分歧最大的一次,从政府决策机构内阁、议员到普罗大众皆有不同的声音。例如，根据销量最大的《海峡时报》当时的民意调查，支持及反对开设赌场的民众几乎各半，五成三的被调查者支持开设赌场，另有四成六的被调查者反对。就连时任内阁资政的李光耀都表态说："开设赌场不是新加坡应走的方向。"

反对者认为，一旦让赌博合法化，可能会引发各种相关的社会问题和犯罪；支持者则认为，赌场每年将带来10亿～20亿美元的利润，将极大地推动新加坡国内生产总值的增长；反对者则认为，如果在国内开设赌场，约有4万新加坡人可能因此嗜赌成瘾。尽管意见严重分歧，争论激烈，但根据林友顺等人的观察，新加坡人没有走上街头表达意见，他们转向基本上是由政府控制的报纸、电台，或是在个别群体设立的网站上争辩开设赌场的利与弊。其中，新加坡基督教理事会等宗教团体的反对声音最强烈。

（三）"开放式"论证及决策

新加坡政府在科学、有效地广泛征集、分析社会各界意见的基础上，将决策预研究的视野转到了"业界"。这个环节的成功之处在于，新加坡政府非常清晰地界定了"献议"的性质：仅仅是想完整地听听对投资新加坡综合度假胜地有兴趣的业者们的具体设想，以进一步判断事情的可行性；并向社会宣示，该次献议不具有约束力，政府不需要在提出发展概念之后履行承诺，落实这个发展计划；而且，整个过程是公开透明的，社会各界继续参与、积极讨论。在"开放式"论证之后，政府果断结束马拉松式的纷争，拍板决定兴建两个综合度假胜地。

1. 邀请业界"献议"

2004年底，新加坡政府决定，作为开始的第一步，邀请有兴趣的业者提供兴建综合度假胜地的发展概念，借此让政府对可能出现的情况有较好的把握，以便作出能反映最新情况的决定。此次献议不具有约束力，政府不需要在提出发展概念之后履行承诺，落实这个发展计划。

2. 决策：兴建"赌场"

尽管新加坡政府早已心中有数，决定权也在于政府手上，不需要通过公投来决定。但在2005年4月18日之前所做的，就是听取民意，并在此过程中，由政府领导人在不同场合巧妙地一步步亮出底牌，引导社会舆论往理性化方向发展，耐心地将开赌场这个重大的决定加以合理化。截至2005年2月，政府收到19份兴建综合度假胜地的概念建议书。内阁研究及考虑所有意见后，决定进行这项计划并邀请业者提呈确定的建议书，在滨海湾和圣淘沙兴建两个综合度假胜地。

3. 善后："抚平'异见'"

2005年4月18日，李显龙在国会声明"综合度假胜地计划"。之后，贸工部部长林勋强从旅游和经济层面加以说明，社会发展、青年及体育部部长维文解释拟议推行的措施，以减低赌场赌博对社会的冲击，内政和安全部部长黄根成说明维持社会秩序和执法的问题，议员们发表意见及提问。除了在国会进行全面深入的介绍工作，新加坡政府领导还走访社会团体、宗教组织，向他们进行解释，甚至要对一些特殊的社会群体给予安慰，耐心说明政府决定的难处及未来的"防灾"设想。

2005年4月18日，随着新加坡总理李显龙正式在国会宣布，决定开设带有赌场的综合休闲中心，他就将自己及其同僚的政治生命"赌"在了上面。现在看来，新加坡两个赌场及其所在的综合度假胜地，成为新加坡引以为豪的旅游胜地，吸引了来自世界各地无数的游客，带来了让人惊叹的就业机会和经济收入，而当初让人无比担忧的社会问题并未有恶化的迹象。新加坡人原本憋着的一口气终于有所放松了，那些为人民行动党及其政府捏一把汗的人们也松了一口气。

综合度假胜地建设事件的发展进程如表1所示。

表1 综合度假胜地建设事件发展进程

时间节点	阶段	简况
2001年前	静默期	从1985年至2001年期间，新加坡政府拒绝考虑任何关于开禁赌博、建设赌场的提议。社会、国家及执政党保持高度的一致，杜绝开设赌博设施可能带来的对社会风气和价值观的负面影响
2002年	酝酿期	行政部门（旅游局）提议将开设"世界级的赌博设施"作为刺激经济长远发展的策略，副总理李显龙提出反对意见，并以回信的方式解释执政内阁顾虑的理由
2004年	辩论期	部分内阁成员推动开设"世界级的赌博设施"的内部讨论，修正和提升了提议的内容，变为兴建附设赌场的"综合度假胜地"，产生了新的、更加有说服力的论据。在此基础上，由贸工部部长杨荣文在国会上试探性地推出"兴建综合度假胜地"的概念，并据此引发全社会范围的广泛、深入讨论。期间，政府积极征集、梳理民意

续上表

时间节点	阶段	简 况
2004年底至2005年4月18日	谋定期	政府对经济效益、社会影响及主流民意有了初步判断后，向世界范围内有兴趣的业者发出"英雄帖"，就兴建综合度假胜地积极献议。据此推动社会深入讨论，并清晰项目的风险性，增加决策的科学性。内阁研究及考虑所有意见后，决定进行该项计划并邀请业者提呈确定的建议书。2005年4月18日，总理李显龙在国会公开声明"综合度假胜地计划"。至此，关于到底该不该建赌场的长达一年多的马拉松式辩论告一段落

三、对我国及广东的重要启示

综合度假胜地来之不易的经济社会综合积极效果，离不开此前新加坡执政当局一系列卓有成效的内部工作研讨、民意调查研究、国会公开辩论等民主决策工作。民主决策在我国及广东也施行多年，取得了巨大的成就，但还有不少问题。我们从新加坡综合度假胜地建设中可以得到不少有益的启示。

（一）切实完善民主决策的长效机制

1. 改进党内和政府民主议事制度

新加坡内阁内部在兴建综合度假胜地上，意见并不统一，但一向强势的人民行动党对内阁分歧没有打压，对外也不加掩饰。但进入了拍板阶段和实施过程，内阁成员同心协力，体现了政府内部的"民主"与"集中"。我国及广东党内和政府内民主议事的氛围越来越浓，配套制度和措施越来越多，希望能够加快相关工作，多加实践，多出现示范带动效应的好做法、好经验，进一步改进民主议事制度。

2. 人民代表大会应发挥应有的作用

国会辩论是新加坡民主决策的一个重要形式，在清晰决策目标、推动社会共识、平衡群体利益等方面，发挥了无可替代的重要作用。贸工部部长杨荣文于2004年初将"综合度假胜地"概念在国会上提出，即将此事情正式摆放到了民主评议的台面上，国会议员用"放大镜"查看这个新概念，迫使提议者必须对苛刻的质疑给予合理的回答。并且，新加坡国会辩论面向媒体、公众公开，使得国会辩论快速向社会扩散，演变成全社会的关注点、争论点。

在我国及广东地区，有些政府部门在作出决策时，免不了要强调是"广大人民群众""绝大部分群众"的意愿。但有些时候社会公众并不买账，究其原因，与缺乏长效性的民主决策机制有关。人民代表大会应该发挥其在社会热点、难点、重点议题上的公开争论平台作用，并尽可能公开、透明，成为社会信得过、靠得住的相关信息渠道。这与近年来我们加强和改善人民代表大会作用的努力是一致的。

（二）增强党政领导干部善待民意的意识和态度

1. 耐心等待人民讨论

建赌场在别的国家或许不是一个大问题，但在新加坡却绝对是一件举国关注的大事。新加坡人深受儒家文化影响，以道德和礼仪著称，要他们放眼世界、转换观念，哪有那么容易？新加坡政府并没有罔顾人民的感受，仓促上马，而是先由社会大众充分地讨论、消化。新加坡政府采取了很多措施，例如，开设网站收集和疏导民意，政府设立的"民意回馈"网站以问答的方式全面为开设赌场辩护，消除人们对开设赌场可能产生的负面影响的担心，并说明开设赌场所将带来的经济效益；新加坡新闻、通讯及艺术部2009年也进行网上民意调查，指出七成新加坡人支持开设赌场，其中更有1/3的支持者希望赌场地点越近越好，最好就设在他们居住的组屋区内。目前，许多组屋区内设有博彩公司，居民可以公开赌万字、多多博彩、赌马或赌球。耐心的付出为后面的顺利实施提供了良好的社会心态准备。我国出现的一些"问题工程"，与实施者没有耐心、仓促上马有关。新加坡政府在操作层面循序渐进，转变国民思维的做法和经验值得我们学习。

2. 诚心对待人民意见

新加坡政府让全民对赌场问题广泛讨论、公开表达强烈反对意见。政府真诚地对待公众的意见建议，即使是激烈的反对意见，官员们也总是从自身的问题出发，站在对方的立场，补充论据、加以解释，鲜见有敷衍的态度，"霸道"专断的行为更是没有。社会公众及外界从中感受到了政府的真心诚意，舒缓了对立情绪，促进了更多的共识。领导干部一定要善待民意，只有尊重民意，"形象工程"才能变成"民意工程"。

（三）提高对社会多元意见的整合能力

1. 政见、偏见、高见，一个都不能少

现代社会是复杂社会，思想、观念、利益高度多元化，达成共识的难度越来越大。新加坡政府决定打破过去40年的禁令，允许在滨海湾和圣淘沙岛两

个世界级综合度假胜地项目内设立赌场,显然不是一个"容易的决定"。新加坡政府借助国会这个平台和渠道,对于来自各种政治团体、党派的意见建议采取开放的态度,大家开展公开和充分的辩论及博弈;还通过基层组织、报刊、电视媒体、电子网站、走访、接见等渠道和方式,倾听社会大众的意见;对于来自宗教团体、少数族群等社会群体的"非主流"意见,也给予了充分的尊重。另外,还请有兴趣的业者免费提供"献议"方案,充分吸纳了世界范围内的业界高手们的智慧。

我们有些官员或部门,在公共政策遭遇批评或质疑时,很轻易就说是"外界误读""媒体误读""群众不明真相",把自身工作可能存在的不周全、不充分、不科学推得一干二净。殊不知在公众心目中,"真相"也许不只有一个,目标可能也可以有很多个。公共政策的推行最重要的是要追求最大限度的共识。

2. 气魄、胆识、勇锐,魄力体现整合能力

在科学、充分地听取、吸纳内部、外部、大众、业者、专家等的意见、诉求、建议之后,社会意见不但得到了显性化,不少歧见也在这一过程中得到一定程度的消除,但是由于种种原因,多元化的意见并不会自动、全部消失,这时执政者的社会意见整合能力就体现在其胆识上。因此可以说,为国为民、勇于担当的魄力也是能力。在最后就建设综合度假胜地的问题进行拍板时,新加坡政府总理兼财政部部长李显龙否决了通过公众投票或国会表决来决定是否该开设赌场的建议,而是由内阁在聆听各方意见、研究业者的献议后作出决定。在经济社会这个"开放复杂巨系统"中,没有人能确定事情发展的结果,但负责任的政府不应因此举棋不定,而应该根据事实及涉及的成本和利益回报,全面探讨整个课题,敢于作出符合绝大多数人利益的决策。

参考文献

[1] 郭翙,吕元礼. 动态管治理论在新加坡模式中的运用——以赌场解禁为例 [J]. 辽宁行政学院学报,2009(1).

[2] 吴勇锋,邵东坷,陈振明. 从技术理性到政治理性:政策分析的方法论转向 [J]. 江苏行政学院学报,2011(1).

[3] 齐前进. 新加坡:赌场·变革·政治文化 [N]. 瞭望周刊,2005 - 03 - 09.

[4] 凌翔. 新加坡能"博"出希望吗 [N]. 国际金融报,2005 - 04 - 19.

[5] 狮城开设赌场争议尘埃落定 [J]. 亚洲周刊,2005,19(18).

[6] 林友顺. 狮城开设赌场的一场豪赌 [J]. 亚洲周刊,2005,19(13).

[7] 新加坡批准开赌争游客 [N]. 扬子晚报,2005 - 04 - 19.

坚持科学巡视 服务科学发展
——试论巡视工作如何服务和促进科学发展观的贯彻落实

黄玉强

科学发展观，是我国经济社会发展的重要指导方针，是发展中国特色社会主义必须坚持和贯彻的重大战略思想。巡视工作作为加强党内监督的重要举措，应当围绕科学发展观的贯彻落实来开展，并在巡视工作中坚持以人为本，树立统筹协调、可持续发展的理念，用正确的政绩观来评价领导干部，不断强化巡视监督职能，为科学发展观的贯彻落实提供强有力的政治保障。

党的十七大报告对科学发展观的内涵进行了明确界定，强调科学发展观"是发展中国特色社会主义必须坚持和贯彻的重大战略思想"，并对全党学习、贯彻落实科学发展观作出具体部署。科学发展观，"第一要义是发展，核心是以人为本，基本要求是全面协调可持续，根本方法是统筹兼顾"。加强对各级领导干部贯彻落实科学发展观情况的监督检查，是巡视工作服务科学发展观的重要举措。在新的形势下，巡视工作应把服务科学发展、保障科学发展、促进科学发展作为重要任务，从思想、作风和纪律上为贯彻落实科学发展观提供有力保证。本文结合近几年来巡视工作的具体实践，从巡视工作如何以科学发展观为指导，坚持解放思想，坚持以人为本，坚持用正确的政绩观来评价领导干部，真正做到科学巡视，不断强化巡视监督职能，不断促进科学发展观的贯彻落实等方面进行初步探讨。

一、促进和保障科学发展观的贯彻落实是巡视工作的内在要求和职责所在

科学发展观，是我国经济社会发展必须长期坚持的重大战略思想，是做好巡视工作的根本指导方针。巡视工作作为一种新的监督机制，一项新的工作，没有现成的经验和模式可循，还处在积极探索和完善阶段。巡视工作必须以科学发展观为指导，促进和保障科学发展观的贯彻落实。

（一）促进和保障科学发展观的贯彻落实是巡视工作的内在要求

党执政兴国的第一要务是发展，党的十六届四中全会指出："提高党的执

政能力，首先要提高党领导发展的能力。"党中央建立和完善巡视制度的目的在于加强党内监督、促进党的执政能力建设。科学发展观是党执政理念的重大飞跃。在新的历史条件下，在巡视工作中，将能否贯彻落实科学发展观作为衡量一个地区、一个部门、一个单位的领导班子和领导干部的标准，有助于把思想真正统一到中央和省委的重大决策上来，自觉运用科学发展观来指导工作、推动发展。巡视工作把促进科学发展观的贯彻落实作为重要内容，必将有力地促进各级领导班子的执政能力建设，有利于各地社会经济健康持续发展。

（二）促进和保障科学发展观的贯彻落实是开展巡视工作的职责所在

对贯彻执行党的路线方针政策、维护改革发展稳定等情况的监督检查是巡视工作的重要内容，而科学发展观是改革开放和现代化建设必须长期坚持的重要指导思想和大政方针。因此，监督检查科学发展观的贯彻落实是巡视工作的职责所在，是开展巡视工作的重点任务之一。此外，巡视工作的职责也要求重点加强对党政领导班子特别是主要领导干部的监督，其中很重要的一条，就是看其是否牢固树立科学发展观。因此，促进被巡视单位党政领导班子特别是主要领导干部牢固树立科学发展观，是巡视工作充分履行职责的重要体现。

（三）促进和保障科学发展观的贯彻落实是巡视工作服务大局的具体体现

巡视工作要为率先基本实现社会主义现代化的战略目标保驾护航，要紧紧围绕如何引导当地经济又好又快发展做文章，始终做到围绕中心不偏离，服务大局不犹豫，促进发展不动摇，确保巡视工作和经济社会发展同频共振、和谐相生。然而在实际工作中，一些地区在贯彻落实科学发展观方面，存在思想不够重视、行动出现偏差、过分看重GDP的增长而忽略了生态环境的发展等问题，从而影响了改革发展稳定的大局。实践证明，在巡视工作中，只有坚持用科学发展观来衡量当地工作，才能顾全大局，避免路线偏差和产生历史问题。

二、找准巡视工作服务和保障科学发展的切入点和结合点

在巡视工作过程中，要紧紧围绕"两个紧扣"，找准巡视工作服务科学发展的切入点、结合点和具体抓手，突出重点，客观全面准确地了解和掌握领导班子和领导干部的有关情况，以此推动和促进科学发展观的落实。

（一）巡视工作要紧扣发展这个主题

科学发展观的第一要义是发展，服务大局就是服务科学发展观。改革开放 30 多年的实践证明，我国能够经得起各种风浪考验，之所以能够克服各种困难和问题，靠的就是发展，今后要继续解决经济社会发展中的各种矛盾和问题，更要靠发展。因此，要始终把贯彻落实科学发展观、促进和谐社会建设、维护人民群众切身利益的监督检查作为重点内容，以此推动经济社会切实转入科学发展的轨道。在巡视领导干部是否贯彻落实科学发展观方面要坚持从三个方面来考察和衡量：一是坚持从本质上进行衡量。科学发展观的本质是要实现经济社会更好更快地发展。巡视领导干部首先要看他是否聚精会神搞建设，一心一意谋发展。例如，在开展对国有企业的巡视中，注重从企业经营的效益看企业领导班子尤其是主要负责人的政治素质和领导水平，把企业经济效益指标作为巡视检查和了解企业领导班子及主要负责人的政治素质和领导水平的一条"硬杠杆"。二是坚持从目的上进行把握。经济社会发展的目的是要满足人民群众不断增长的物质文化生活需要。巡视领导干部，就要看其是否以此作为各项工作的出发点和落脚点。三是坚持从保障上进行评判。科学发展观要以党和国家的政策法规作保障，严格依法办事。巡视领导干部，就要看他依法行政、依法办事的意识和能力强不强。

（二）巡视工作要紧扣以人为本这个核心

科学发展观的核心是以人为本。坚持以人为本，就是要以实现人的全面发展为目标，从人民群众的根本利益出发谋发展、促发展，不断满足人民群众日益增长的物质文化需求，切实保障人民群众的经济、政治和文化权益，让发展的成果惠及全体人民。因此，巡视工作既要把眼光盯在领导班子及其成员的从政行为上，更要把工作的着力点放在民生问题上。把群众的呼声当作第一信号，把群众的需要当作第一选择，把群众的利益当作第一考虑，把群众的满意当作第一标准，永远把关注民生、维护群众的根本利益作为工作的出发点和落脚点。在巡视工作中要通过"望、闻、问、切、验"等多种形式，倾听民声，了解民意，集中民智，解决民生。"望"就是望民风，就是看一个地方和单位的风气，以此来判断官风、政风和行风；"闻"就是闻民声，就是深入基层，深入第一线，听基层干部、普通群众的声音；"问"就是问民暖，就是走进社会，走进群众，走进百姓，多了解他们的生活状况；"切"就是切民脉，就是弄清社会的主流，掌握社会的动态；"验"就是"验民生"，就是看群众反映的热点难点问题，有没有得到实质的解决，群众满意不满意、高兴不高兴。

坚持把贯彻落实科学发展观作为巡视工作服务经济社会的切入点、结合点和着力点，在实际工作中，具体要把握六个方面的标准：一是在了解领导干部贯彻执行党的路线、方针、政策及工作部署的情况时，要看其是否自觉用科学发展观来武装头脑、指导行动，看其是否较好地把握全局与局部、长远与眼前、继承与创新的关系，真正把中央的一系列重大决策和改革措施落到实处。二是在巡视了解民主集中制的贯彻执行情况时，要看其是否形成了符合科学发展观要求的决策制度和程序，决策过程中能否体现科学化、民主化的要求。三是在巡视了解具体工作思路、工作措施和工作效果情况，要看其是否做到了统筹兼顾、协调发展。要注意考察被巡视地方和单位是否存在片面发展，大搞"政绩工程""形象工程"等问题。四是在了解贯彻落实党风廉政建设责任制和廉政勤政的情况时，要看其是否贯彻为民、务实、清廉的要求，是否讲党性、重品行、作表率，是否多干打基础、利长远的事，等等，以此作为新的评判干部的标准。五是在巡视了解选拔任用干部的情况时，要看其是否建立健全体现科学发展观和正确政绩观要求的干部考核评价制度机制。要注意了解被巡视地区和单位是否积极建立和落实体现科学发展观要求的干部考核评价制度机制，保证干部群众的知情权、参与权、选择权和监督权。六是在了解改革、发展、稳定的情况时，重点要看是否体现了科学发展观的要求，是否实现了又好又快发展，等等。

按照这些新标准、新要求来指导巡视工作实践，巡视工作就有了新思想、新内容、新方向，就一定能更加有效地履行巡视监督的职责，从而更好地促进和保障科学发展观的贯彻落实。

三、坚持用正确政绩观巡视评价领导干部，服务科学发展

科学发展观与正确的政绩观密切相关，要树立和落实科学发展观，就必须树立和落实正确的政绩观。巡视工作遇到的一个重要问题，就是如何评价领导干部的政绩。有什么样的政绩观，就有什么样的发展观；没有正确的政绩观，就不会有科学的发展观。要通过巡视工作，引导各级领导班子和领导干部树立正确的政绩观，形成符合科学发展观的政绩导向。巡视组在对领导班子和领导干部作出评价时，必须客观全面地看待政绩。我们追求的政绩，是全面的、经得起实践检验的、人民群众拥护的政绩。所谓全面的政绩，就是既看经济指标，又看社会指标的政绩；既看经济总量的增强，又看人民群众得到实惠的政绩；既看城市变化，又看农村变化的政绩；既看当前的发展，又看发展的可持续性的政绩；既看经济发展，又看社会稳定的政绩；既看显在政绩，又看潜在

政绩。所谓经得起实践检验的政绩，就是重实干、办实事、求实效的政绩，而不是摆花架子、做表面文章、搞短期行为的政绩。所谓人民群众拥护的政绩，就是人民群众赞成、高兴和满意的政绩，而不是华而不实、劳民伤财的形象工程、政绩工程。若在巡视中发现一些地方只顾发展经济而忽视了资源和环境保护等问题时，就要旗帜鲜明地指出，发展经济不应该以牺牲环境和人民的健康为代价，对他们的工作给予警醒和促进。

在巡视工作中，评价领导干部的政绩时，一定要用群众观点看政绩，要倾听群众呼声，以老百姓是否得到实惠、环境是否得到改善为根本标准，让社会公众的评价成为衡量干部指导发展、创造政绩的权威依据。具体来说要注意把握好如下三点：

首先，要把握好考察干部政绩的正确途径。了解一个干部的政绩观，除了通过谈话、听取汇报等方式摸清其思想外，更重要的是要坚持走群众路线，逐步建立领导干部政绩评议、公示、审核、监督制度，认真解决"公认不公、实绩不实"的问题。此外，政绩应该由群众来评判，通过实践来甄别，经得起历史的检验。要注重政绩考核内容的全面性。考核范围包括经济增长质量和效益情况、群众生产生活改善情况、社会发展和环境改善情况、政府职能转变和行政效能提高状况等。

其次，要把握好评价政绩的时间度。评价一任领导的政绩，不能光看他在任期内取得的业绩，既要看过去的工作基础，又要看他给今后的发展、给后任留下什么，不能仅凭现有的发展水平来衡量现任领导的政绩。如果领导干部在任期内急功近利，杀鸡取卵、竭泽而渔，为了自己一时辉煌而不惜牺牲长远利益，使持续发展困难重重，这种"政绩"就应该予以否定和批判。所以，在评价领导干部的政绩时，既要做历史的分析，也要看当地的发展后劲。

再次，要建立完善的政绩评价和奖惩机制。建立和完善科学的干部政绩考核体系，一是在整个指标体系的设置上，要全面反映经济、社会和人的全面发展情况，不能片面地用经济指标考核干部。二是在经济指标的设置上，既要重视反映经济增长的指标，又要重视反映经济发展质量和结构的其他指标。三是在评价标准上，既要看反映经济和社会发展的真实数字，又不能唯数字论，防止"干部出数字、数字出干部"现象的发生。要进一步完善干部奖惩机制，在科学考核干部政绩的基础上，将政绩考评结果有效地运用于干部管理的全过程，对落实科学发展观有突出成绩的予以提拔重用，对制造片面政绩和虚假政绩的予以降职免职甚至更严厉的处分，以此引导干部开拓进取、埋头苦干，打牢长远发展的基础，克服追名逐利、心浮气躁的思想和作风。

总之，要通过巡视工作引导各级领导班子和领导干部特别是党政主要领导干部树立正确的政绩观，形成符合科学发展观的政绩导向，促使领导干部用新的发展方式实现又好又快发展，为落实科学发展观提供强有力的保证。

四、树立"三种理念"，全面强化巡视监督职能

要做到科学巡视，就要用科学发展的眼光谋划巡视工作，用历史进步的眼光研究巡视工作，就要认真研究把握巡视工作的固有特点和规律，树立适应科学发展观要求的巡视工作新理念，推进巡视工作改革创新，不断为巡视工作注入新的生机与活力。

（一）树立"解放思想，实事求是"的理念

思想是行动的先导，理论是实践的指南。首先必须解放思想，自觉用科学发展观武装头脑、指导实践，从不适应、不符合科学发展观的思想中解放出来，做科学发展观的忠实执行者，更好地开展巡视工作，使巡视工作能够服务大局，推动科学发展。要做到三点：一要从工作的思维定式中解放出来，努力使巡视工作更好地服务于地方经济工作大局，提高巡视工作对经济社会发展的贡献率；二要从封闭神秘的思维惯性中解放出来，树立和增强民主开放的观念，使巡视工作充分体现公平、公正的时代精神。三要学会运用面向世界的眼光、服务全局的眼光、历史进步的眼光和创新发展的眼光来认识巡视工作，自觉做到谋划巡视工作以促进科学发展为重要目标，推进巡视工作紧紧围绕保证科学发展来进行，检验巡视工作以服务科学发展的成效为重要标准，努力使巡视工作更加符合科学发展观的要求。例如，在巡视工作中，我们按照《广东省地厅级党政领导班子和领导干部落实科学发展观评价指标体系及考核评价办法》，加强定性和定量检查。通过监督检查，推动各级领导干部解放思想，树立正确的执政理念和用人导向，破除关于经济社会发展"好"与"快"非此即彼的认识误区，形成"善于科学发展的人上，不会科学发展的人让，阻碍科学发展的人下"的用人导向。

（二）树立"统筹协调"的理念

新时期巡视工作任务重、头绪多、涉及面广，任何一方面工作都不能"单打独斗"、封闭运行，必须主动适应市场经济发展、民主政治建设、和谐社会建设的需要，坚持以开放的思维、统筹的方法，处理好巡视工作与查办案件、干部考察工作的关系，巡视监督领导干部与支持被巡视单位工作的关系，巡视监督与其他监督的关系。特别是对被巡视单位的实际困难要积极向上反

映,充分发挥下情上传的"直通车"作用。总之,巡视工作应该做到统筹推进,重点应放在推动各地经济社会协调发展上。

(三)树立"全面可持续"的理念

巡视工作是一个相互联系的有机整体,只有坚持整体的、系统的、可持续的观点,才能使各个方面相互促进、整体联动。要善于在整体布局中谋划和开展巡视工作,做好巡视、监督、检查、改进和提高等各方面的工作。要立足长远,超前谋划,增强巡视工作的前瞻性、预见性,保持工作的连续性。在巡视工作中注重考察领导干部是否着眼于地方经济建设的需要,研究制定中长期规划,体现可持续发展的思想,做到加快发展与人口、资源、环境相统一。工作中要注意引导领导干部强化可持续发展的观念,督促领导干部提高资源忧患意识和节约意识,推进经济增长方式转变,走可持续发展的道路。

坚持科学巡视,服务科学发展,就要以科学发展观统揽巡视工作,全面树立以人为本、协调发展、可持续发展的理念,在巡视工作中进一步解放思想,与时俱进,用正确的政绩观评价领导班子和领导干部,不断强化巡视监督职能,从而推动科学发展观的贯彻落实,推动经济社会顺利转入科学发展的轨道。

后　记

多年以来，中共广东省委省政府的高度重视和支持广东省公务员境外培训工作，为广东省培养了一批具有世界眼光和战略思维的党政人才，带动了全省公务员队伍整体素质的提升。广东省公务员公共管理新加坡公共政策课程培训是广东省境外培训的品牌项目，为广东省培养一支具有国际视野和较高公共管理能力的公务员队伍作出了积极贡献，取得了良好的效果。

第三期新加坡公共政策专题研究班课程采取国内和国外培训相结合、理论教学与政策研讨相结合、课堂讲授与专题讨论相结合等灵活有效的方式进行。中山大学组织了公共管理方面的专家为本研究班讲授涉及公共管理、公共政策等方面的专业课程，并邀请校外权威专家就新加坡的政治体制、福利制度、中国经济体制改革等问题作专题讲座。学员以小组讨论、学员论坛等多种形式结合实际工作进行研究。通过培训，学员可以透过新加坡了解发达国家公共管理的体制机制、公共服务模式、社会保障政策措施及其成功经验。培训期间，学员们表现出极强的求知欲，善于利用课堂教学与研讨、图书馆查阅资料、网络搜索与交流、实地考察等学习资源与机会，积极向授课专家请教，圆满完成了教学计划的全部内容。

学员在培训结束后，按要求运用所学公共管理理论，结合新加坡经验，深入探讨广东公共管理实践，提交一篇相关专题研究论文。这些论文涉及公务员体制、社会保障制度创新、廉政建设、教育卫生、社会保障政策等各个方面。学员结合各自的工作领域，借鉴新加坡的有益经验，对广东省改革开放进程中面对的诸多公共管理具体问题进行了分析和探索。第三期新加坡公共政策专题研究班课程的学习有利于学员转变观念、提高公共服务意识，不断提高自身公共管理与服务的水平和能力。

本论文集由广东省人力资源和社会保障厅公务员局综合管理与培训处和中山大学政治与公共事务管理学院组织编辑。由于时间仓促，本论文集不免有粗疏之处，还请各位多多指正。

2015 年 12 月